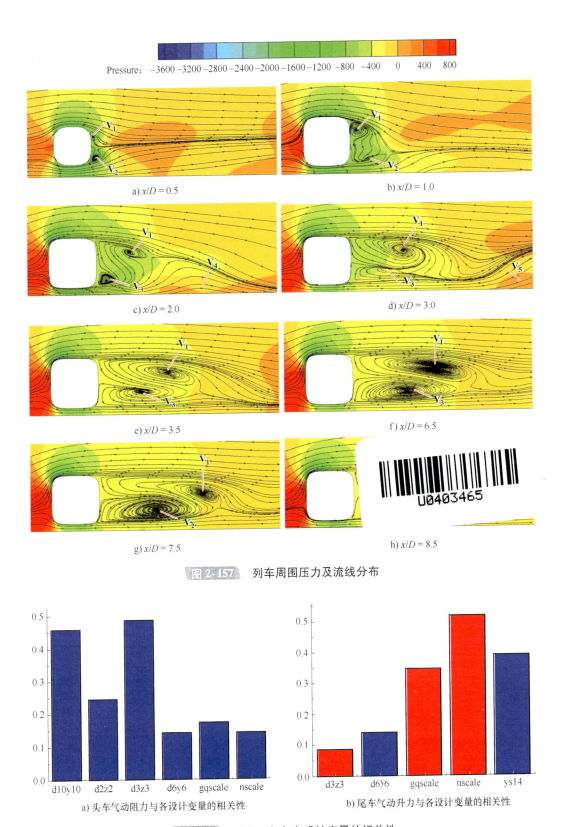

图 2-157　列车周围压力及流线分布

a) 头车气动阻力与各设计变量的相关性　　b) 尾车气动升力与各设计变量的相关性

图 4-29　优化目标与各设计变量的相关性

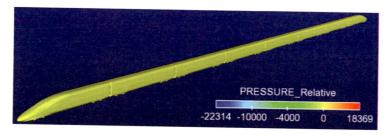

a) Train1型动车组(Pa)

b) Train2型动车组(Pa)

c) Train3型动车组(Pa)

d) Train4型动车组(Pa)

e) Train5型动车组(Pa)

图 3-9　不同车型的整车压力分布

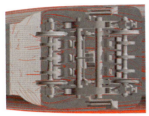 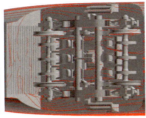 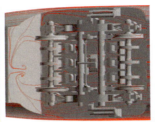

a) 凹坑表面流线图　　　　b) 凹槽表面流线图　　　　c) 原型车表面流线图

图 5-21　头车各转向架区域表面流线图

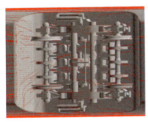  

a) 凹坑表面流线图　　　　b) 凹槽表面流线图　　　　c) 原型车表面流线图

图 5-22　中车各转向架区域表面流线图

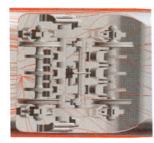  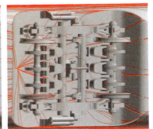

a) 凹坑表面流线图　　　　b) 凹槽表面流线图　　　　c) 原型车表面流线图

图 5-23　尾车各转向架区域表面流线图

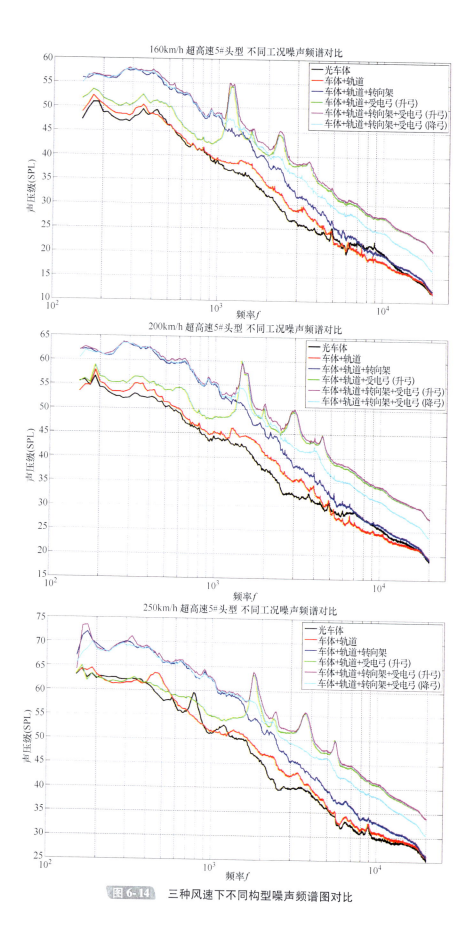

图 6-14 三种风速下不同构型噪声频谱图对比

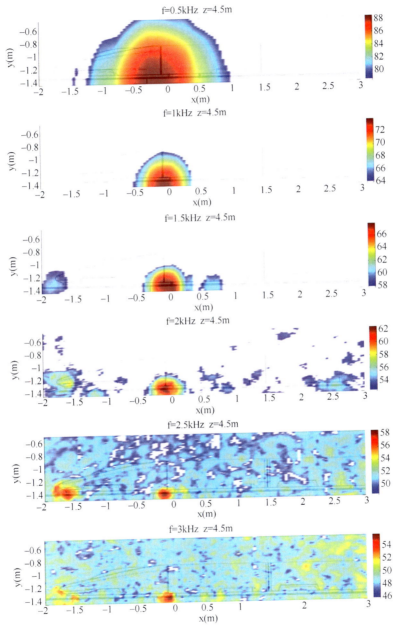

图 6-15　光车体状态前部噪声分布图（风速 160km/h）

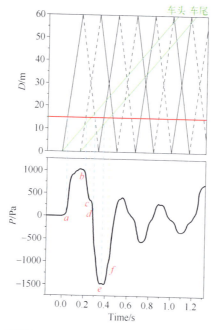

图 6-55 隧道内压力变化历程分析图

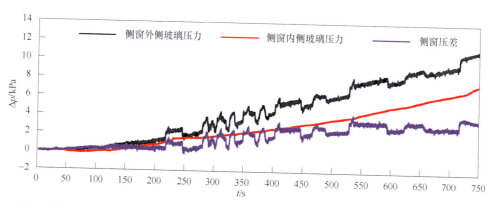

图 7-26 动车组上行通过秦岭隧道群近隧道壁面侧司机室侧窗内外侧压力及压差变化

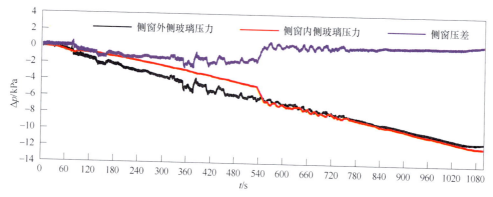

图 7-27 动车组下行通过秦岭隧道群近隧道壁面侧司机室侧窗内外侧压力及压差变化

轨道车辆研发前沿技术丛书

高速列车气动外形优化设计

李 明 李 田 刘 斌 司志强 等著

机械工业出版社

高速列车气动外形优化设计是轨道车辆节能降耗和运行品质提升的重要研究方向之一，也是目前交通行业的研究热点。我国国土面积大，覆盖高温、高湿、高海拔等多种地理环境条件，高速列车运行时面临着更为复杂的气动效应问题，这就需要从减阻、气压波、结构疲劳等多个方面去提升高速列车的设计水平和运行品质。

本书从高速列车气动外形设计原理、气动外形系统减阻优化、新头型多学科优化设计、表面改形减阻技术、风洞试验技术、动模型试验技术、典型线路气动载荷等方面，阐述高速列车新头型设计及综合气动效应研究内容，全面、系统地概述了新头型及气动外形设计流程、高速列车综合气动效应相关的理论以及相应的分析方法。本书总结了高速列车气动外形优化设计领域中的理论研究、计算机仿真分析、多学科优化设计和实车试验验证方面的部分研究成果，还介绍了近年来国内外关注度较高的表面改形减阻技术等。

本书建立了从理论基础到工程设计方法，再到最终工程设计的设计理念，便于读者轻松掌握高速列车新头型设计及系统减阻技术问题的研究方法。本书可以作为相关科研院所研究人员、高校师生等学习高速列车空气动力学的入门教程或参考书，也可以作为学习高速列车新头型设计及综合气动效应相关技术的入门教程或参考书。

图书在版编目（CIP）数据

高速列车气动外形优化设计/李明等著. —北京：机械工业出版社，2021.3

（轨道车辆研发前沿技术丛书）

ISBN 978-7-111-67288-3

Ⅰ.①高… Ⅱ.①李… Ⅲ.①高速列车-外观设计 Ⅳ.①U292.91

中国版本图书馆 CIP 数据核字（2021）第 017047 号

机械工业出版社（北京市百万庄大街22号　邮政编码100037）
策划编辑：连景岩　　责任编辑：连景岩　丁　锋
责任校对：李　婷　　封面设计：马精明
责任印制：常天培
北京虎彩文化传播有限公司印刷
2021年3月第1版第1次印刷
184mm×260mm・16.5印张・3插页・402千字
0001—1500册
标准书号：ISBN 978-7-111-67288-3
定价：99.00元

电话服务　　　　　　　　　　网络服务
客服电话：010-88361066　　机 工 官 网：www.cmpbook.com
　　　　　010-88379833　　机 工 官 博：weibo.com/cmp1952
　　　　　010-68326294　　金 书 网：www.golden-book.com
封底无防伪标均为盗版　　　机工教育服务网：www.cmpedu.com

前 言

高速列车气动外形优化设计是轨道车辆节能降耗和运行品质提升的重要研究方向之一，也是目前交通行业的研究热点。我国国土面积大，覆盖高温、高湿、高海拔等多种地理环境条件，高速列车运行时面临着更为复杂的气动效应问题，这就需要从减阻、气压波、结构疲劳等多个方面提升高速列车设计水平和运行品质。

本书内容主要依托于高速列车综合节能关键技术与集成应用示范（"十二五"科技支撑项目）、基于"重量-阻力-动力"多目标均衡的综合节能技术研究（"十三五"先进轨道交通专项）、动车组客室气密性能变化规律研究（铁路总公司重大课题）、不同速度等级下隧道气动载荷谱以及车线隧空气动力学合理匹配关系（铁路总公司重大课题）和国家自然科学基金（51605397）、四川省科技计划（2019YJ0227）等科技研究项目。本书从高速列车气动外形设计原理、气动外形系统减阻优化、新头型多学科优化设计、表面改形减阻技术、风洞试验技术、典型线路气动载荷六个方面，阐述了高速列车新头型设计及综合气动效应研究内容，全面、系统地概述了新头型及气动外形设计流程、高速列车综合气动效应相关理论以及相应的分析方法。本书总结了高速列车气动外形优化设计领域中的理论研究、计算机仿真分析、多学科优化设计和实车试验验证方面的部分研究成果，还介绍了近年来国内外关注度较高的表面改形减阻技术等。

本书建立了从理论基础到工程设计方法，再到最终工程设计的设计理念，便于读者轻松掌握高速列车新头型设计及系统减阻技术问题的研究方法。本书可以作为相关科研院所研究人员、高校师生等学习高速列车空气动力学的入门教程或参考书。

本书全面介绍了高速列车气动外形优化设计相关的基础知识、软件操作方法和仿真试验应用实例。全书共7章，第1章主要介绍列车空气动力学基本理论，第2章主要介绍基于FLUENT和STAR-CCM+的列车空气动力学数值仿真技术，第3章主要介绍列车气动外形减阻设计，第4章主要介绍列车头型多学科优化设计，第5章主要介绍表面改形减阻技术，第6章主要介绍风洞试验验证技术，第7章主要介绍实车试验验证技术。

本书主要由李明、李田、刘斌、司志强等编写，参与编写的还有孔繁冰、于淼、邵蓉、辛利平、解雪林、李腊、何玉平、余婷、杨素君、何智慧、王艳、张勇义、唐晨、魏红苹、万兴、蒲志琴、文生玲等。感谢梁习锋、杨国伟、张继业、郭迪龙、梅元贵、陈宝、张俊龙等人在本书编写中给予的指导和帮助。由于编者水平有限，书中难免有不妥、疏漏之处，欢迎广大读者对本书提出批评和建议，以便做进一步修改和补充。

编 者

目 录

前 言
第1章 列车空气动力学基本理论 ·· 1
  1.1 流体力学基本概念 ·· 1
  1.2 计算流体力学基本概念 ·· 4
    1.2.1 CFD 计算流程 ··· 4
    1.2.2 离散化 ·· 5
    1.2.3 流体力学的研究方法 ··· 6
  1.3 流体运动及换热基本控制方程 ··· 7
  1.4 湍流模型 ·· 9
  1.5 近壁面模型 ··· 9
  1.6 CFD 求解计算的方法 ··· 12
    1.6.1 耦合求解法 ··· 12
    1.6.2 分离求解法 ··· 12
    1.6.3 SIMPLE 算法 ·· 13
  1.7 网格简介 ·· 13
    1.7.1 结构化网格 ··· 14
    1.7.2 非结构化网格 ·· 15
    1.7.3 混合网格 ·· 16
  1.8 小结 ·· 17
  参考文献 ·· 17
第2章 列车空气动力学数值仿真技术 ·· 18
  2.1 基于 ICEM 和 FLUENT 的求解方法 ···································· 18
    2.1.1 建立计算模型 ·· 18
    2.1.2 网格生成 ·· 24
    2.1.3 求解 ·· 28
    2.1.4 CFD-POST 后处理 ·· 36
    2.1.5 列车明线气动特性 ·· 39
  2.2 基于 STAR-CCM+的求解方法 ··· 44
    2.2.1 建立计算模型 ·· 44
    2.2.2 表面准备 ·· 46
    2.2.3 面网格 ··· 51
    2.2.4 生成体网格 ··· 60

    2.2.5 求解 ·· 66
    2.2.6 后处理 ·· 76
  2.3 湍流模型对列车气动性能的影响 ·· 84
    2.3.1 几何模型 ··· 84
    2.3.2 计算网格独立性检验 ·· 85
    2.3.3 湍流模型 ··· 87
    2.3.4 离散格式及湍流模型对计算结果的影响 ·· 89
    2.3.5 列车气动特性 ·· 92
    2.3.6 本节小结 ··· 96
  2.4 小结 ··· 97
  参考文献 ··· 97

第3章 列车气动外形减阻设计 98
  3.1 动车组新头型优选 ·· 98
    3.1.1 动车组气动计算模型 ·· 98
    3.1.2 流场计算结果分析 ·· 101
  3.2 列车头部细长比 ··· 108
    3.2.1 计算模型 ··· 108
    3.2.2 基本气动力对比 ·· 108
  3.3 列车头部剖面控制线 ··· 113
    3.3.1 列车模型 ··· 113
    3.3.2 列车头部控制线形状与基本气动性能 ··· 113
  3.4 转向架区域裙板优化 ··· 115
    3.4.1 裙板延伸优化模型 ·· 115
    3.4.2 裙板延伸优化模型气动力 ·· 116
    3.4.3 压力分布 ··· 117
  3.5 转向架区域隔墙优化 ··· 120
    3.5.1 倾斜隔墙优化模型 ·· 120
    3.5.2 气动性能 ··· 121
    3.5.3 压力分布 ··· 122
  3.6 小结 ·· 122

第4章 列车头型多学科优化设计 123
  4.1 多学科优化设计流程 ··· 123
    4.1.1 参数化几何模型建立 ··· 124
    4.1.2 优化设计变量选取及CATIA脚本程序修改 ··· 127
    4.1.3 气动力优化设计流程搭建 ·· 131
  4.2 头型关键结构参数对气动性能的影响及权重分析 ····································· 134
    4.2.1 设计参数与气动力相关性分析 ··· 134
    4.2.2 优化设计变量对气动力的影响 ··· 138
  4.3 小结 ·· 143
  参考文献 ··· 143

第5章 表面改形减阻技术 144
  5.1 表面改形减阻方案 ·· 144

	5.1.1 非光滑凹坑结构	144
	5.1.2 非光滑凹槽/肋条结构	146
5.2	减阻效果对比评估	147
	5.2.1 计算模型	147
	5.2.2 计算工况和条件	149
	5.2.3 不同形式非光滑结构对比分析	150
5.3	单区域表面改形减阻评估	152
	5.3.1 转向架区域	152
	5.3.2 风挡区域	160
5.4	多区域表面改形减阻评估	165
5.5	八编组气动减阻效果评估	166
5.6	影响机理分析	167
	5.6.1 剪切应力	167
	5.6.2 湍流黏度	168
	5.6.3 涡量	169
	5.6.4 局部对比	170
	5.6.5 小结	172
参考文献		173

第6章 风洞试验验证技术 174

6.1	气动力风洞试验	174
	6.1.1 列车气动特性的风洞试验系统	174
	6.1.2 试验设备和模型	175
	6.1.3 数据处理	177
	6.1.4 试验结果	178
	6.1.5 小结	182
6.2	气动噪声风洞试验	182
	6.2.1 试验设备与模型	182
	6.2.2 试验内容与方法	184
	6.2.3 试验数据处理	185
	6.2.4 试验结果及分析	187
	6.2.5 小结	208
6.3	动模型试验	208
	6.3.1 试验平台原理	208
	6.3.2 动模型平台测试系统	209
	6.3.3 试验模型及测点分布	214
	6.3.4 动车组通过隧道压力测量	217
	6.3.5 列车通过隧道时气动载荷变化规律	221
	6.3.6 小结	232
参考文献		233

第7章 实车试验验证技术 234

7.1	实车试验与评估方法	234
	7.1.1 测试系统	234

7.1.2　测点布置 ……………………………………………………………………… 235
7.1.3　试验实施与完成情况 ………………………………………………………… 236
7.2　典型线路气动载荷谱 …………………………………………………………………… 237
7.2.1　试验概况 ………………………………………………………………………… 237
7.2.2　秦岭隧道群内大气数据测试 …………………………………………………… 239
7.2.3　秦岭隧道群司机室侧窗玻璃气动载荷 ………………………………………… 244
7.2.4　小结 ……………………………………………………………………………… 252
参考文献 ………………………………………………………………………………………… 253

第1章 列车空气动力学基本理论

列车空气动力学[1]隶属于流体力学领域,主要研究列车与空气有相对运动时,空气的运动规律及空气与空气之间的相互作用,包括列车明线空气动力学和列车隧道空气动力学等。本章主要介绍列车空气动力学相关的基本理论。

1.1 流体力学基本概念

1. 连续介质

1753年,欧拉提出连续介质模型,即采用"连续介质"作为宏观流体模型,将流体看作由无限多流体质点所组成的稠密而无间隙的连续介质。其中流体质点是指几何尺寸同流动空间相比是极小量,又含有大量分子的微元体。气体与液体均属于流体。

流体的密度定义为

$$\rho = \frac{m}{V} \tag{1-1}$$

式中 ρ——流体密度,单位为 kg/m^3;
   m——流体质量,单位为 kg;
   V——流体体积,单位为 m^3。

对于气体,一般由气体状态方程定义,其表达式为

$$pV = nRT \tag{1-2}$$

式中 p——气体压强,单位为 Pa;
   V——气体体积,单位为 m^3;
   n——气体物质的量,单位为 mol;
   R——气体常数,空气的 R 值为 $287J/(kg \cdot K)$;
   T——气体温度,单位为 K。

2. 流体的导热性

流体的导热性是指当流体内部或流体与其他介质之间存在温度差时,温度较高区域与温度较低区域之间存在热量传递的现象。

热量传递有导热、对流和热辐射三种方式。流体流过壁面时,紧贴壁面的位置会形成层

流底层，流体在该处流速很低，几乎可视为零，故此处流体与壁面进行的是导热过程；层流之外的区域热传递方式主要是对流传热过程[2-3]。

（1）导热

单位时间内通过某一给定面积的热量称为热流量。当物体的温度仅在物体法向方向发生变化时，按照傅里叶定律（又称导热基本定律），热流密度的表达方式为

$$q = \frac{\Phi}{A} = \frac{-\lambda \mathrm{d}t}{\mathrm{d}n} \tag{1-3}$$

式中　q——热流量，单位为 W/m^2；

Φ——总换热量，单位为 W；

A——换热面积，单位为 m^2；

λ——导热系数，单位为 $W/(m \cdot K)$；

$\dfrac{\mathrm{d}t}{\mathrm{d}n}$——沿物体法向方向的温度梯度，单位为 K/m，n 为物体表面的法线方向。

负号"-"表示热量传递方向与温度梯度方向相反。

（2）对流

通常情况下，流体与固体表面间的对流换热量可用下式表达：

$$q = h(T_1 - T_2) \tag{1-4}$$

式中　h——换热系数，单位为 $W/(m^2 \cdot K)$；

$T_1 - T_2$——流体与固体的温度差，单位为 K。

（3）热辐射

一切实际物体的辐射能力都小于同温度下的黑体。实际物体辐射热流量的计算可以采用斯忒潘-波耳兹曼定律的经验修正公式：

$$\Phi = \varepsilon_1 A_1 \sigma (T_1^4 - T_2^4) \tag{1-5}$$

式中　ε_1——物体 1 的发射率（又称黑度），其值小于 1；

A_1——物体 1 的辐射面积，单位为 m^2；

σ——斯忒潘-波耳兹曼常量（又称黑体辐射常数），是个自然常数，$\sigma = 5.67 \times 10^{-8}$ $W/(m^2 \cdot K^{-4})$；

T_1——物体 1 的温度，单位为 K；

T_2——物体 2 的温度，单位为 K。

3. 流体黏性

流体的黏性是指相对运动两流体层的接触面或流体与固体的接触面上，存在一对等值且反向的力阻碍流体运动的现象。黏性产生的原因是由于存在分子不规则运动的动量交换和分子间吸引力。由黏性产生的作用力即黏性阻力，又称内摩擦力。根据牛顿内摩擦定律，两层流体间切应力定义为

$$\tau = \mu \frac{\mathrm{d}u}{\mathrm{d}y} \tag{1-6}$$

式中　τ——切应力，单位为 N；

μ——动力黏性系数，与流体物性和温度有关，单位为 $kg/(m \cdot s)$；

第1章 列车空气动力学基本理论

$\dfrac{du}{dy}$——垂直于两层流体接触面上的速度梯度,单位为 s^{-1}。

黏性系数受温度的影响很大,当温度降低时,液体分子间的内聚力增加,故液体黏性系数增大且黏性增强;而随着温度的降低,气体分子运动的速度减小。因此,气体的黏性系数和黏性均降低。在压强不是很高的情况下,黏性系数受压强的影响较小。

4. 可压缩流体与不可压缩流体

根据密度 ρ 是否为常数,可将流体分为可压缩流体与不可压缩流体两大类。当密度 ρ 为常数时,流体为不可压缩流体。一般条件下:水为不可压缩流体,空气为可压缩流体。有些可压缩流体在特定的流动条件下,可按不可压缩流体处理,如明线列车运行速度小于等于 350km/h 时,其周围空气可视为不可压缩流体。

不可压缩流体的压力场是通过连续性方程间接描述的。

在可压缩流体的连续性方程中含密度 ρ,因而把密度 ρ 视为连续性方程中的独立变量进行求解,再根据气体的状态方程求出压力。

5. 层流流动与湍流流动

对于管内流动,科学家根据大量试验数据与相似理论得出,流动状态是由综合反映管道尺寸、流体物理属性、流动速度的组合量——雷诺数 Re 来决定的。雷诺数 Re 定义为

$$Re = \dfrac{\rho u d}{\mu} \tag{1-7}$$

式中 u——流速,单位为 m/s;

d——管道直径,单位为 m。

区分层流流动与湍流流动涉及临界雷诺数的概念。其中,由层流转变为湍流时所对应的雷诺数称为上临界雷诺数,用 Re'_{cr} 表示;由湍流转变为层流时所对应的雷诺数称为下临界雷诺数,用 Re_{cr} 表示。

通过比较实际流动的雷诺数 Re 与两个临界雷诺数,即可确定黏性流体的流动状态。比较准则如下所示:

当 $Re < Re_{cr}$ 时,流动为层流状态。

当 $Re > Re'_{cr}$ 时,流动为湍流状态。

当 $Re_{cr} < Re < Re'_{cr}$ 时,流动可能为层流状态,也可能为湍流状态。一般称之为过渡状态。

在工程应用中,一般统一取临界雷诺数 $Re_{cr} = 2300$。

当 $Re < 2300$ 时,流动为层流流动。

而当 $Re > 2300$ 时,可认为流动为湍流流动。

6. 定常流与非定常流

根据流体流动的物理量(如速度、压力、温度等)是否随时间变化,可将流动分为定常流与非定常流两大类。

当物理量不随时间变化,即 $\dfrac{\partial(\ )}{\partial t} = 0$ 时,流动为定常流动;当流动的物理量随时间变化,即 $\dfrac{\partial(\ )}{\partial t} \neq 0$ 时,流动为非定常流动。

定常流动也称为恒定流动或稳态流动;非定常流动也称为非恒定流动、非稳态流动或瞬

态流动。

1.2 计算流体力学基本概念

计算流体力学（Computational Fluid Dynamics，CFD）是一种由计算机模拟流体流动、传热及相关传递现象的系统分析方法和工具。目前已广泛涵盖了高速铁路行业、汽车和航空业的空气动力学领域（升力、阻力和倾覆力矩等）和内部流场分析、热管理等，电子和电器行业的电子设备换热分析（如冷板、换热器等的流动及传热计算），建筑物的内外环境流场及换热分析（如风载荷、通风等），流体机械的仿真分析（包括泵、风机等）。此外，在化学过程分析、环境工程、气象分析等方面也有较多应用。

CFD 的基本思想是：把原来在时间域和空间域上连续的物理量场，用一系列离散点上的变量值的集合来代替，并通过一定的原则和方式建立起反映这些离散点上场变量之间关系的代数方程组，然后求解代数方程组获得场变量的近似解[4-5]。

1.2.1 CFD 计算流程

CFD 计算主要包括前处理、求解和后处理三部分。

（1）前处理

据统计，在 CFD 计算中，前处理一般要占一半以上的时间，主要用于模型修整、面网格生成、体网格生成和计算域、边界条件的设定等。

前处理阶段用户需要进行的工作包括：

① 定义所求问题的几何计算域。
② 将计算域划分为多个互不重叠的子区域，形成由单元组成的网格。
③ 对所要研究的物理或化学现象进行抽象，选择相应的控制方程。
④ 定义流体的属性参数。
⑤ 为计算域边界处的单元指定边界条件。
⑥ 对于瞬态问题，指定初始条件。

（2）求解

目前，CFD 软件采用的求解技术主要包括有限差分法、有限元法、谱方法和有限体积法等。这些方法均按如下步骤运行：采用简单函数来近似表示未知的流动变量；将近似函数代入流动控制方程和所得到的数学公式进行离散化；求解代数方程。其差别主要在于流动变量的近似方法和离散化过程的不同。

对于流动和传热问题，最广泛采用的数值计算方法是有限体积法，该方法又称为控制体积法，是一项经过校核且发展很好的通用 CFD 技术，多数 CFD 软件（如 ANSYS.FLUENT、ANSYS.CFX、PHOENICS）都采用此方法为核心算法。其基本思想为：将计算区域划分为网格，并使每个网格点周围有一个互不重复的控制体积；将待求解的偏微分方程对每一个控制体积积分，从而得出一组离散方程，其中的未知量是网格点上的特征变量。为求出控制体积的积分，必须假定特征变量值在网格点之间的变化规律。从积分区域的选取方法来看，有限体积法属于加权余量法中的子域法；从未知解的近似方法来看，有限体积法属于采用局部近似的离散方法。简而言之，有限体积法的基本思想就是子域法加上离散法。

第1章 列车空气动力学基本理论

有限体积法主要包括以下求解步骤：
① 在计算域的所有控制容积内对流动控制方程进行积分。
② 离散化网格，将积分方程中的对流项、扩散项和源项用有限差分公式来近似表示，将积分方程转变为代数方程组。
③ 迭代求解该代数方程组。

（3）后处理

由于计算机技术的不断进步，CFD 软件提供的数据可视化技术和工具越来越多，如计算域和网格显示、等值线图（云图，包括压力云图、温度云图、速度云图等）、矢量图（如速度矢量图）、视角变换（平移、缩放、旋转）、颗粒追踪和动画输出等。比较常用的后处理软件有 ANSYS. CFD-POST、ENSIGHT、TECPLOT 等。

1.2.2 离散化

离散化是指将求解区域的空间分割为网格，以网格点上离散值来近似空间上连续的值。每一个解析网格即一个控制体，如图 1-1 所示。

计算时，从边界条件处获得物理量的值，在相邻网格之间质量、动量和能量相互传递。随着计算的推进，得到全部网格上流速、压力和密度等物理量的值，如图 1-2 所示。

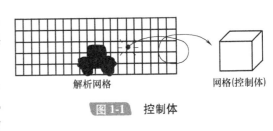

图 1-1 控制体

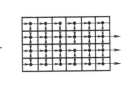

图 1-2 离散化原理

以网格上离散的值构建差分方程的方法称为差分格式，离散网格上的差分方程是连续空间上的微分方程的近似。使用不同的差分格式，计算的精度、稳定性都有变化。

理想的离散格式要求既具有稳定性，又具有较高精度，同时还能适应不同的流动形式。但实际上这种离散格式很难实现。表 1-1 列出了几种常用离散格式的性能对比。

表 1-1 常用离散格式的性能对比

离散格式	稳定性及条件	精度与经济性
中心差分	条件稳定 $Pe \leq 2$	在不发生振荡的前提下，可获得较准确的计算结果
一阶迎风	绝对稳定	当 Pe 较大时，假扩散严重。为避免此问题，需要加密网格
混合格式	绝对稳定	当 $Pe \leq 2$ 时，性能同中心差分；当 $Pe > 2$ 时，性能同一阶迎风
指数格式	绝对稳定	精度高，主要适用于无源项的对流扩散问题
乘方格式	绝对稳定	性能同指数格式，但比指数格式省时

(续)

离散格式	稳定性及条件	精度与经济性
二阶迎风	绝对稳定	比一阶迎风精度高，仍有假扩散问题
QUICK	条件稳定 $Pe \leq 8/3$	可减少假扩散误差，精度较高，应用广泛
改进的 QUICK	绝对稳定	性能同 QUICK 格式，不存在稳定性问题

在表 1-1 的基础上，可总结出以下规律：

① 在满足稳定性条件的前提下，一般截断误差阶数较高的格式具有较高的计算精度。如具有三阶截断误差的 QUICK 格式，通常可以获得较高的计算精度。在选用低阶截断误差格式时，注意应将网格划分得足够密，以减少假扩散的影响。

② 稳定性与精确性常常互相矛盾。精确度较高的格式，如 QUICK 格式等，都不是无条件稳定，而假扩散现象相对严重的一阶迎风格式则是无条件稳定。其中的一个原因是：为提高离散格式的截断误差等级，通常需要从所研究的节点两侧取用一些节点，来构造该节点上的导数计算式，而当导数计算式中出现下游节点且其系数为正时，迁移特性遭到破坏，因此格式只能是条件稳定。

③ 一阶和二阶差分格式均可应用于二维和三维问题。

1.2.3　流体力学的研究方法

CFD 解析方法采用数值方程式表示实际流体。为使其简化，往往采用位势流理论、边界层近似、完全气体近似等，进而导入相应的湍流数学模型并进行数值计算。由于计算是基于对实际流体的近似进行，故应考虑计算前提近似的影响，应根据计算结果的精确度、可信性、计算机条件和计算经验等确定合适的数值解法，然后编写程序代码，利用计算机进行求解计算和后处理。

数值计算方法的实质是把描述空气运动的连续介质数学模型离散成大型代数方程组，建立可在计算机上求解的算法。通过偏微分方程的离散化和代数化，将无限信息系统变为有限信息系统（离散化），把偏微分方程变为代数方程（代数化），再通过采用适当的数值计算方法，求解方程组，得到流场的数值解。离散的实质解通常以两种形式给出：网格上的近似值，如差分法；单元中易于计算的近似表达式，如有限元、边界元等。

CFD 是建立在全 Navier-Strokes 方程（简称 N-S 方程）近似解基础上的计算技术。根据近似解的精度等级，把 N-S 方程的解法分为以下四类：

① 线性非黏性流方法。
② 非线性非黏性流方法。
③ 平均雷诺数基础上的 N-S 方程解法。
④ 全 N-S 方程解法。

CFD 数值计算方法主要包括有限差分法（FDM）、有限元法（FEM）、边界体积法（BIM）等。其中，有限差分法包括有限体积法（FVM）、流线曲率法（SCM）、质量网格法（PIC）、流体网格法（FLIC）等，这些方法均为有限差分法的一种或其变形的一种方法。三种方法的比较见表 1-2。

第1章 列车空气动力学基本理论

表 1-2 三种 CFD 数值计算方法的比较

比 较 项	有限差分法	有 限 元 法	边界体积法
网格分割	规则的格子普遍用于边界的网格分割	可自由地分割为三角形、四边形、三棱柱、六面体等网格	边界的面元分割
建立一次方程式的系数行列	大型、带成分不密集的行列	大型、带成分不密集的行列	小型、成分密集的行列
主要特征	最基本的标准解法	精确度高，对已有程序使用方便，计算量大	输入数据少
适用性	适用性广，用于伴有冲击波的超声速流边界层流，LES 计算	适用于复杂形状的边界	定常流中的流体自由表面流

由于有限体积法应用较为广泛，也有人将 CFD 数值计算方法分为有限差分法、有限元法、有限体积法三类。

流场计算分析中求解 N-S 方程的应用情况见表 1-3。

表 1-3 流场计算分析中求解 N-S 方程的应用情况

假 设	导 出 方 程	CFD 方法
无黏流	欧拉方程	欧拉法
无旋流	拉普拉斯方程	涡格法 边界层法 面元法
时均流	雷诺方程	$k\text{-}\varepsilon$ 模型 低雷诺数 $k\text{-}\varepsilon$ 模型 各向同性 $k\text{-}\varepsilon$ 模型 雷诺应力模型
空间平均		大涡模型
无处理		直接模型

1.3 流体运动及换热基本控制方程

高速动车组外流场的空气流动特性，其实质均是流体流动与换热问题。流体运动是最复杂的物理行为之一，与结构设计领域中应力分析等问题相比，其建模与数值模拟要困难得多。然而，对任何复杂的湍流流动，N-S 方程都是适用的[6]。

流体运动及换热的控制方程主要包括连续性方程、动量方程和能量方程。

连续性方程：

$$\frac{\partial \rho}{\partial t} + \frac{\partial}{\partial x_i}(\rho u_i) = 0 \tag{1-8}$$

式中 u_i——流体速度沿 i 方向的分量。

动量方程：

$$\frac{\partial}{\partial t}(\rho u_i) + \frac{\partial}{\partial x_j}(\rho u_i u_j) = -\frac{\partial p}{\partial x_i} + \frac{\partial \tau_{ij}}{\partial x_j} + \rho g_i + F_i \tag{1-9}$$

式中 p——静压力；

τ_{ij}——应力矢量；

g_i——重力在 i 方向的分量；

F_i——由于阻力和能源而引起的其他能源项。

能量守恒方程：

$$\frac{\partial}{\partial t}(\rho h) + \frac{\partial}{\partial x_i}(\rho u_i h) = \frac{\partial}{\partial x_i}\left(k + k_t\right)\frac{\partial T}{\partial x_i} + S_h \tag{1-10}$$

式中 h——熵；

k——分子传导率；

k_t——由于湍流传递而引起的传导率；

S_h——体积源。

由以上的质量守恒、动量守恒及能量守恒方程可知，共有 u、v、w、p、T、ρ 6 个未知量，为了使方程封闭，还需要补充一个联系 p 和 ρ 的状态方程 (1-2)。

湍流流动是非常复杂的流动，计算湍流运动时，需要附加湍流方程。模型方程的选取要视具体情况而定，在此以 k-ε 两方程模型为例。

标准 k-ε 模型是半经验公式，主要是基于湍流动能和扩散率。湍流动能 k 方程是个精确方程，而湍流耗散率 ε 方程是个由经验公式导出的方程。标准 k-ε 模型方程如式 (1-11) 和式 (1-12) 所示。

湍动能 k 方程：

$$\rho \frac{\mathrm{D} k}{\mathrm{D} t} = \frac{\partial}{\partial x_i}\left[\left(\mu_l + \frac{\mu_t}{\sigma_k}\right)\frac{\partial k}{\partial x_i}\right] + G_k + G_b - \rho \varepsilon \tag{1-11}$$

湍动能耗散率 ε 方程：

$$\rho \frac{\mathrm{D} \varepsilon}{\mathrm{D} t} = \frac{\partial}{\partial x_i}\left[\left(\mu + \frac{\mu_t}{\sigma_\varepsilon}\right)\frac{\partial \varepsilon}{\partial x_i}\right] + C_{1\varepsilon}\frac{\varepsilon}{k}(G_k + C_{3\varepsilon} G_b) - C_{2\varepsilon}\rho\frac{\varepsilon^2}{k} \tag{1-12}$$

式中 μ_l——层流黏性系数；

μ_t——湍流黏性系数，$\mu_t = \rho C_\mu \dfrac{k^2}{\varepsilon}$，$C_\mu$ 为湍流常数；

G_k——由层流速度梯度而产生的湍流动能；

G_b——由浮力产生的湍流动能；

$C_{1\varepsilon}$、$C_{2\varepsilon}$、$C_{3\varepsilon}$、σ_k 和 σ_ε——经验常数。

有效的黏性系数定义为

$$\mu = \mu_t + \mu_l \tag{1-13}$$

k-ε 模型假定流场完全是湍流，分子之间的黏性可以忽略。因而标准 k-ε 模型只对完全湍流的流场有效。

模型常量是从空气、水的基本湍流试验中得来的，一般取值为

$C_{1\varepsilon} = 1.44$，$C_{2\varepsilon} = 1.92$，$C_\mu = 0.09$，$\sigma_k = 1.0$，$\sigma_\varepsilon = 1.3$

以上方程组是非线性二阶偏微分方程组，对大多数工程问题，无法获得精确解析解，只

第1章 列车空气动力学基本理论

能用 CFD 数值模拟的方法求解。数值方法的实质是离散化和代数化。数值计算就是将描述物理现象的偏微分方程，在一定的网格系统内离散，用网格节点处的场变量值，近似地描述微分方程中各项所表示的数学关系，按一定的数学原理构造与微分方程相关的离散代数方程组，引入边界条件后求解离散代数方程组，得到各网格节点处的场变量分布，用这一离散的场变量分布近似代替原微分方程的解析解。

1.4 湍流模型

层流和湍流是流体运动的两种基本形式。1883 年，雷诺揭示了黏性流动这两种不同本质的流动形态。自此，世界各国学者对湍流进行了持续研究，取得不少进展，解决了很多工程领域的难题。但由于湍流运动极其复杂，其基本机理至今未能完全掌握，而且不能准确地定义并定量地给出湍流的运动特性。目前，一般将湍流的主要特征归结为随机性、扩散性、有涡性和耗散性。

湍流出现在速度变动的地方，这种波动引起流体介质之间动量、能量和浓度的变化，而且引起了数量的波动。由于这种波动是小尺度、高频率的，所以在实际工程计算中直接模拟的话对计算机的要求会很高。实际上，瞬时控制方程可能在时间上、空间上是均匀的，或者可以人为地改变尺度，这样修改后的方程耗费较少的计算机资源。但是，修改后的方程可能包含有我们所不知的变量，湍流模型需要用已知变量来确定这些变量，目前能够用于工程计算的湍流数值计算方法是雷诺平均方法，即只计算大尺度平均流动，所有湍流脉动对平均流动的作用，用湍流模式理论加以封闭，使计算量大为减少。在各种湍流模式中，涡黏性湍流模型在工程计算中应用尤为广泛，但由于目前的湍流模型基本上都是基于低速不可压缩模式发展的，工程中一般选用广为应用的标准 k-ε 模型。

湍流流动受壁面影响很大，很明显平均流动区域将由于壁面不光滑而受到影响。当然，湍流还受到壁面产生的其他影响。在离壁面很近的地方，黏性力将抑制流体切线方向速度的变化，而且流体运动受壁面阻碍从而抑制了正常的波动。

在近壁面的外部区域，湍流动能受平均流速的影响而增大，湍流运动加剧。大涡模拟（LES）模型仅适用于湍流核心区域（一般都远离壁面），应该考虑怎样使这些模型适用于壁面边界层处的流动。如果近壁面的网格划分足够好，Spalart-Allmaras 和 k-ω 模型可以解决边界层的流动。

1.5 近壁面模型

前面介绍的 k-ε 模型是针对充分发展的湍流、高 Re 数的湍流模型。但对于近壁区的流动，Re 数较低，湍流发展并不充分，湍流的脉动影响不如分子黏性的影响大。要对近壁区内的流动进行模拟计算，则必须对前面所述的 k-ε 方程进行修正。壁面函数法和低 Re 数 k-ε 模型均可有效解决近壁区，以及低 Re 数情况下的流动计算问题。

在无滑移壁面附近，存在很强的变量梯度。此时，黏性效应对输运过程有很大影响，在数值模拟过程中就需考虑壁面的黏性效应和边界层内快速变化的变量的求解这两大问题。

试验研究表明，对于在固体壁面上充分发展的湍流流动，沿壁面法线方向，可将流动区域划分为壁面区和核心区。核心区的流动可以认为是完全湍流区。壁面区又可分为黏性底层、过渡层和对数律层[7]。

黏性底层在最里层，又叫黏性力层，流动区域很薄，在这个区域里，黏性力在动量、热量及质量交换中都起主导作用，湍流切应力可以忽略，因此流动几乎是层流流动，平行于壁面的速度分量沿壁面法线方向呈线性分布。

过渡层处于黏性底层的外面，其中黏性力与湍流切应力作用相当，流动状况比较复杂，很难用一个公式或定律来表述。由于过渡层的厚度极小，故计算中将其归入对数律层。

对数律层处于最外层，其中黏性力的影响不明显，湍流切应力占主导地位，流动处于充分发展的湍流状态，流速分布接近对数关系。

为建立壁面函数，引入两个无量纲参数 u^+ 和 y^+，分别表示速度和距离，即

$$u^+ = \frac{u}{u_\tau} \tag{1-14}$$

$$y^+ = \frac{\Delta y \rho u_\tau}{\mu} \tag{1-15}$$

式中　u——流体的时均速度；

　　　u_τ——壁面摩擦速度，$u_\tau = \sqrt{\dfrac{\tau_w}{\rho}}$；

　　　τ_w——壁面切应力；

　　　Δy——网格到壁面的距离。

大量试验表明，近壁面区域可以分成三层区域。如图 1-3 所示，以 $\ln y^+$ 为横坐标，u^+ 为纵坐标，将壁面区内划分为三个子层及核心区内的流动。图 1-3 中的小三角形及小空心圆代表在两种 Re 数下实测得到的速度值 u^+，直线代表对速度进行拟合后的结果。

根据普朗特的边界层理论，黏性较小的流体绕流物体时，黏性的影响仅限于贴近物面的薄层内，而在这薄层之外可以忽略。在这个薄层内，形成一个从固体壁面速度为零到外流速度的速度梯度区，这一薄层即边界层。

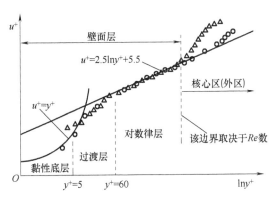

图 1-3　壁面区三个子层的划分与相应的速度

合适的边界层网格分布是用好湍流模型的关键因素之一。边界层网格质量的控制可通过控制 y^+ 值范围来实现，一般对于壁面函数法，要求 $30 < y^+ < 100$；对低雷诺数模型，要求 $y^+ < 2$。根据要控制的 y^+ 值范围，可确定边界层内网格节点和壁面间的最小距离 Δy，按式（1-16）确定。

$$\Delta y = \frac{\sqrt{80} L y^+}{Re_L^{13/14}} \tag{1-16}$$

式中　L——特征长度，单位为 m；

　　　Re——特征长度处对应的雷诺数。

第1章 列车空气动力学基本理论

假设近壁面的速度分布符合对数函数,那么在边界层内可以计算得出流体的剪切应力,该函数即壁面函数。通常,近壁面区域流动分析有两种方法:壁面函数法和低 Re 数 k-ε 模型法。

(1) 壁面函数法

采用壁面函数法的半经验公式可解决壁面对流动的影响,对受黏性力影响的区域(黏性力层及过渡层),其壁面方程的运用能够很好地修正湍流模型。对于大多数高雷诺数的流动,壁面函数法能充分节省计算资源,因为在近壁面黏性力影响区域,由于变量变化太快,不需要解决,这种方法经济、实用而且很精确,很受欢迎。

壁面函数法的基本思想为:对于湍流核心区的流动采用 k-ε 模型求解,而不求解壁面区,换为直接采用半经验公式将壁面上的物理量与湍流核心区内的求解变量联系起来,这样不经过对壁面区内的流动进行求解,就可以直接得到与壁面相邻控制容积的节点变量值。

在划分网格时,壁面函数法不需要加密壁面区,只需要将第一个内节点布置在对数律成立的区域内,即放置到湍流充分发展区域,如图1-4a所示。图1-4a中阴影部分为壁面函数公式有效的区域,在阴影以外的网格区域则为采用高 Re 数 k-ε 模型进行求解的区域。壁面函数如同一架桥梁,将壁面值同相邻控制容积的节点变量值联系起来。

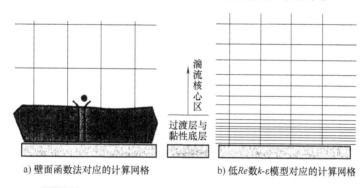

图1-4 求解壁面区流动的两种方法所对应的计算网格

(2) 低 Re 数 k-ε 模型法

壁面函数法的表达式主要根据简单平板流动边界层的试验资料归纳获得,并未对壁面区内部尤其是黏性底层内的流动进行细致研究,分子的黏性作用没有得到充分考虑。为了能够让基于 k-ε 模型的数值计算能从高 Re 数区域一直延伸到固体壁面上(该处 Re 数为零),有学者提出低 Re 数的流动主要体现在黏性底层中,流体的分子黏性起着绝对重要的作用,因此必须对高 Re 数 k-ε 模型进行以下三方面的修正,才能使其可用于计算各种 Re 数区域的流动[8]。

① 为体现分子黏性的影响,控制方程的扩散系数项必须同时包括湍流扩散系数与分子扩散系数两部分。

② 控制方程的有关系数必须考虑不同流态的影响,即在系数计算公式中引入湍流雷诺数。

③ 在 k 方程中考虑壁面附近湍动能的耗散不是各向同性这一因素。

对于壁面边界,通常指定壁面处流体的切向速度 u_w 为零,即壁面无滑移边界条件;与

壁面垂直的速度 v，由于在壁面附近 $\partial u/\partial x \approx 0$，根据连续性方程，$\partial v/\partial y \approx 0$。对于无黏性流动，流体在壁面处无剪切运动，即壁面为滑移边界条件。

在固体壁面的黏性底层中，流动与换热的计算可以采用低 Re 数 k-ε 模型或壁面函数法。采用低 Re 数 k-ε 模型时，要在黏性底层中布置比较多的节点。采用高 Re 数 k-ε 模型，在黏性底层内不布置任何节点，把与壁面相邻的第一个节点布置在充分发展的湍流区域内，如图 1-4b 所示。

用壁面函数来表示边界层的速度、温度、湍流能量等物理量的分布。在边界层区域内，流体的湍流效应十分显著，高 Re 数模型在此区域内就不再适用了，有时为了减少在壁面附近网格的数量，又不得不采用高 Re 数 k-ε 模型，故采用壁面函数法来计算壁面处的湍流物理量。

1.6　CFD 求解计算的方法

流场计算求解的本质是对离散方程组的求解。离散方程组的求解方法包括耦合求解法和分离求解法两种，具体如图 1-5 所示。

1.6.1　耦合求解法

耦合求解法最大的特点为联立求解离散方程组以获得各变量值（u、v、w、p），具体求解过程如下：

① 假定初始压力和速度，确定离散方程的系数和常数项。

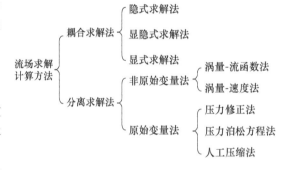

图 1-5　离散方程组的求解方法

② 联立求解连续方程、动量方程和能量方程。

③ 求解湍流方程及其他方程。

④ 判断当前时间步上的计算是否收敛。如不收敛，返回至第二步，进行迭代计算；如收敛，重复以上步骤，计算下一时间步的各物理量值。

耦合求解法可分为隐式求解法（所有变量整场联立求解）、显隐式求解法（部分变量整场联立求解）和显式求解法（在局部区域，如某个单元，对所有变量联立求解）。对于显式求解法，在求解某个单元时，通常要求相邻单元的物理量值已知。

耦合求解法计算效率低，内存消耗大。当流体的密度、能量和动量存在相互依赖关系时，采用耦合式解法具有较大优势，适于高速可压流动等。在耦合求解法中，隐式求解法应用较为普遍，而显式求解法仅用于动态性极强的场合，如激波捕捉等。

1.6.2　分离求解法

分离求解法不直接求解联立方程组，而是按照顺序逐个求解各变量的离散方程组。根据是否直接求解原始变量（u、v、w、p），又可分为非原始变量法和原始变量法两大类。

非原始变量法包括涡量-流函数法和涡量-速度法两种。

涡量-流函数法不直接求解原始变量 u、v、w 和 p，而是求解旋度 ω 和流函数 Ψ；涡量-速度法不直接求解流场的原始变量 p，而是求解旋度 ω 和速度 u、v、w。这两种方法的共同点为：

① 方程中不出现压力项，可避免因求解压力带来的问题。

② 由于三维流动不存在流函数，不易扩展到三维情况。

③ 对于固壁面边界计算，其上的旋度极难确定，没有适宜的固体壁面上的边界条件，往往使得涡量方程的数值解发散或不合理。

原始变量法包括压力泊松方程法、人工压缩法和压力修正法等。

压力泊松方程法通过对方程取散度，将动量方程转变为泊松方程，然后求解泊松方程。人工压缩法主要是受到可压缩性气体可以通过联立求解速度分量与密度的方法来求解的启发，引入人工压缩性和人工状态方程，以此对不可压流体的连续性方程进行修正，并引入人工密度项，将连续性方程转化为求解人工密度的基本方程。但这种方法要求时间步长必须很小，因而限制了其应用范围。

压力修正法是目前工程上使用最为广泛的流场求解计算方法。此方法实质是迭代法，即在每一时间步长的运算中，先给出压力场的初始值，进而求出速度场。再求解根据连续方程导出的压力修正方程，对假设的压力场和速度场进行修正。如此循环往复，以求得压力场和速度场的收敛解。

压力修正法有多种实现方式，其中，压力耦合方程组的半隐式方法（SIMPLE 算法）应用最为广泛，也是各种 CFD 软件普遍采用的算法。

1.6.3 SIMPLE 算法

SIMPLE 算法（Semi-Implicit Method for Pressure-Linked Equations）是一种半隐式分离求解法，也是目前最常用的基于有限体积法的求解方法。其基本思想是利用计算网格把流动区域分为离散的控制体积；在每个控制体积上积分控制方程，形成诸如速度、压力、温度等的未知离散变量的代数方程；把离散的非线性方程组线性化；求解该方程组，得到更新的变量值。在此，把数值解定义在网格中点（格心）上。在离散方程时，对流项采用二阶迎风格式，黏性项采用二阶中心差分格式。

每一次计算迭代的步骤如下：

① 计算结果是在目前的基础上不断更新。开始时，计算变量以初始流场为基础更新计算。

② 利用目前的压力值和表面质量流量，依次求解三个速度分量 u、v、w 的动量方程，以获得新的速度流场。

③ 由于新获得的速度流场可能不满足连续方程，这时求解由连续方程和动量方程线性化而推导出来的压力纠正方程，从而对压力、速度场和表面质量流量产生必要的纠正，以满足连续方程。

④ 利用其他变量更新的数值求解湍流模型方程及辐射方程。

⑤ 检查方程的收敛精度是否满足要求。

如果不满足收敛精度，重新迭代计算，直到满足收敛精度为止。

1.7 网格简介

计算网格的合理划分和高质量是 CFD 计算的前提条件。即使在 CFD 技术高度发达的国家，网格生成仍占整个 CFD 计算任务所需人力时间的 60%~80%。目前，随着硬件资源的更新换代，计算能力不断提高，复杂外形的网格生成技术已经成为 CFD 技术推广的一个巨大障碍，同时也是影响 CFD 计算的关键技术之一。网格品质的好坏直接影响到数值解的计算精度，而且这种影响在许多情况下是决定性的。因此，网格生成受到世界各国 CFD 工作者和工业部门的重视。目前，网格划分的软件主要包括 ANSYS. ICEM、ANSYS. MESHING、STARCCM+、HYPERMESH 等。

采用数值方法求解控制方程时，首先是将控制方程在空间区域上进行离散，然后求解得到离散方程组。而要将控制方程进行空间离散，就要划分网格。现已发展出多种区域离散化的网格生成方法，统称为网格生成技术。网格生成技术是计算流体力学中重要的组成部分，为了得到高精度数值结果，除了高精度的数值算法外，网格的优劣也有重要的影响。

按网格点之间的相邻关系，可将计算网格分为结构化网格、非结构化网格和混合网格。混合网格是结构化网格和非结构化网格的混合。

1.7.1 结构化网格

结构化网格如图 1-6 所示，网格点之间的邻接是有序而规则的，除了边界点外，内部网格点都有相同的邻接网格数（一维为 2 个、二维为 4 个、三维为 6 个）。结构化网格的拓扑结构具有严格的有序性。网格的定位能够用空间上的三个指标 i、j、k 识别，且网格单元之间的拓扑连接关系是简单的 i、j、k 递增或递减的关系，在计算过程中不需要存储它的拓扑结构。当流动区域易于被结构化网格所剖分、流动结构不需要做自适应处理时，结构化网格被研究者广泛采用。

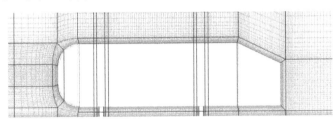

图 1-6　结构化网格

对于结构化网格，按拓扑结构不同一般可以分为 O 型、C 型和 H 型三种，如图 1-7 所示。O 型拓扑结构适合于两端都是钝截面的物体，如圆形或椭圆形截面物体；C 型拓扑结构适合于一端是钝头而另一端是尖截面的物体，如锥形截面物体；H 型拓扑结构适合于两端都是尖截面的物体，如菱形截面的物体。

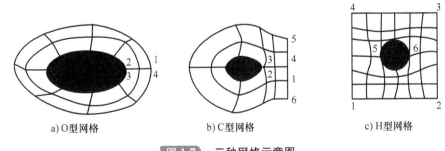

a) O 型网格　　　　b) C 型网格　　　　c) H 型网格

图 1-7　三种网格示意图

采用不同的网格拓扑结构生成的网格形状不同，网格的计算效率也有差异，因此要生成网格首要分析其网格的拓扑结构。

结构化网格数据组织方便，计算效率和计算精度高。随着近几十年在结构化网格生成技术方面的不断突破，目前发达国家各主要飞机公司，如 Boeing、Airbus 和 MBB 等，用于军机、民机型号气动设计的骨干软件都采用结构化网格；结构化网格的拓扑结构相当于矩形域内的均匀网格，其节点定义在每一层的网格线上，因而其存储比较简单，所需的存储空间也相对较少，但它对复杂几何外形的网格生成比较困难。

1.7.2 非结构化网格

非结构化网格节点之间的邻接是无序的、不规则的，每个网格点可以有不同的邻接网格数。非结构化网格如图 1-8 所示。

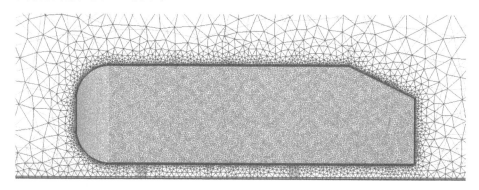

图 1-8 非结构化网格

与结构化网格相比，非结构化网格有以下优点：

① 能够离散具有复杂外形的区域，因为非结构化网格单元可以在任意计算区域中完全填充到整个空间，能相当精确地表示出物体的边界，从而保证了在边界处的初始准确度。

② 能够快速地在网格中增加、删除节点，处理动边界问题比较方便。

③ 能够很容易地采用自适应网格方法，来提高解的质量。

当然，非结构化网格生成方法也存在先天的不足，那就是它需要较大的内存空间和较长的 CPU 时间，计算分辨率较差。目前，非结构化网格方法已广泛应用于定常气动流场数值模拟之中。

非结构化网格的划分方法大体上可以分为三类：第一类是八叉树（Octree）方法，第二类是 Delaunay 方法，第三类是锋面推进（Advancing Front）法。

八叉树方法于 20 世纪 80 年代由 Mark Shephard 首创，是一种先用六面体网格剖分流场，再在六面体内部增加节点，将原有网格单元剖分为更小的单元，直到满足网格精度的方法。在二维情况下，其初始网格则为四边形网格，相应的网格划分方法则称为四叉树（Quadtree）方法。

Delaunay 方法指的是一大类方法，这些方法的共同特点是在网格剖分的过程中满足 Delaunay 准则。所谓 Delaunay 准则又叫空心球（Empty Sphere）准则，其含义是过三角形三个顶点的圆或过四面体四个顶点的球的内部，不能包含其他网格单元的节点。当然，这里所谓的"其他网格的节点"，不包括与当前网格单元共用的那些节点。Delaunay 方法在具体划分网格时，可以先将流场划分为粗大的网格，然后通过向初始网格内部插入新的网格节点的方式逐渐使之细化，直到网格密度满足密度函数的要求，或者网格尺度满足尺度函数的要求为止；也可以先划分边界网格，再从边界网格根据 Delaunay 准则向流场内部推进（类似于后面的锋面推进法）；还可以先根据 Delaunay 准则生成内部网格，再根据边界网格的约束条件对网格进行修正，以得到最终计算所需的网格。

锋面推进法是由美国 George Mason 大学的 Rainald Lohner 和中国香港大学的 S. H. Lo 发展起来的。锋面推进法在网格划分的过程中，首先要在边界上划分好三角形单元，然后再根据边界上的三角形的三个顶点计算、确定第四个顶点，最终构成新的四面体。整个网格的划分过程是从边界向流场内部推进的，推进过程中存在一个"锋面"，直到从各个边界上的锋面相遇并融合，网格划分过程才结束。在锋面推进过程中，基于原有三角形边界面得到的第四个顶点，可以是新生成的顶点，也可以是流场中原来存在的节点，究竟采用原有节点还是需要新生成一个节点，都取决于对网格划分进行控制的尺度函数。在网格推进的过程中，除了要生成、确定第四顶点外，还要判断来自各个边界的锋面是否发生冲突和重叠，最后得到满足网格密度或尺度要求的网格。

无论何种网格划分方法，其网格密度通常依赖于流场的结构。在流场变量变化梯度较大的地方，比如边界层内部、激波附近区域或分离线附近，需要较大的网格密度，而在流场变量较平缓的区域则可以适当减小网格密度，以节省计算机资源。

网格在根据几何方法生成后，还必须进行光顺处理，即对畸变率较大的网格进行重新划分或调整。在实际的网格生成过程中，一方面可以通过网格的长宽比确定网格的畸变率，一方面还可以通过控制每个网格节点夹角的方式控制畸变率。

畸变率对于计算结果的影响也与畸变网格所处的位置有关。如果畸变较大的网格处于流场变量梯度较大的区域，则由畸变带来的误差就比较大，对计算结果的影响也比较严重。如果畸变较大的网格位于流场变量变化平缓的区域，则带来的误差及其影响相对而言就比较小。因此，能否正确地划分网格，在很大程度上依赖于对流场流动机理的把握和对流场结构的预判。

1.7.3 混合网格

混合网格是结构化网格与非结构化网格的组合，它继承了两种网格的优点，也弥补了两者的缺点，近期发展较快。如图 1-9 所示，混合网格的具体生成方法为：在近壁面区域采用结构化网格，其他区域采用非结构化网格。

值得注意的是，无网格法近年来也在数值计算中逐步应用，此方法在数值计算中不需要网格，而是按照一些任意分布的坐标点构造插值函数离散控制方程，进而减小网格划分所耗费的大量人力。

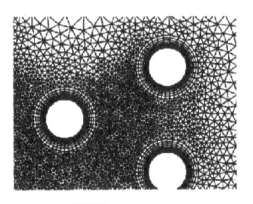

图 1-9　混合网格

第1章 列车空气动力学基本理论

1.8 小 结

本章主要介绍了流体力学基本概念、计算流体力学基本概念、流体控制方程、湍流模型、近壁面模型、CDF求解方法和网格技术,为后续列车空气动力学数值仿真技术及气动外形优化设计打下基础。

参 考 文 献

[1] 田红旗. 列车空气动力学 [M]. 北京:中国铁道出版社,2007.
[2] 陶文铨. 数值传热学 [M]. 2版. 西安:西安交通大学出版社,2001.
[3] PATANKAR S V. Numerical Heat Transfer and Fluid Flow [M]. Washington:Hemisphere,1980.
[4] 周雪漪. 计算水力学 [M]. 北京:清华大学出版社,1995.
[5] ANDERSON J D. Computational Fluid Dynamics:The Basics with Applications [M]. [s. n.]:McGrawHill,1955.
[6] VERSTEEG H K,MALALASEKERA W. An Introduction to Computational Fluid Dynamics:The Finite Volume Method [M]. New York:Wiley,1995.
[7] 章梓雄,董曾南. 粘性流体力学 [M]. 北京:清华大学出版社,1998.
[8] JONES W P,LAUNDER B E. The calculation of low-Reynolds-number phenomena with a two-equation model of turbulence [J]. Int J Heat Mass Transfer,1973,16:1119-1130.

第 2 章

列车空气动力学数值仿真技术

本章简要讲述基于 ICEM/FLUENT 和 STARCCM+的列车空气动力学数值仿真技术,因篇幅所限,很多地方没有展开讲解。

2.1 基于 ICEM 和 FLUENT 的求解方法

基于 ICEM/FLUENT 的列车空气动力学数值仿真技术主要步骤包括建立计算模型、网格生成、数值求解和 CFD-POST 后处理。下面以 ANSYS15.0 为例进行讲解,其他版本设置类似。

2.1.1 建立计算模型

1. 导入模型

打开软件 ICEM CFD 15.0,设置工作目录,选择一个文件夹,导入几何模型,如图 2-1 所示。

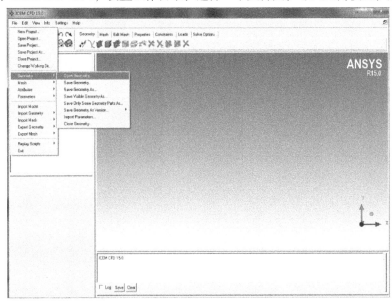

图 2-1 选择文件夹

第 2 章 列车空气动力学数值仿真技术

完成导入模型后，勾选"Model">"Geometry">"Surface"项，然后右键选择"Solid"，视图区列车模型示意图如图 2-2 所示。

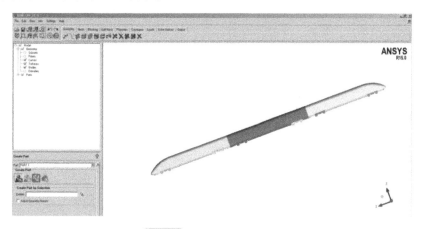

图 2-2　列车模型示意图

确定模型尺寸。软件默认网格尺寸按 mm 计算，对模型尺寸进行测量，单击工具栏图标，然后选择模型中的两点进行测量，如图 2-3 所示。

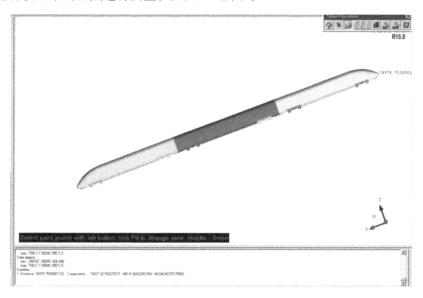

图 2-3　几何单位确认

2. 检查模型

1）检查模型面网格。选择工具栏命令"Geometry">"Repair Part"，单击属性栏中"Build Diagnostic Topology"图标。在"Tolerance"项中输入"2"，该值表示超过 2mm 的几何漏洞，该值的选取需要根据实际情况而定。单击"Apply"按钮确认操作。

2）建立拓扑结构后，会出现不同颜色的线，分别是 green = 自由边，yellow = 单边，red = 双边，blue = 多边，Grey = dormant（过滤掉）。曲线颜色指示邻近表面的关系，其中 red 表示在容差之内，这是不需要修改的；green、yellow 需要采用不同手段消除这些边的存在；

blue 表示多于两个面在容差之内，在这种情况下，容差大于实体的厚度，采用 UNDO 方式撤销操作。

一般情况下，容差应该是预计最小网格尺度的 1/10，或是捕捉最小几何特征尺度。在本文的算例中，如图 2-4 所示，进行网格拓扑后，显示只有 red 边，这说明网格拓扑结构较好，不需要进行修改。

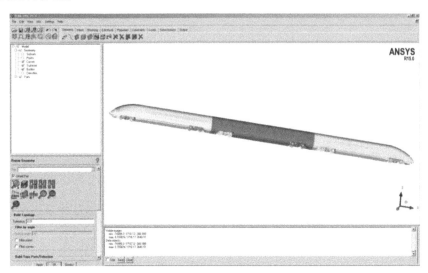

图 2-4　网格拓扑

3. 建立计算域

1）选择工具栏命令"Geometry">"Create Body"，在"Create/Modify Surface"中选择图标。在"Create Std Geometry"中保持选择"Box"项，在"Box Dimensions"栏中保持选择"Specify"，如图 2-5 所示。

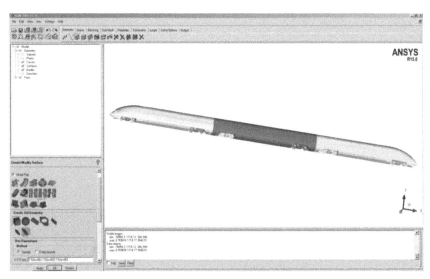

图 2-5　选择 Box 项

2）鉴于模型长度约为 75m，高度约为 3m，宽度约为 2.6m，车底距离计算域地面为 376mm，计算域长度为 325000mm，宽度为 100000mm，高度为 40000mm。在属性栏输入以下信息，如图 2-6 所示。选择工具栏命令"Geometry">"Surface"右击鼠标，选择"wire frame"。

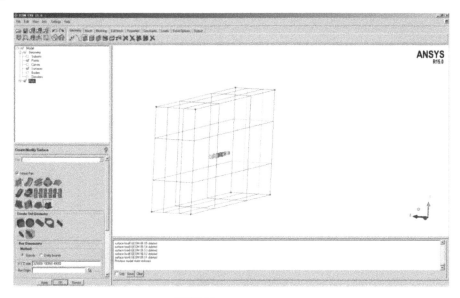

图 2-6　创建计算域

4. 创建流体域的 Body 项

1）选择工具栏命令"Geometry">"Create Body"，选择视图区中的"Material Point"。在计算域及车体上各选择一点，单击鼠标中键确认操作。新生成的 Body 点如图 2-7 所示。其中计算域的点可以选择在对角点上。

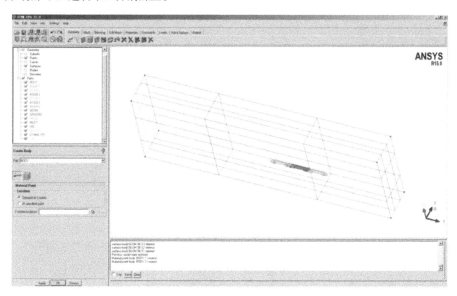

图 2-7　生成 Body

2）创建加密区。单击"Mesh">"Create Mesh Density">"Create Density"下的"Size"，选择400，单击"Density Location"选择"From point"，选择八个点建立加密区，如图2-8所示。

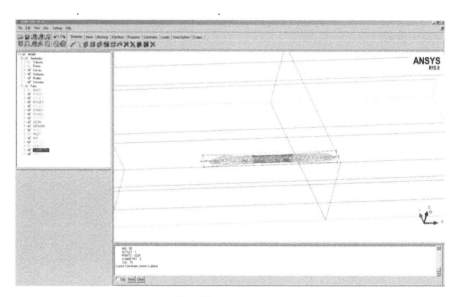

图 2-8　创建加密区

5. 创建 Part 项

（1）Points 项

勾选"Model">"Geometry">"Points"项，取消选择"Model">"Geometry"下的其余项和"Model">"Parts">"Body"项。视图区中仅显示出所有点。右键单击"Model">"Parts"中"Create Part"项。修改属性栏中"Part"名为"Points"。单击属性栏中的图标，视图区出现"Select geometry"工具条，单击"Select geometry"工具条中的图标（选择所有可见几何体），全选视图区中不同颜色的所有点。单击鼠标中键确认操作，视图区中的所有点显示为一种颜色，同时左侧树形菜单栏出现"Model">"Parts">"Points"项，单击中键，生成名为"Points"的"Part"项。结果如图2-9所示。

（2）Curves 项

勾选"Model">"Geometry">"Curves"项，取消选择"Model">"Geometry"下的其余项。视图区中仅显示出所有曲线。右键单击"Model">"Parts"中"Create Part"项。修改属性栏中"Part"名为"Curve"。其余操作步骤同（1）。单击中键确认操作，视图区中的所有曲线显示为一种颜色，同时左侧树形菜单栏出现"Model">"Parts">"CURVE"项。结果如图2-10所示。

（3）Surface 项

勾选"Model">"Geometry">"Surface"项，取消选择"Model">"Geometry"下的其余项。视图区中仅显示出所有曲面。右键单击"Model">"Parts"中"Create Part"项。更改属性栏中"Part"名为"Surface"。其余操作步骤同（1）。单击鼠标中键确认操作，视图区中的所有曲面显示为一种颜色，同时左侧树形菜单栏出现"Model">"Parts">"Surface"项。

第 2 章 列车空气动力学数值仿真技术

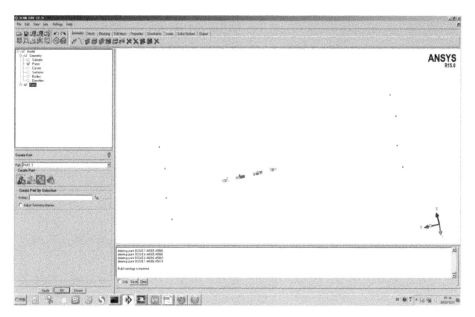

图 2-9 建点

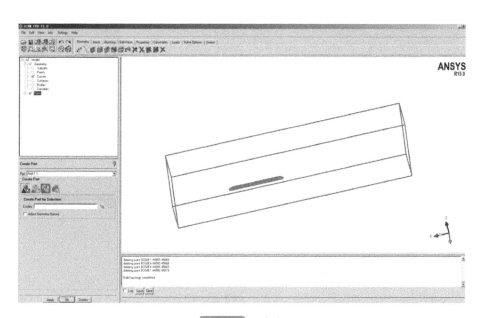

图 2-10 建线

结果如图 2-11 所示。

(4) 进口边界面

保持选择 "Model" > "Geometry" > "Surface" 项。右键单击 "Model" > "Parts",选择 "Create Part" 项。修改属性栏中 "Part" 名为 "INLET"。选择列车前方的面作为进口边界,单击中键确认操作。同时左侧树形菜单栏出现 "Model" > "Parts" > "INLET" 项。注意:一般选中的面均显示为黑色。

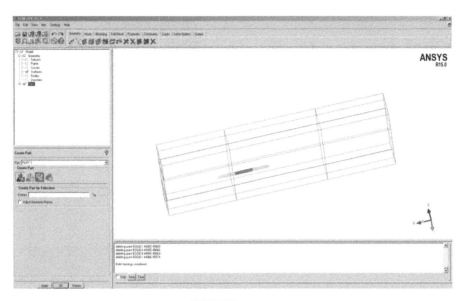

图 2-11 建面

(5) 出口边界面

按照以上操作方法，修改属性栏中"Part"名为"OUTLET"。选择列车后方的面作为出口边界，单击中键确认操作，同时左侧树形菜单栏出现"Model">"Parts">"OUTLET"项。

(6) 地面边界面

按照以上操作方法，修改属性栏中"Part"名为"GROUND"。选择列车下方的面作为计算域的地面边界，单击中键确认操作，同时左侧树形菜单栏出现"Model">"Parts">"GROUND"项。

(7) 计算域其他面

按照以上操作方法，修改属性栏中"Part"名为"SYMMETRY"。其余的面作为虚拟的计算域表面，单击中键确认操作，同时左侧树形菜单栏出现"Model">"Parts">"SYMMETRY"项。

(8) 模型 CAR 设置

仅选择"Model">"Parts">"Surface"项，右键单击"Model">"Parts"，选择"Create Part"项，修改属性栏中"Part"名为"car"，视图区出现"Select geometry"工具条。同样单击"Select geometry"工具条中的图标，选择剩余的所有面作为车体表面。单击中键确认操作，同时注意到 Surface 消失。

2.1.2 网格生成

1. 网格划分

1) 选择工具栏命令"Mesh">"Global Mesh Setup"，选择属性栏中"Global Mesh Size"命令中的图标，保持"Global Element Scale Factor"项值为"1.1"，在"Global Element seed Size"项中输入"3000"（软件默认网格尺寸按 mm 计），单击"OK"按钮确认操作。出现

图 2-12 所示的蓝色字体，说明设置成功。

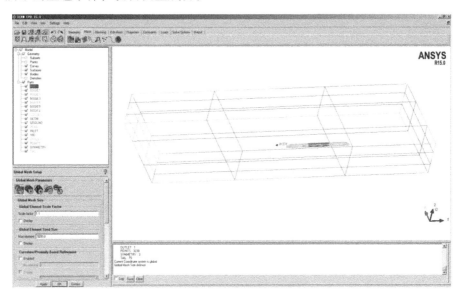

图 2-12　全局尺寸设置

2）输入各边界表面最大尺寸。选择工具栏命令"Mesh">"Part Mesh Setup"，在弹出的"Part Mesh Setup"对话框的"Maximum size"一栏中输入各 part 的尺寸，"mid"车体表面网格最大为 150，转向架设为 40，头车尾车设为 100，其余设为 3000，头车、中间车和尾车边界层第一层高度设为 0.8，增长率为 1.2，边界层总数 12 层。单击"Apply"按钮确认操作。同样应出现蓝色字体，结果如图 2-13 所示。单击"Dismiss"返回。

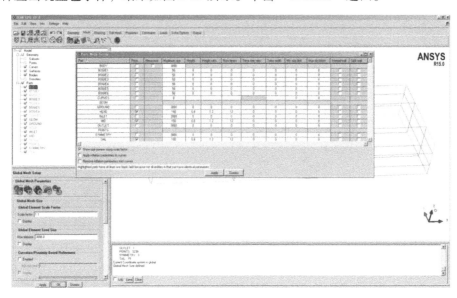

图 2-13　面网格设置

3）进行网格划分。选择工具栏命令"Mesh">图标，在属性栏中采用默认的

"Tetra/Mixed"网格划分方式,勾选"Create Prism Layers",单击"Compute"划分网格,右下角的进度条显示网格划分进度。

2. 网格质量检查及修正

1)选择工具栏命令"Mesh">"Edit Mesh">图标,进行网格质量检查,可以选择检查任何可能存在的错误和问题,如图2-14所示。

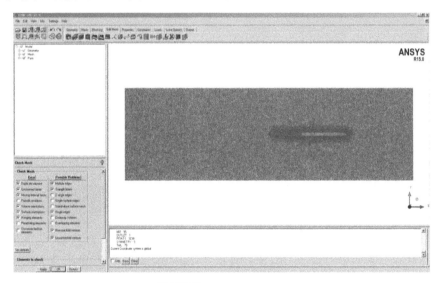

图 2-14　网格质量检查

2)显示网格质量。选择工具栏"Edit Mesh"图标,在属性栏"Quality type"中选择"Quality"项,然后单击"Apply"按钮,在软件右下角可以查看体网格质量分布,单击质量分布条框可以从视图中看出哪些位置的网格质量差,同时从属性栏中可以看出该质量下的网格数,结果如图2-15所示。

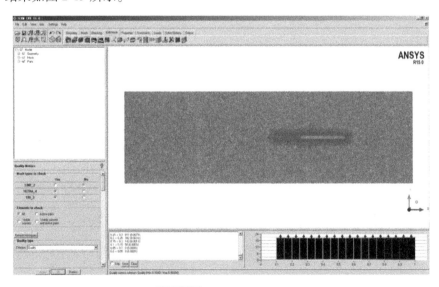

图 2-15　网格质量显示

3)进行网格光顺,以提高网格质量。选择工具栏"Edit Mesh">"Smooth Mesh Globally"命令(即图标),数据设为默认,在属性栏中单击"Apply"按钮,在软件右下角可以看到光顺后的体网格质量分布情况,如图 2-16 所示。

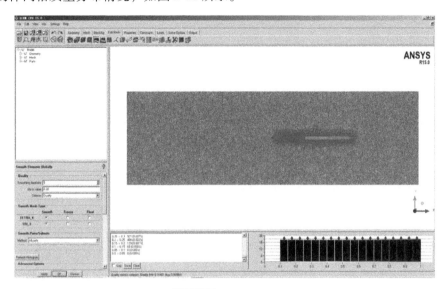

图 2-16 网格光顺

4)网格切面显示。右键单击"Model"菜单下的"Mesh"按钮,选择"Cut Plane"项,创建"Manage Cut Plane"。在属性栏中选择"Method"为"By Coefficients",沿 Y 轴做切面,单击"Apply"按钮确认,如图 2-17 所示。

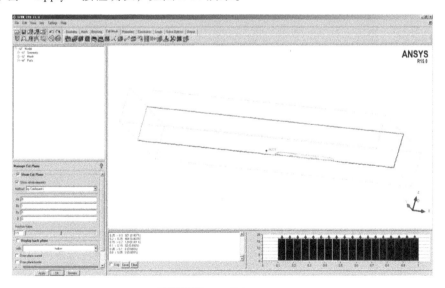

图 2-17 网格切面显示

3. 网格输出

1)单击菜单栏"File">"Mesh">"Save Mesh As",输入文件名"crh3",单击保存。

2）选择网格输出格式。选择工具栏命令"Output"中的图标，选择"Output Solver"项为"ANSYS Fluent"，单击"Apply"按钮。

3）选择工具栏命令"Output"中的图标，出现图 2-18 所示的对话框，单击保存。在之后弹出的对话框中选择"NO"接着弹出图 2-18 所示的对话框，选择之前保存的"crh3.uns"，单击保存。

4）在弹出的对话框中进行图 2-19 的设置，将 Output file 中的文件名 fluent 改为 crh3，单击"Done"完成。在目录下可以找到网格文件 crh3.msh。

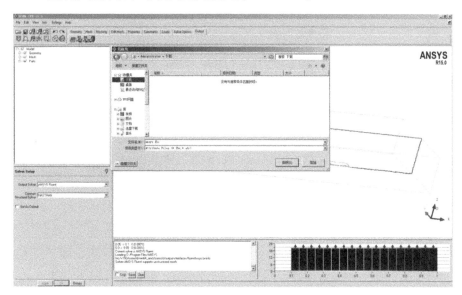

图 2-18　网格文件保存

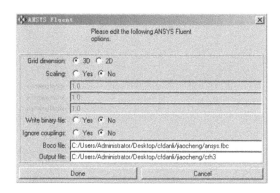

图 2-19　网格输出

2.1.3　求解

1. 导入网格模型

1）启动 FLUENT 软件，在开始界面进行图 2-20 所示的设置。"Dimension"选择"3D"，"processes"选择 6 核并行，设置好工作目录。

第 2 章 列车空气动力学数值仿真技术

2) 导入网格文件。选择菜单项"File">"Read">"Mesh...",选择网格文件"crh3.msh"导入网格,单击"OK"确认,如图 2-21 所示。

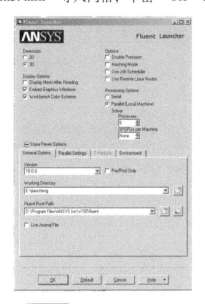

图 2-20　FLUENT 界面设置　　　　　　　图 2-21　导入网格文件

3) 显示网格。选择菜单项"Display">"Mesh...",打开"Mesh Display"对话框,如图 2-22 所示。单击"Mesh Display"对话框中的"Display"按钮,视图区出现计算模型的网格。

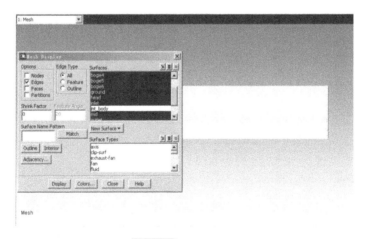

图 2-22　网格显示

4) 缩放模型比例。选择左侧项目树"Problem Setup">"General"项属性栏中的"Scale..."选项,从弹出的"Scale Mesh"对话框中可以看出,整体尺寸放大了 1000 倍。这是由于 ICEM 软件划分网格时采用的默认单位是 mm,而 FLUENT 采用的默认单位是 m。因此,此处需要对网格进行缩放。

选择缩放单位。将对话框右侧的"Mesh Was Created In"项设置为"mm","Scaling Factors"下的各项值相应地由 1 改变为 0.001,单击"Scale"按钮。计算域的坐标范围变换为图 2-23 所示的形式。单击"Close"按钮退出。

5)网格质量检查。主要是检查是否有负体积网格,选择左侧项目树"Problem Setup">"General"项属性栏中的"Check"选项,在下方信息栏中显示出最大及最小体网格。

2. 计算模型设置

更改湍流模型。选择"Setup">"Models"项,双击其属性栏中的"Viscous-Laminar"项,如图 2-24 所示。在打开的"Viscous Model"对话框中选择"k-epsilon (2 eqn)"项。保持默认设置,单击"OK"按钮返回。

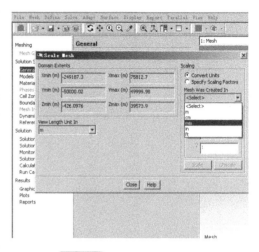

图 2-23 缩比尺寸设置

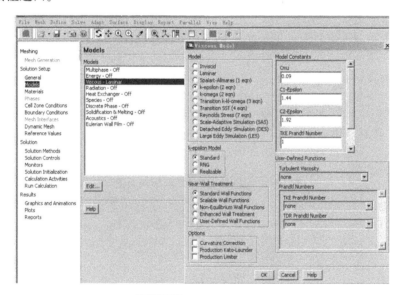

图 2-24 湍流模型选择

3. 设置边界条件

1)设置进口边界条件。选择"Setup">"Boundary Conditions"项属性栏的"inlet"边界,软件默认其为"wall"条件,鼠标右击选择"type",然后选择"Velocity Inlet"。鼠标再右击"inlet"(Velocity Inlet),在弹出的"Velocity Inlet"对话框中输入速度值为"83.33",如图 2-25 所示。单击"OK"按钮退出。

2)设置出口边界条件。选择"Setup">"Boundary Conditions"项属性栏的"outlet"边界,将其设置为"Pressure Outlet"条件。在"Pressure Outlet"对话框中保持默认设置,如图 2-26 所示。然后单击"OK"按钮返回。

3)设置计算域壁面条件。选择"Solution Setup">"Boundary Conditions"项属性栏的"Symmetry"边界,将其设置为"symmetry"条件,如图 2-27 所示。

第 2 章 列车空气动力学数值仿真技术

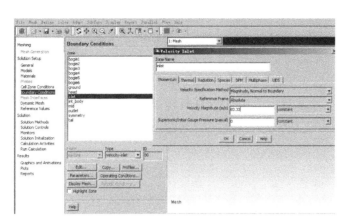

图 2-25　进口边界条件设置

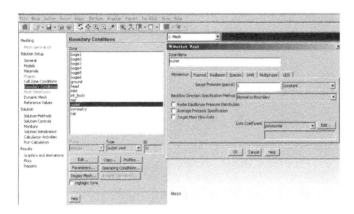

图 2-26　出口边界条件设置

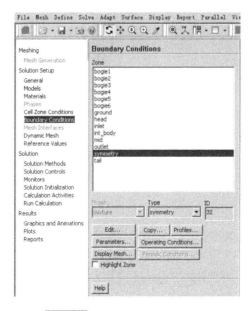

图 2-27　对称边界条件设置

4)设置地面滑移条件。选择"Solution Setup">"Boundary Conditions"项属性栏的"ground"边界,将其设置为"wall"条件,在弹出的"Wall"对话框中选择"Moving Wall"项,默认选择"Translational"方式,并设置"Speed (m/s)"为"83.33"(300km/h),设置"Direction"值为"-1,0,0",如图2-28所示,单击"OK"按钮返回。(根据相关文献,地面一般采用滑移和非滑移两种情况进行对比,本例采用滑移边界条件作为地面的边界条件,读者可根据自己的需求设置不同的边界条件,分析不同边界条件对计算结果的影响。)

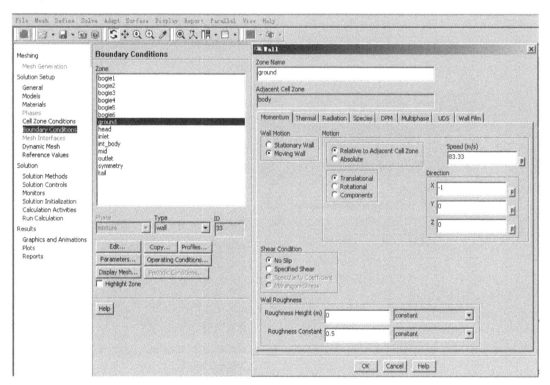

图 2-28　滑移地面设置

5)设置壁面边界条件。选择"Solution Setup">"Boundary Conditions"项属性栏的"head""mid""tail"边界,将其设置为"wall"条件。在弹出的"Wall"对话框中选择"No Slip"项,如图2-29所示。保持默认设置,然后单击"OK"按钮返回。

6)设置计算参考数值。选择"Solution Setup">"Reference Values"选项,设置"Compute from"项为"inlet",设置"Reference Zone"项为"body",其余设置默认不变,如图2-30所示。

4. 模型求解

1)设置气动阻力监测曲线。选择"Solution">"Monitors"项,单击"Residuals,Statistis and Force Monitors"下的"Create",选择"Drag"项,名字改为"drag"。勾选"Plot"。选择"Wall zones"栏中的"bogie1""bogie2""bogie3""bogie4""bogie5""bogie6""head""mid""tail"边界,将"Force Vector"设置更改为"1,0,0",即监测列车气动阻力,如图2-31所示。单击"OK"按钮返回。

第 2 章　列车空气动力学数值仿真技术

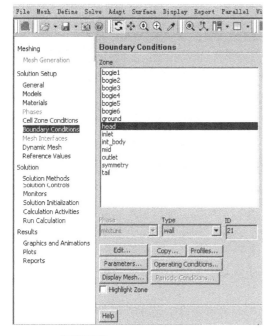

图 2-29　壁面边界条件设置

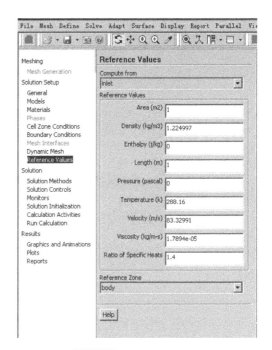

图 2-30　计算参考设置

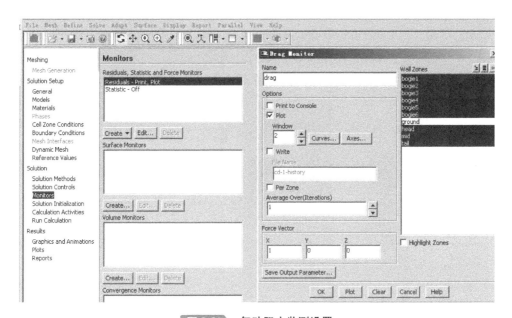

图 2-31　气动阻力监测设置

2）设置气动升力监测曲线。选择"Solution">"Monitors"项，单击"Create"项，选择"Lift"，打开"Lift Monitor"对话框，如图 2-32 所示，勾选"plot"项，"Window"编号自动设置为"3"（残差曲线窗口编号默认为 1）。选择"Wall zones"栏中的"bogie1""bogie2""bogie3""bogie4""bogie5""bogie6""head""mid""tail"边界，将"Force Vector"设置更改为"0，0，1"，即监测列车运行时所受升力。单击"OK"按钮返回。

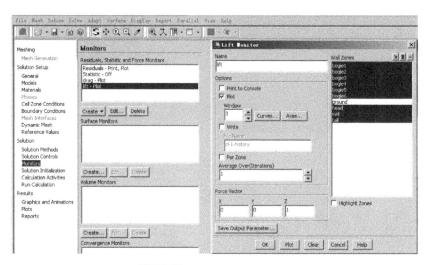

图 2-32　气动升力监测设置

3）计算初始化。选择"Solution">"Solution Initialization"项，选择"Standard Initialization"，并将其属性栏"Compute from"项设置为"inlet"边界，其余设置不变，如图 2-33 所示，单击"Initialize"对计算进行初始化。若在此处不进行初始化，在计算时会提示需进行初始化。

4）设置自动保存。在"Calculation Activities">"Calculation Activities"项中设置 1000 步自动保存一次，如图 2-34 所示。

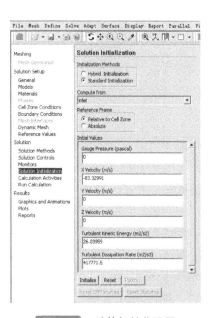

图 2-33　计算初始化设置

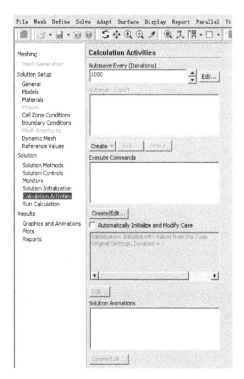

图 2-34　自动保存设置

5）设置迭代步数。选择"Solution">"Run Calculation"项，将其属性栏中"Number of Iterations"项设置为"3000"，如图 2-35 所示。

6）迭代计算。单击"Calculate"按钮进行计算。计算过程中，视图区的残差曲线图和右下侧脚本区随时根据迭代步数及计算结果进行更新。用户可以在图中对三个曲线图进行切换，如图 2-36 所示。

7）计算结果保存。单击菜单栏"File">"Write">"Case & Data"，弹出对话框，可以自己设置保存结果名，单击"OK"按钮。

8）气动力结果查看。如图 2-37 所示，单击左侧菜单栏"Reports"，双击"Forces"弹出对话框，如果是查看阻力结果，根据建立的模型，本

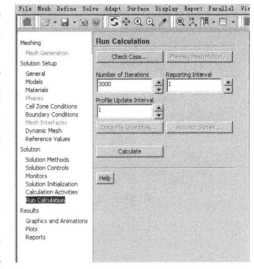

图 2-35　迭代步数设置

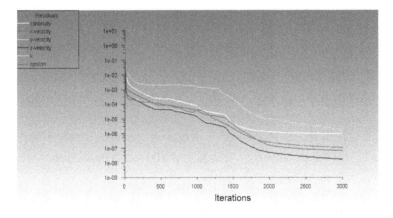

图 2-36　残差收敛曲线

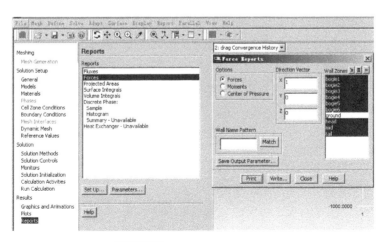

图 2-37　气动阻力结果查看

算例阻力方向为（1,0,0），选中转向架、头车、尾车和中间车，单击"Print"，阻力将输出到信息栏；如果查看升力结果，方向选择（0,0,1），升力值即可显示在信息栏中。

2.1.4 CFD-POST 后处理

（1）导入计算文件

启动 CFD-Post 软件导入 FLUENT 软件计算结果文件。选择菜单项"File"＞"Load Results.."，选择文件名"crh3-1.cas"的文件，单击"Open"按钮，如图 2-38 所示。在弹出的对话框中选择"OK"按钮。

（2）创建列车表面压力云图

单击工具栏的图标，输入文件名"crh3 surface"，单击"OK"按钮。如图 2-39 所示。

图 2-38　文件导入

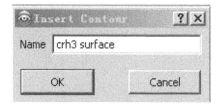

图 2-39　创建云图名称

将压力云图属性栏展开。将"Location"项设置为"mid""head""tail"，将"Range"项设置为"Local"，将"#of Contours"项设置为"100"，单击"Apply"按钮，"variable"选择"Pressure"，如图 2-40 所示。

视图区中列车表面压力云图如图 2-41 所示。从图可以看出，头车的最大压力和最小压力都集中在车头附近，最大压力可达到 4250Pa，最小压力可达到 -7968Pa。头车车身部分压力比较均匀，车身压力在 -1000Pa 到 1000Pa 左右。中间车压力比较均匀，最大压力为 549Pa，最小压力为 -861Pa，位于车体下部。尾车的压力分布与头车压力分布类似，压力的最大值 789Pa，最小值为 -982Pa，均位于尾车头部。

图 2-40　压力设置

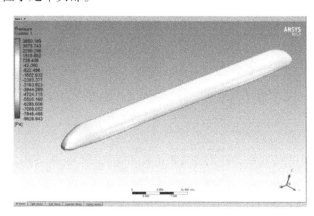

图 2-41　压力云图

第 2 章 列车空气动力学数值仿真技术

可以用同样的方法画出转向架的压力云图，如图 2-42 所示。转向架的最大压力主要分布在轮对前部，最大压力值为 3860Pa。

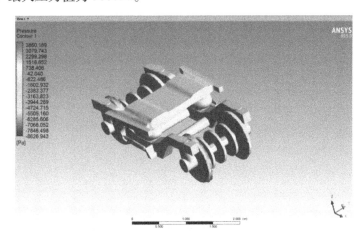

图 2-42 转向架压力云图

（3）创建速度矢量图

首先，创建截面。选择工具栏"Location">"Plane"项，创建截面，输入文件名"mid plane"。

其次，在"mid plane"截面属性栏中选择"Method"项为"Z X Plane"，Y 值选择 0。单击"Apply"按钮，视图区中创建好的截面如图 2-43 所示。

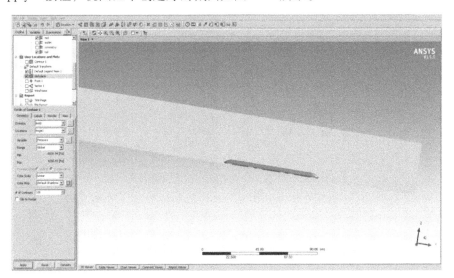

图 2-43 截面显示

然后，显示速度矢量图。单击工具栏上的"Vector"图标，输入文件名"Vector 1"，在其属性栏中设置"Locations"为"mid plane"，"sampling"选择"Vertex"，单击"Apply"按钮，视图区中创建好的速度矢量图如图 2-44 所示。列车头部附近的空气流速最快，最高达到 96m/s。

（4）创建流线

首先，创建截面。选择工具"Location>Plane"，创建截面，输入文件名"streamline plane"。在"streamline plane"截面属性栏中，选择"Method"项为"YZ Plane"，选择"X"项，设置距离为"4m"（尽量保持所创建的截面与模型的距离不是太远即可），选择"type"项中"Circular"项。"Radius"项尺寸为"7m"，单击"Apply"按钮，如图2-45所示。

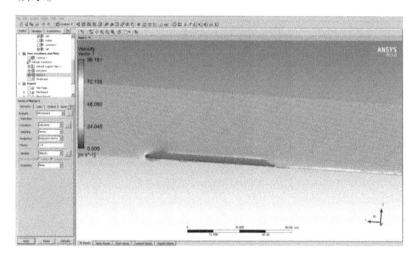

图2-44 速度矢量图

图2-45 流线设置

其次，显示流线图。单击工具栏上的"Streamline"图标，输入文件名"crh3 Streamline"，在其属性栏中设置"Start From"项为"streamline plane"，"#of Points"项的数值设置为"100"，单击"Apply"按钮，创建好的流线图如图2-46所示。

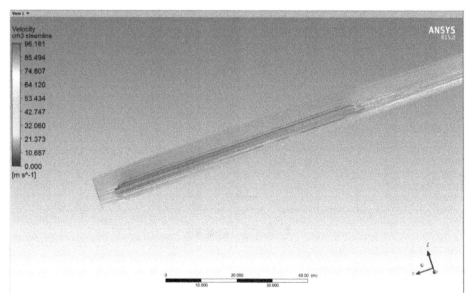

图2-46 流线图

第 2 章 列车空气动力学数值仿真技术

标尺修改。右键单击"Default Legend View1",选择"Edit"项,在"Appearance"属性栏中修改相关属性,将标尺显示由 5 改为 10,单击"Apply"按钮。

最后,保存文件。选择菜单项"File">"Save state as...",在出现的对话框中输入文件名"crh3.cst",保存后处理文件。

2.1.5 列车明线气动特性

1. 计算模型及网格

建立某概念设计动车组的八车编组模型,各节车都包含有转向架,忽略受电弓、车间连接处等结构,如图 2-47 所示。头车和尾车长度都为 25860mm,中间车长度为 24825mm。

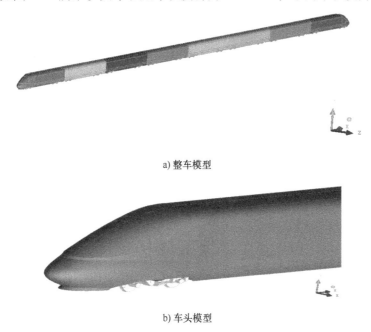

a) 整车模型

b) 车头模型

图 2-47 CRH 某概念列车模型

计算区域如图 2-48 所示。流场入口距列车头车鼻尖距离为 210m,出口距头车鼻尖距离为 640m,计算区域长度为 850m,宽度为 80m,高度为 60m。对建立的模型进行网格划分,头尾车网格最大尺寸为 80mm,中间车网格最大尺寸为 100mm,转向架最大网格尺寸为 40mm,外场网格最大尺寸为 2000mm。划分后的车头网格如图 2-49 所示。

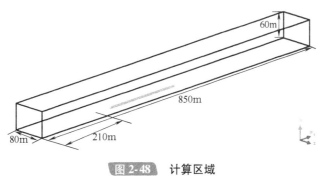

图 2-48 计算区域

39

图 2-49　车头网格

2. 明线基本气动力计算结果

（1）气动特性

定义列车气动阻力系数（C_d）和升力系数（C_l）的公式如下：

$$C_d = \frac{F_d}{\frac{1}{2}\rho v^2 A_1}$$

$$C_l = \frac{F_l}{\frac{1}{2}\rho v^2 A_2}$$

式中　F_d——各节车阻力；

　　　ρ——空气密度；

　　　v——列车运行速度；

　　　A_1——车身纵向截面积；

　　　A_2——车身水平截面积。

当列车速度为250km/h时，各节车气动计算结果见表2-1，统计各节车阻力时都包含了各节车的转向架阻力。从表中可以看出，头车阻力最大，其次为尾车；头车升力向下，中间车升力相对较小，尾车升力向上。

表 2-1　列车速度为 250km/h 时各节车气动计算结果

	头车	中间车1	中间车2	中间车3	中间车4	中间车5	中间车6	尾车	总和
阻力/N	7245	2733	1744	1712	1975	2306	1873	4371	23958
阻力系数	0.190	0.072	0.046	0.045	0.052	0.061	0.049	0.115	0.63
升力/N	-3494	780	-15	116	414	232	506	4803	—
升力系数	-0.0142	0.0031	-0.0001	0.0005	0.0016	0.0009	0.0020	0.0195	

当列车速度为350km/h时，各节车气动计算结果见表2-2。列车运行速度在350km/h时各车的阻力和升力及其系数特性与250km/h时保持一致，且两种不同速度下的阻力系数几乎一致，升力系数规律也类似。

表 2-2　列车速度为 350km/h 时各节车气动计算结果

	头车	中间车1	中间车2	中间车3	中间车4	中间车5	中间车6	尾车	总计
阻力/N	14270	5244	3326	3229	3780	4374	3577	8623	46421
阻力系数	0.191	0.070	0.045	0.043	0.051	0.059	0.048	0.116	0.623

（续）

	头车	中间车1	中间车2	中间车3	中间车4	中间车5	中间车6	尾车	总计
升力/N	-6882	1377	222	181	760	518	945	9567	—
升力系数	-0.0142	0.0028	0.0005	0.0004	0.0015	0.0011	0.0019	0.0198	—

（2）压力分析

当列车速度为250km/h时，头车流线型部位表面的压力分布如图2-50所示。由图可以看出：各车型头车最大正压均位于鼻尖附近，最大负压位于排障器附近；流线型头部都存在较大的负压区，对于头车，负压区域越大，引起的阻力会越小。

当列车速度为250km/h时，尾车流线型部位表面的压力分布如图2-51所示。由图可以看出：由于旋涡脱落，尾车流线型大部分区域均为负压，仅鼻尖上方及视窗玻璃前部出现正压区域，流线型与非流线型过渡段的负压幅值相对较大。

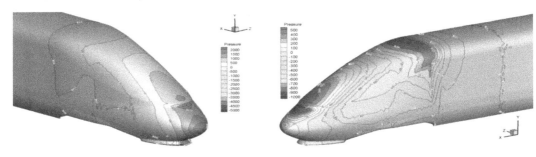

图2-50 头车流线型部位压力分布（Pa）　　图2-51 尾车流线型部位压力分布（Pa）

3. 横风下列车气动性能

（1）风向角对气动性能的影响

同一风速下，不同风向角对列车气动性能影响不一样。以列车运行速度为250km/h为例，对侧风为32.6m/s时的不同风向角（分别为30°、45°、60°、90°）进行计算，以考察风向角对列车气动性能的影响。

横风对列车安全性影响主要体现在升力、侧力、摇头力矩和倾覆力矩，因此对比时主要考虑风向角对这几个方面的影响，见表2-3。

表2-3 250km/h速度下不同风向角时列车受力情况

	风向角	头车	M1	M2	M3	M4	M5	M6	尾车
升力	30°	23399	40665	37743	37926	37781	37650	37429	34759
	45°	67681	76293	75218	74920	74991	74717	74162	68811
	60°	102880	113439	112680	112181	112427	112121	111217	103081
	90°	136323	157736	152973	152704	152919	152281	151135	140527
侧力	30°	35839	13720	13328	12996	12820	12793	12553	-3330
	45°	60174	25411	24684	24490	24136	24147	23730	-2817
	60°	85753	37181	36165	35984	35546	35524	34955	-2981
	90°	124642	50700	49398	48835	48097	48125	47245	-8625

（续）

	风向角	头车	M1	M2	M3	M4	M5	M6	尾车
倾覆力矩	30°	80892	52746	49433	49095	48607	48482	47948	19185
	45°	145157	96163	94438	93521	93057	92921	91768	43564
	60°	211259	141058	139465	138224	137788	137610	135804	66880
	90°	298121	196626	190908	189193	188250	187833	185555	84411
摇头力矩	30°	170807	9507	8220	7215	7000	7311	8405	128496
	45°	268685	10820	11145	10636	9673	10215	12517	211081
	60°	375107	12710	12739	13071	11668	12614	15716	297990
	90°	572552	25205	26339	23494	22453	23355	27528	445908

列车受力随风向角变化情况如图 2-52 所示。

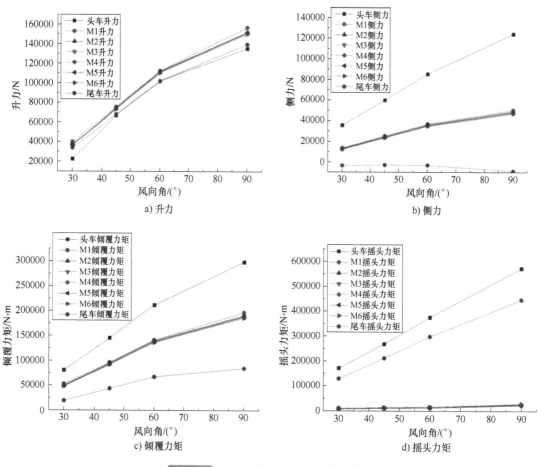

图 2-52　不同载荷随风向角变化情况

由上述图表可以看出：除尾车侧力外，各车的各个载荷均在风向角为 90°时达到最大值；中间车摇头力矩随风向角变化不明显，其余各载荷与风向角关系较大。

（2）列车压力及流场特性

图 2-53 和图 2-54 分别给出动车组在运行速度为 250km/h、风速为 24.4m/s 时头车和尾

第 2 章　列车空气动力学数值仿真技术

车的压力分布云图。

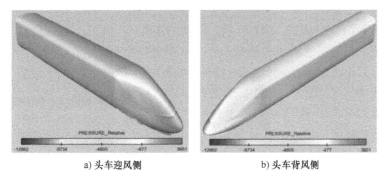

a) 头车迎风侧　　　　　　　　b) 头车背风侧

图 2-53　头车压力云图

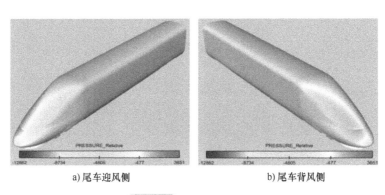

a) 尾车迎风侧　　　　　　　　b) 尾车背风侧

图 2-54　尾车压力云图

由图 2-53 和图 2-54 可以看出：动车组头车最大正压区偏向头车鼻尖迎风一侧，而尾车正压区则偏向背风一侧；在车体迎风侧大部分为正压，从列车侧面到顶面的过渡圆弧面上正压迅速减少并变为负压。动车组背风面车体基本为负压。

图 2-55 给出了列车在风速为 24.4m/s 以 250km/h 的速度运行时头车、中间车、尾车周围流场对比。由图可以看出：在平地运行时，两车的周围流场相近。列车迎风侧为正压区，背风侧为负压区。在列车顶部，尤其在侧墙和列车顶部之间的拐角处出现了很大的负压，这一点与无横风时有较大差异；从流线可以看出，在头车区域流线出现扭曲，中间车区域出现明显的旋涡脱落且一直延伸到尾车。

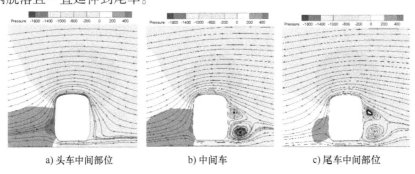

a) 头车中间部位　　　　b) 中间车　　　　c) 尾车中间部位

图 2-55　平地运行时列车周围流场

（3）气动载荷

选取每节车的重心作为动车组摇头力矩和点头力矩的矩心，具体位置如图 2-56 和图 2-57 所示。倾覆力矩矩心为动车组背风侧轮缘与轨道接触的任意一点。倾覆力矩指的是动车组受力对轮轨接触点连线之矩。提取倾覆力矩时只需在该连线上取一点即可，比如头车轮对与轨道接触点。倾覆力矩过大容易导致动车组发生侧翻、脱轨等事故。倾覆力矩矩心具体位置如图 2-58 所示。

图 2-56　矩心在横截面中的位置

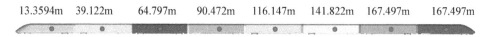

图 2-57　矩心在纵截面中的位置

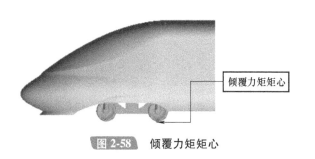

图 2-58　倾覆力矩矩心

2.2　基于 STAR-CCM+ 的求解方法

基于 STAR-CCM+ 的列车空气动力学数值仿真技术主要步骤包括建立计算模型、表面准备、面网格生成、体网格生成、数值求解和后处理[1]。

2.2.1　建立计算模型

启动 STAR-CCM+，单击 图标，出现"Create a New Simulation"界面，选择"Parallel on Local Host"方式，选择"Parallel on Local Host"并行运算方式，将"Compute Processes"项的数值更改为 6。单击"OK"按钮，确认操作。

单击工具栏上 按钮，在弹出的"Open"对话框中选择面网格所在路径，选中图 2-59 中的"middle.dbs""fengdang.dbs"和"tail.dbs"这三个面网格文件，单击"Open"按钮。系统弹出"Import Surface Options"界面，选择"Create New Part"，

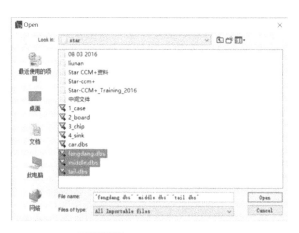

图 2-59　"Open"对话框

将"Surface Mode"项改为"One surface per cell type",将"Units"项选择 m 为单位,单击"OK"按钮确认操作,将面网格文件导入 STAR-CCM+。

采用同样的方法:再次导入"tail.dbs"和"fengdang.dbs"。

复选"Geometry">"Parts">"fengdang 2"和"tail 2",右击选择"transform">"Reflect..."。系统弹出"Reflect Parts"对话框,将"Normal Vector"设置为"0,1,0",单击"Apply"按钮,然后单击"Close"按钮,如图 2-60 所示。

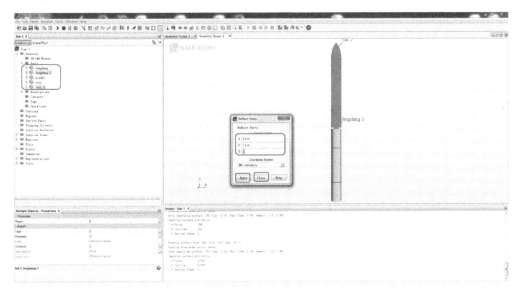

图 2-60　Y 轴镜像

复选"Geometry">"Parts">"fengdang 2"和"tail 2",右击选择"transform">"Translate...",如图 2-61 所示。系统弹出"Translate Parts"对话框,将"Translation Vector"设置为"0,-26.9,0",单击"Apply"按钮,然后单击"Close"按钮。车体模型的组装效果如图 2-62 所示。右击选择"Geometry">"Parts">"tail 2",选择"Rename...",输入文件名"head"。

图 2-61　新建平移

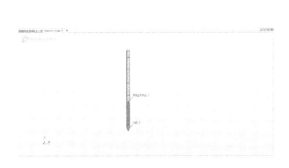

图 2-62　车体模型的组装效果

2.2.2 表面准备

1. 包面尺寸设置

右击选择"Geometry">"Operation",选择"New">"Surface Wrapper",系统弹出"Create Surface Wrapper Auto Mesh Operation"对话框,选择所有 Parts,单击"OK"按钮,如图 2-63 所示。

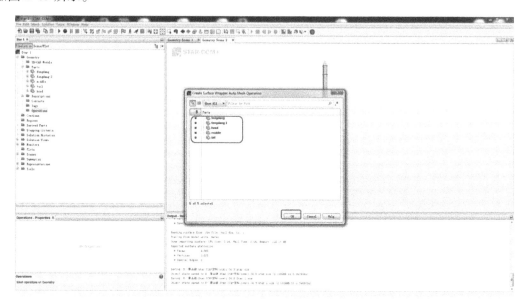

图 2-63 "Surface Repair Options"对话框

选择"Geometry">"Operations">"Surface Wrapper">"Default Controls">"Base Size",将其属性栏中"Value"设置为 1m,如图 2-64 所示。

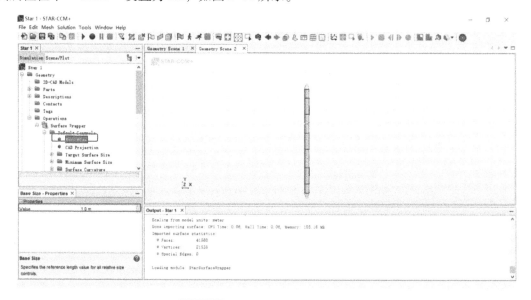

图 2-64 将 Base Size 设置为 1m

选择"Geometry">"Operations">"Surface Wrapper">"Default Controls">"Target Surface Size">"Relative Size",将其属性栏中"Percentage of Base"设置为2,如图2-65所示。

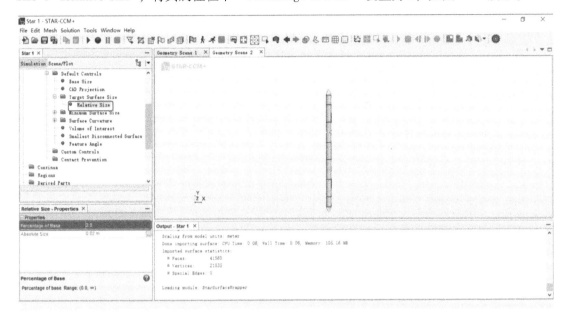

图2-65 将"Target Surface Size"设置为0.02m

选择"Geometry">"Operations">"Surface Wrapper">"Default Controls">"Minimum Surface Size">"Relative Size",将其属性栏中"Percentage of Base"设置为1。

选择"Geometry">"Operations">"Surface Wrapper">"Default Controls">"Volume of Interest",将其属性栏中"Method"设置为"External",如图2-66所示。

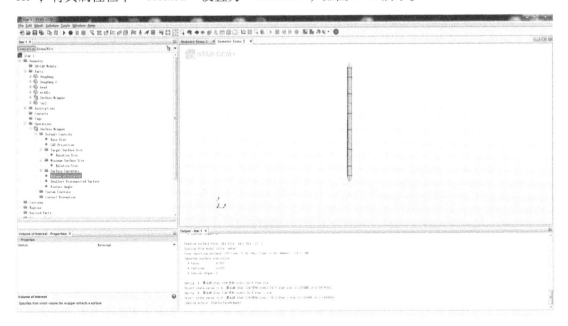

图2-66 设置包面方式

2. 漏洞检查

右击选择"Geometry">"Operations">"Surface Wrapper",选择"Run Leak Detection...",如图 2-67 所示。进行包面前的漏洞检查,选择"Current Point"项为"Source Point",切换到源点定位工具中,可以看到视图区中的红点即为源点。可以确认在"X"和"Y"两个方向上,源点均落在车体范围内,如图 2-68 所示。

图 2-67 新建漏洞检查

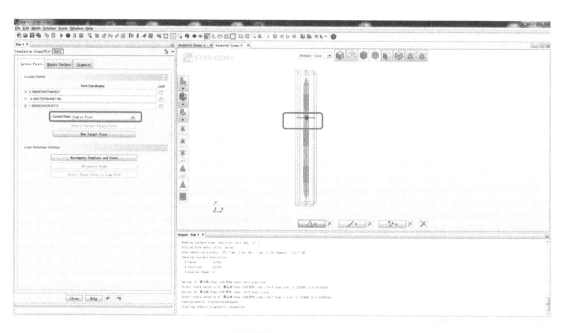

图 2-68 定位源点

单击工具栏上" "按钮,选择"Standard Views">"(+X) front",调整"Z"方向上源点的位置。将源点拖拽至车体中部,如图 2-69 所示。

选择"Current Point"项为"Target Point 1",切换到目标点定位工具中。可以看到视图区中的红点即为目标点,而此时源点变为蓝色。拖拽目标点至车体范围外。源点和目标点设

第 2 章 列车空气动力学数值仿真技术

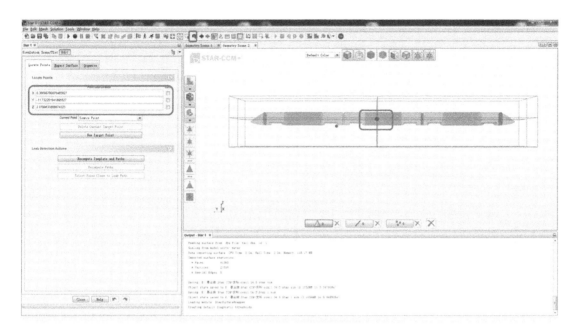

图 2-69　再次调整源点位置

置完成后，单击左侧栏中的"Recompute Template and Paths"按钮，如图 2-70 所示。

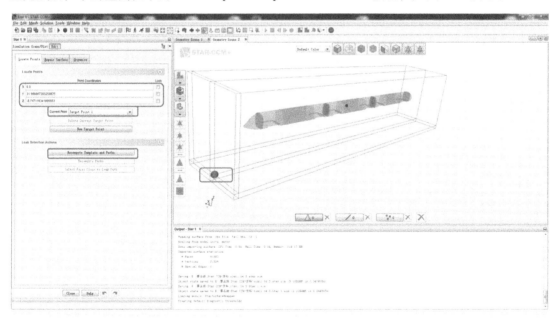

图 2-70　定位目标点

系统弹出"Recompute template"对话框，单击"Yes"按钮，开始检查车体外表面是否封闭。检查结果如图 2-71 所示，显示没有车内与车外的连接路径，即车体外表面封闭，可以进行包面操作。单击"Close"按钮退出。

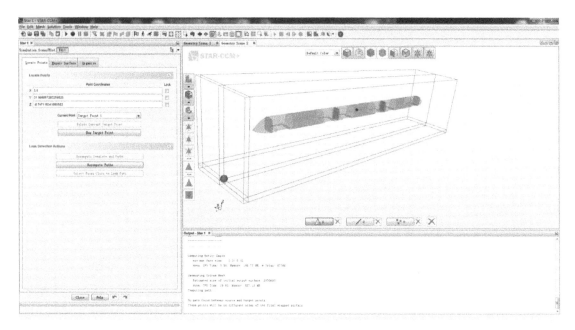

图 2-71　车内外无漏洞

3. 包面

右击选择"Geometry">"Operations">"Surface Wrapper">"Execute",如图 2-72 所示,生成包面网格。

右击选择"Scenes">"Geometry Scene 2",选择"Delete",如图 2-73 所示,删除几何视图 2。

　　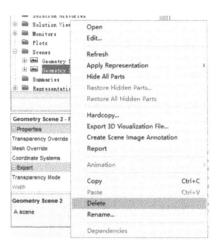

图 2-72　执行包面　　　　　　图 2-73　删除几何视图 2

选择"Scenes">"Geometry Scene 1">"Displayers">"Parts",单击属性栏中"Parts"右侧的 按钮,在弹出的"Parts - Parts"对话框中选择"Surface Wrapper",单击"OK"按钮,如图 2-74 所示。

第 2 章 列车空气动力学数值仿真技术

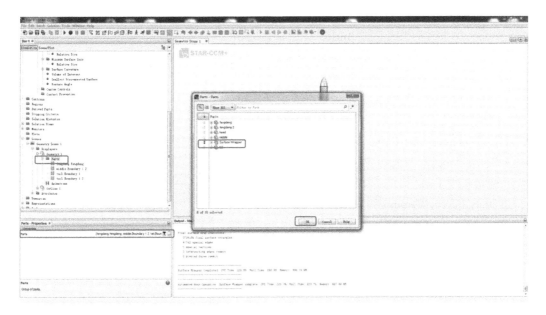

图 2-74 设置 Wrapper 网格视图

2.2.3 面网格

1. 计算域的添加

右击选择"Geometry">"Parts",选择"New Shape Part">"Block"。系统弹出"Block"设置界面,将"Corner 1"的 X 设置为 -60m,Y 设置为 -150m,Z 设置为 -0.176m。将"Corner 2"的 X 设置为 60m,Y 设置为 150m,Z 设置为 60m。单击"Create"按钮,然后单击"Close"按钮,关闭"Block"设置界面,如图 2-75 所示。

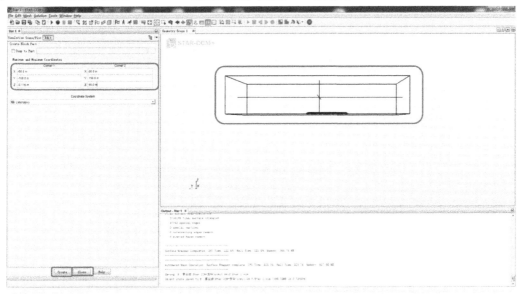

图 2-75 添加车前端计算域

右击选择"Geometry">"Parts">"Block">"Surface">"Block Surface",选择"Split by Angle...",如图2-76所示。系统弹出"Split Part Surfaces by Angle"对话框,保持"Angle(degrees)"的数值89不变,单击"OK"按钮,Block的Surface分割为六个面单独编辑,如图2-77所示。

复选"Geometry">"Parts">"Block"和"Surface Wrapper",右击选择"Create Mesh Operation">"Boolean">"Subtract Parts...",如图2-78所示。系统弹出"Create Subtract Operation"对话框,单击"Target Part"的"Select..."按钮,如图2-79所示。系统弹出"Select Object"对话框,选择"Block",单击"OK"按钮,如图2-80所示。系统返回"Create Subtract Operation"对话框,单击"OK"按钮确认操作。

右击选择"Geometry">"Operations">"Subtract",选择"Execute",生成完整计算域。

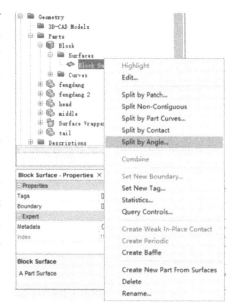

图 2-76　分割计算域

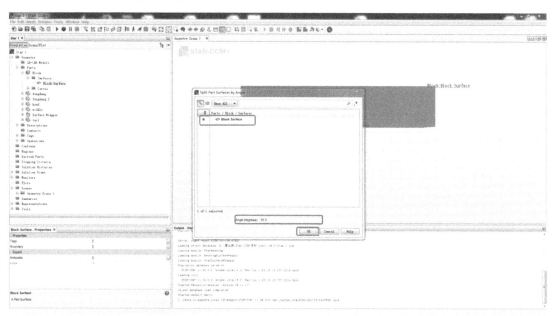

图 2-77　Block 的 Surface 分割为六个面单独编辑

选择"Scenes">"Geometry Scene 1">"Displayers">"Geometry 1">"Parts",单击属性栏中"Parts"右侧的按钮,在弹出的"Parts - Parts"对话框中选择"Subtract",单击"OK"按钮,如图2-81所示。

单击工具栏上""按钮,单击工具栏上""按钮,选择"Standard Views">"(+X) front",可显示完整计算域。

第 2 章 列车空气动力学数值仿真技术

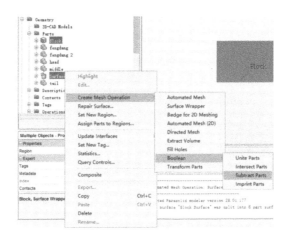

图 2-78 新建布尔减操作

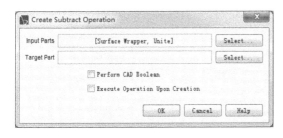

图 2-79 "Create Subtract Operation" 对话框

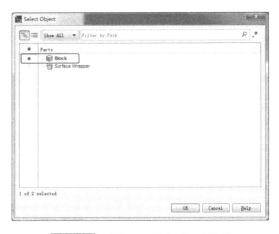

图 2-80 "Select Object" 对话框

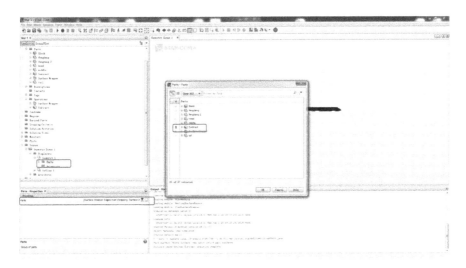

图 2-81 设置显示完整计算域

2. Remesh 操作

右击选择"Geometry">"Parts">"Subtract",选择"Assign Parts to Regions..."。系统弹出"Assign Parts to Regions"对话框,选择"Create a Boundary for Each Part Surface",单击"Apply"按钮,然后单击"Close"按钮,如图 2-82 所示。

右击选择"Continua",选择"New">"Mesh Continuum"。右击选择"Continua">"Mesh 1",选择"Select Meshing Model..."。系统弹出"Mesh 1 Model Selection"对话框,选择"Surface Remesher",单击"Close",如图 2-83 所示。

图 2-82　创建 Regions　　　　图 2-83　选择"Surface Remesher"工具

选择"Continua">"Mesh 1">"Reference Values">"Base Size",将其属性栏中"Value"设置为 1m。

选择"Continua">"Mesh 1">"Reference Values">"Surface Size">"Relative Minimum Size",将其属性栏中"Percentage of Base"设置为 2,即 2mm。

选择"Continua">"Mesh 1">"Reference Values">"Surface Size">"Relative Target Size",将其属性栏中"Percentage of Base"的数值更改为 5,即 5mm。

选择"Regions">"Region">"Boundaries">"Subtract. Block. Block Surface">"Mesh Conditions">"Custom Surface Size",在属性栏中勾选"Custom Surface Size",如图 2-84 所示。

选择"Regions">"Region">"Boundaries">"Subtract. Block. Block Surface">"Mesh Values">"Surface Size">"Relative Minimum Size",将其属性栏中"Percentage of Base"设置为 25,如图 2-85 所示。

选择"Regions">"Region">"Boundaries">"Subtract. Unite. Block Surface">"Mesh Values">"Surface Size">"Relative Target Size",将其属性栏中"Percentage of Base"设置为 100。

右击选择"Regions">"Region">"Boundaries">"Subtract. Unite. Block Surface",选择"Copy",如图 2-86 所示。

右击选择"Regions">"Region">"Boundaries">"Subtract. Unite. Block Surface 2",选择"Paste",如图 2-87 所示。

第 2 章 列车空气动力学数值仿真技术

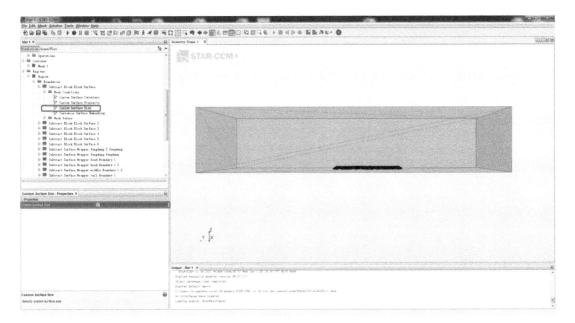

图 2-84 选择边界 Remesher 网格

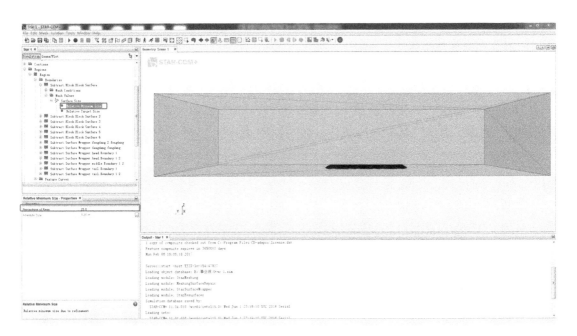

图 2-85 将 "Relative Minimum Size" 设置为 0.25m

采取相同的操作：粘贴 "Subtract. Unite. Block Surface 3" "Subtract. Unite. Block Surface 4" "Subtract. Unite. Block Surface 5" 和 "Subtract. Unite. Block Surface 6" 的边界条件。

单击工具栏上 "🗔" 按钮，生成 Remesher 网格。

右键单击视图区，选择 "Apply Representation" > "Remeshed Surface"，在视图区显示

Remesher 网格。

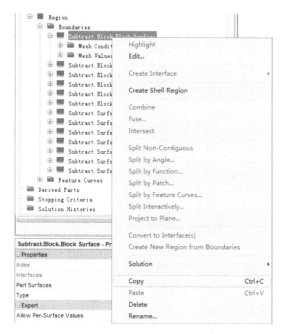

图 2-86　复制边界条件

图 2-87　粘贴边界条件

3. 面网格检查和修复

重构操作可以提升网格质量，但是不能保证所有的网格质量均较优。右击选择"Representation">"Remeshed Surface"，选择"Repair Surface…"。系统弹出"Surface Repair Options"对话框，选择"Region"，单击"OK"按钮，如图 2-88 所示。系统弹出"Remesher 网格质量"界面，单击"Manage"按钮，如图 2-89 所示。

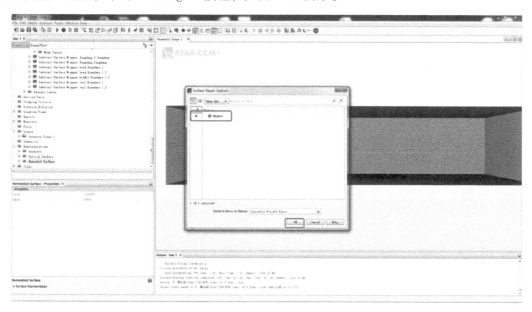

图 2-88　"Surface Repair Options"对话框

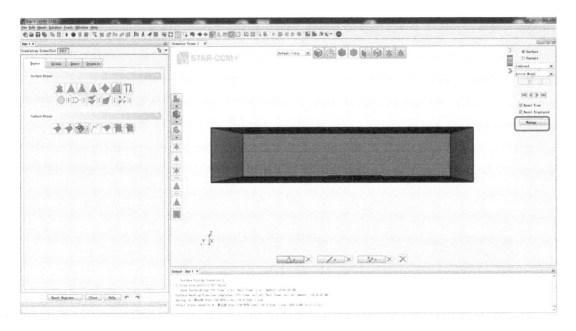

图 2-89 "Remesher 网格质量" 界面

系统弹出"Create/Modify Thresholds"对话框，单击"New Table Entry"按钮，如图 2-90 所示。

图 2-90 "Create/Modify Thresholds" 对话框

将"Type"的属性设置为"Face Quality"，将"Operator"的属性设置为"Below"，将"Value"的属性设置为 0.6，单击"Create"，如图 2-91 所示。

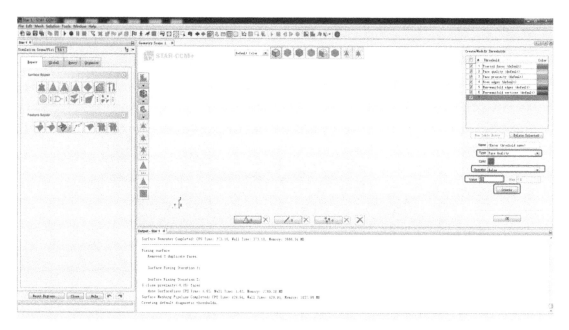

图 2-91 将"Face Quality"设置为小于 0.6

采取同样的操作:将"Type"的属性设置为"Face Proximity",将"Operator"的属性设置为"Below",将"Value"的属性设置为 0.3,单击"Create",单击"OK"按钮,如图 2-92 所示。

图 2-92 将"Face Proximity"设置为小于 0.3

面网格检查结果如图 2-93 所示。单击"▶"图标,视图区出现质量较差的网格。

第 2 章 列车空气动力学数值仿真技术

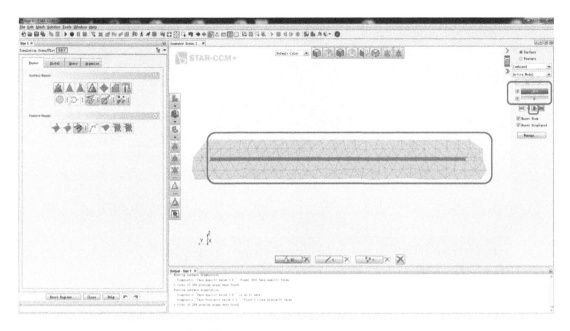

图 2-93 显示质量较差的网格并修复

采用相同的操作：将其中的"Face Quality"的最小值改为 0.5，将"Face Proximity"的最小值改为 0.2，面网格检查结果如图 2-94 所示。单击"▷"图标，视图区出现质量较差的网格。将逐个显示质量较差的网格修复，直至各项指标显示为 0，单击"Close"按钮，如图 2-95 所示。

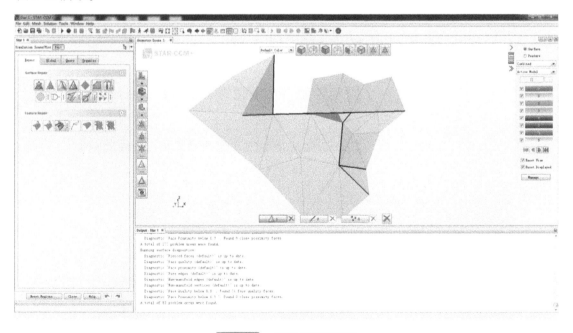

图 2-94 面网格检查结果

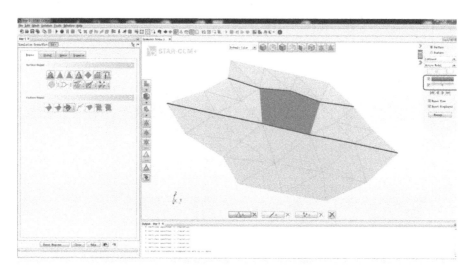

图 2-95　修复 Remesher 网格

2.2.4　生成体网格

1. 体网格设置

右击选择"Continua">"Mesh 1",选择"Select Meshing Model..."。系统弹出"Mesh 1 Model Selection"对话框,选择"Trimmer"和"Prism Layer Mesher"作为体网格生成工具,单击"Close"按钮。

选择"Continua">"Mesh 1">"Reference Values">"Maximum Cell Size">"Relative Size",将其属性栏中"Relative Size"设置为200,如图2-96所示。

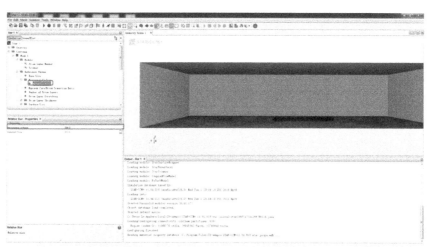

图 2-96　将"Maximum Cell Size"设置为 2m

选择"Continua">"Mesh 1">"Reference Values">"Number of Prism Layers",将其属性栏中"Number of Prism Layers"设置为2。

第 2 章 列车空气动力学数值仿真技术

选择 "Continua">"Mesh 1">"Reference Values">"Prism Layer Stretching",将其属性栏中 "Prism Layer Stretching" 设置为 1.5。

选择 "Continua">"Mesh 1">"Reference Values">"Prism Layer Thickness">"Relative Size",将其属性栏中 "Relative Size" 设置为 6。

2. 设置网格加密区

网格加密区需要预先设定加密区域,右击选择 "Tools">"Volume Shapes",选择 "New Shape">"Block"。系统弹出 "Block" 设置界面,单击 "Create" 按钮,如图 2-97 所示。为较为正确地计算车体周围的气流流动特征,应在车体附近布置较多的体网格。本例中,在列车附近设置三个网格加密区,其中加密区 1 正好包围列车车体(图 2-97),加密区 2(图 2-98)和加密区 3(图 2-99)在三个方向的区域位置和加密尺寸均逐级扩大,通过拖拽 6 个方向的控制点即可实现,单击 "Close" 按钮。

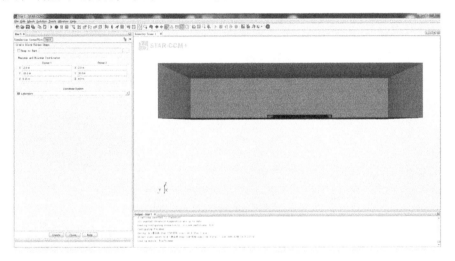

图 2-97 加密区 1(Block 1)

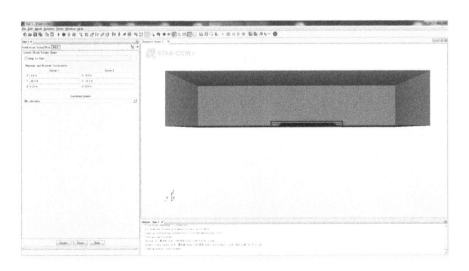

图 2-98 加密区 2(Block 2)

右击选择"Continua">"Mesh 1",选择"Volumetric Controls">"New"。新建网格加密控制区,选择"Continua">"Mesh 1">"Volumetric Controls">"Volumetric Control 1",单击属性栏中"Shapes"项右侧的"□"按钮。系统弹出"Volumetric Control 1 - Shapes"对话框,选择"Block 1",单击"OK"按钮确认,如图2-100所示。按同样方法设置其他2个网格加密区。

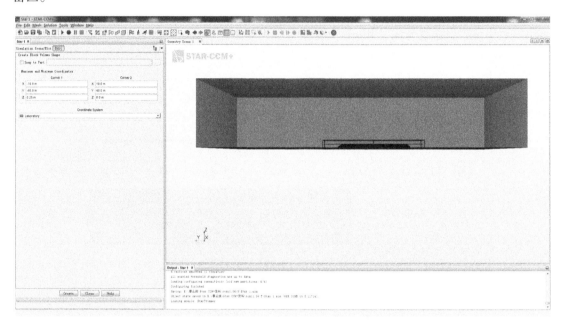

图 2-99 加密区 3(Block 3)

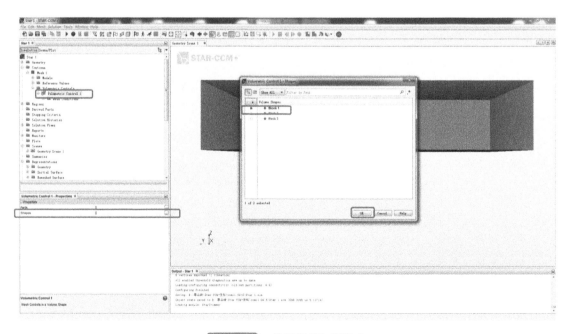

图 2-100 选择网格加密区 1

第 2 章 列车空气动力学数值仿真技术

选择"Continua">"Mesh 1">"Volumetric Controls">"Volumetric Control 1">"Mesh Conditions">"Trimmer",勾选属性栏中的"Customize isotropic size"项,选择各向同性加密功能,如图 2-101 所示。

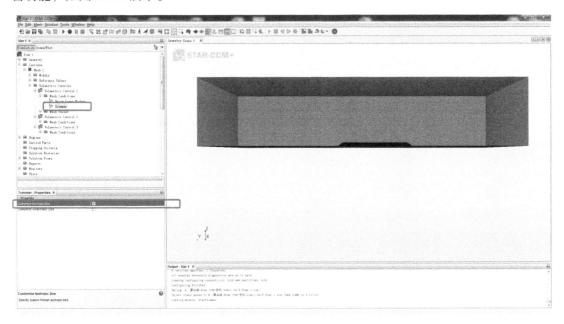

图 2-101 选择加密区 1 的体网格各向同性加密功能

选择"Continua">"Mesh 1">"Volumetric Controls">"Volumetric Control 1">"Mesh Values">"Custom Size">"Relative Size",将其属性栏中"Percentage of Base"设置为 6.0。

采用同样方法:将加密区 2 属性栏中的"Percentage of Base"设置为 12.0,将加密区 3 属性栏中的"Percentage of Base"设置为 24.0。

3. 体网格的生成和检查

由于采用了边界层网格工具,软件会默认在各面上均划分边界层。计算域的进口、出口、顶面、列车前端地面和两个侧面这六个面只是虚拟的计算域表面,无需划分边界层,而地面则应划分边界层。

右击选择"Regions">"Region">"Boundaries">"Subtract.Block.Block Surface 2",选择"Rename...",输入"inlet"。

采用同样的操作:将 Subtract.Block.Block Surface 重命名为"side 1",将 Subtract.Block.Block Surface 3 重命名为"ground",将 Subtract.Block.Block Surface 4 重命名为"top",将 Subtract.Block.Block Surface 5 重命名为"outlet",将 Subtract.Block.Block Surface 6 重命名为"side 2"。

计算域的进口、出口、顶面和两个侧面这五个面只是虚拟的计算域表面,无需划分边界层,故本例中取消 inlet、outlet、top、side-1 和 side-2 五个面上的边界层网格。

选择"Regions">"Region 1">"Boundaries">"inlet">"Mesh Conditions">"Customize Prism Mesh",将其属性栏中的"Customize Prism Mesh"项设置为"Disable",即在该面上不划分边界层网格,如图 2-102 所示。

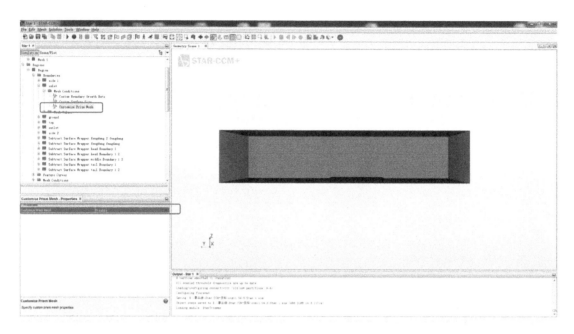

图 2-102　取消边界层网格

采取相同的操作：取消 outlet、top、side-1 和 side-2 的边界层网格。

单击工具栏中按钮 ▣，开始生成体网格。

单击菜单项"Mesh">"Diagnostic"，进行网格质量检查。在弹出的"Mesh Diagnostics"对话框中保持默认选项，单击"OK"按钮，如图 2-103 所示。进行检查，输出窗口中的检查结果如图 2-104 所示，可以看出，列车表面网格质量和计算域内的体网格质量均较高，可以进行计算。

图 2-103　"Mesh Diagnostics"对话框

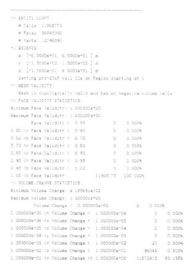

图 2-104　体网格检查结果

第 2 章 列车空气动力学数值仿真技术

右击选择"Derived Parts",选择"New Part">"Threshold"。生成 Threshold 设置界面,单击"Scalar"属性栏的"Select…",系统弹出"Select Object"对话框,选择"Skewness Angle",单击"OK"按钮,如图 2-105 所示。

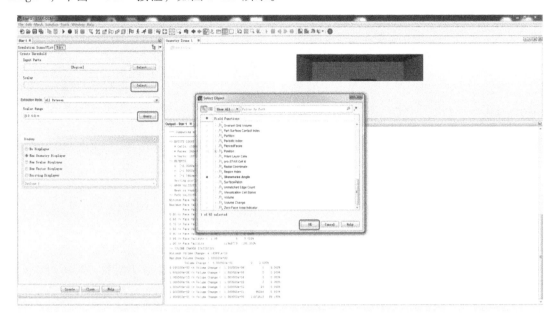

图 2-105　Threshold 设置

选择"Scalar Range"属性栏的"Query"按钮,显示检查结果,将"Display"属性栏设置为"Existing Displayer",单击"Create"按钮,单击"Close"按钮,如图 2-106 所示。斜角范围为 0°~83°,可以不用调整体网格。

图 2-106　Threshold 检查结果

采用相同的操作，检查"Cell Quality"，检查结果如图 2-107 所示。Cell Quality 范围为 0.00026~1，可以不用调整体网格。

采用相同的操作，检查"Volume Change"，检查结果如图 2-108 所示。Volume Change 范围为 0.004~1，可以不用调整体网格。

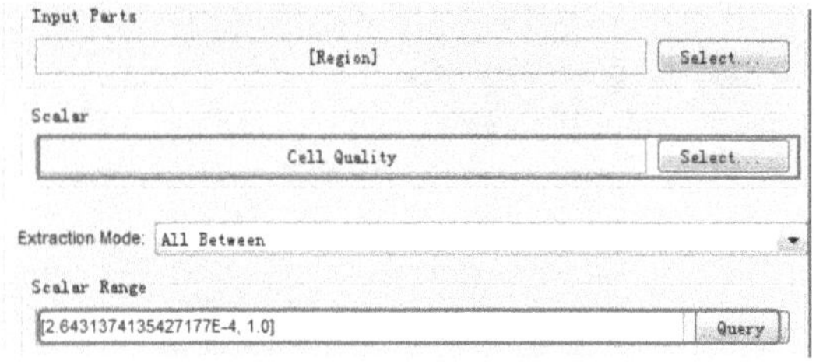

图 2-107　Cell Quality 检查结果 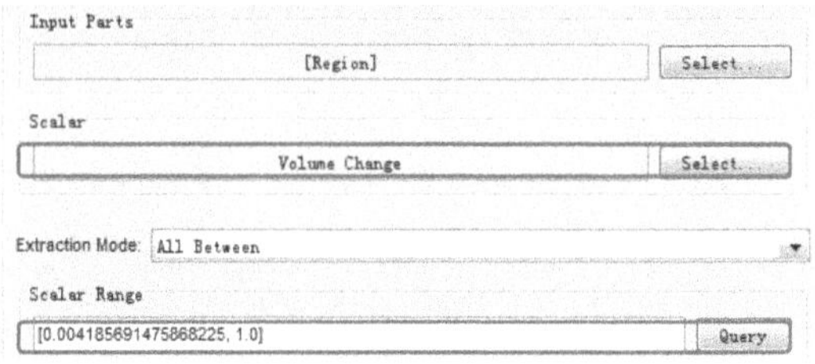　　　　图 2-108　Volume Change 检查结果

2.2.5　求解

1. 计算模型

右击选择"Continua"，选择"New">"Physics Continuum"。右击选择"Continua">"Physics 1"，选择"Select Models..."，打开"Physics Model Selection"对话框。

选择"Space">"Three Dimensional"。

选择"Time">"Steady"。

选择"Material">"Gas"。

选择"Flow">"Coupled Flow"（列车运行速度较高，空气需视作可压缩气流，可采用耦合式求解方法）。

选择"Equation of State">"Ideal Gas"。

选择"Viscous Regime">"Turbulent"。

选择"Turbulence">"K-Epsilon Turbulence"。

同时选择左侧"Optional Physics Models"中的 Cell Quality Remediation，选择该项可以在计算时自动纠正极少部分网格上效果不好的计算结果，保证计算的准确度。

所选择的模型均被追加到右侧的"Enabled Physics models"中。

选择"Physics 1">"Models">"Gas">"Air">"Material Properties">"Dynamic Viscosity"，将其属性栏"Method"设置为"Sutherland's Law"。

2. 边界条件设置

（1）入口边界条件

入口处采用速度入口边界条件。选择"Regions">"Region1">"Boundaries">"inlet"，将其属性栏中"Type"设置为"Velocity Inlet"项，如图 2-109 所示。

输入入口速度，选择"Regions">"Region1">"Boundaries">"inlet">"Physics Values">"Velocity Magnitude">"Constant"，将其属性栏中"Value"设置为 97.2m/s，如图 2-110 所示。

（2）出口边界条件

出口处采用压力出口边界条件，选择"Regions">"Region 1">"Boundaries">"outlet"，

第 2 章　列车空气动力学数值仿真技术

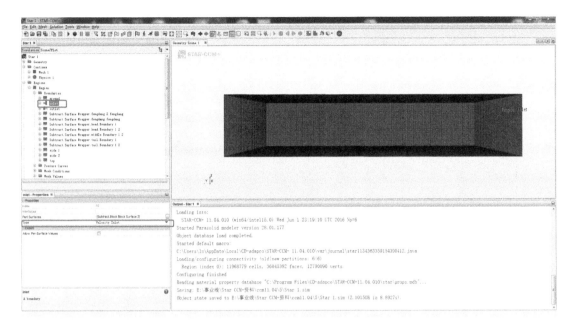

图 2-109　入口边界条件设定

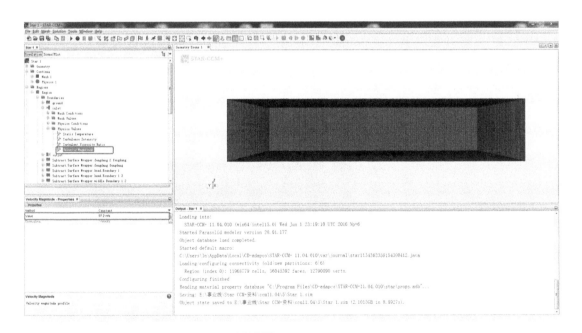

图 2-110　入口速度设定

将其属性栏中"Type"设置为"Pressure outlet"项，如图 2-111 所示。

（3）计算域侧面和顶面边界条件

计算域两个侧面和顶面采用滑移边界条件。因为这三个面是虚拟的计算域壁面，故不用计及摩擦力。

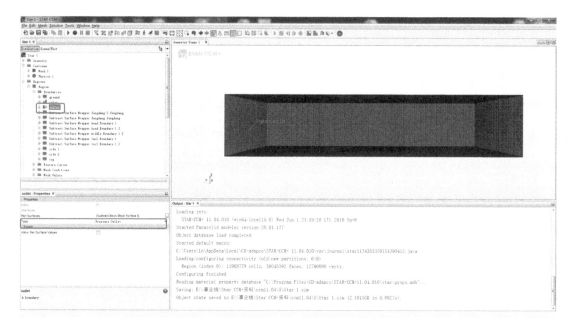

图 2-111　出口边界条件设定

选择"Regions">"Region 1">"Boundaries">"top">"Physics Conditions">"Shear Stress Specification",将其属性栏中"Method"项设置为"Slip",将其设置为滑移条件,如图 2-112 所示。

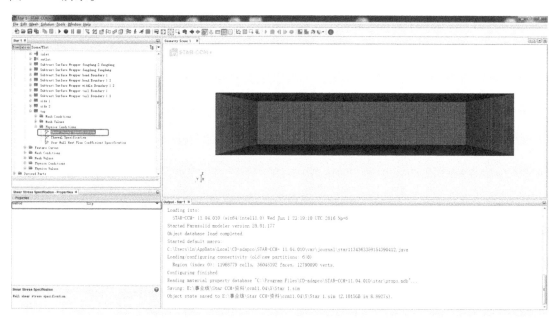

图 2-112　滑移边界条件设定

采用相同的操作,将"Side 1"和"Side 2"设置为滑移条件。

第 2 章 列车空气动力学数值仿真技术

(4) 地面边界条件

地面可以设置为无滑移边界条件或滑移壁面边界条件,在列车空气动力学数值仿真中,地面一般选用滑移边界条件以模拟地面与气流的摩擦作用。

选择"Regions">"Region 1">"Boundaries">"ground">"Physics Conditions">"Tangential Velocity Specification",将其属性栏中的"Method"设置为"Vector",如图 2-113 所示。选择"Regions">"Region 1">"Boundaries">"noslip-ground">"Physics Values">"Relative Velocity",将其属性栏中"Value"设置为 [0, 97.2, 0] m/s,如图 2-114 所示。

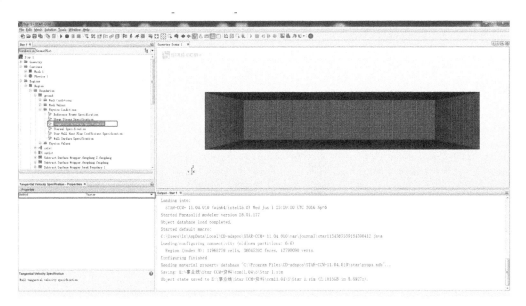

图 2-113 滑移壁面边界条件设定

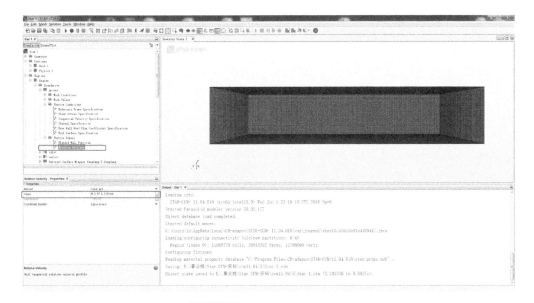

图 2-114 设置滑移壁面速度

3. 监测曲线的设定

（1）监测曲线

右击选择"Reports"，选择"New Report">"Frontal Area"。在 Report 下出现一个"Frontal Area 1"项。选择"Reports">"Frontal Area 1"，将其属性栏中"Units"设置为"m^2"，将属性栏中"Normal"项设置为"0，1，0"；单击属性栏中"Parts"的按钮，在弹出的"Frontal Area 1-Parts"对话框中选择全部列车模型，单击"OK"按钮，如图 2-115 所示。

右击选择"Reports">"Frontal Area 1"，选择"Run Report"，计算车体迎风面积为 $10.9 m^2$，如图 2-116 所示。

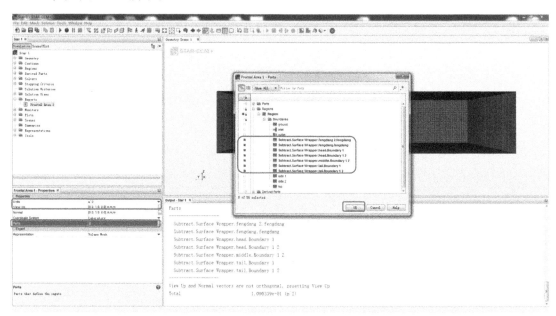

图 2-115　Frontal Area 1"Reports"设置

右击选择"Reports"，选择"New Report">"Force Coefficient"。右击选择"Reports">"Force Coefficient 1"，选择"Rename..."，输入"Head-Cd"。选择"Reports">"Head-Cd"，将属性栏中"Direction"设置为"0，1，0"，将属性栏中"Reference Density"设置为"1.18415"；将属性栏中"Reference Velocity"设置为"97.2"，将属性栏中"Reference Area"设置为"10.9"；同时单击属性栏中"Parts"右侧的按钮，在弹出的"Head-Cd-Parts"对话框中选择"Head"模型，单击"OK"按钮，如图 2-117 所示。

图 2-116　迎风面积计算结果

第 2 章 列车空气动力学数值仿真技术

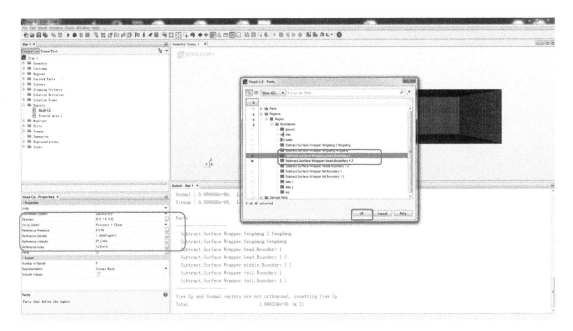

图 2-117　Head-Cd "Reports" 设置

右击选择 "Reports">"Head-Cd"，选择 "Create Monitor and Plot from Report"，创建头车阻力曲线图，如图 2-118 所示。

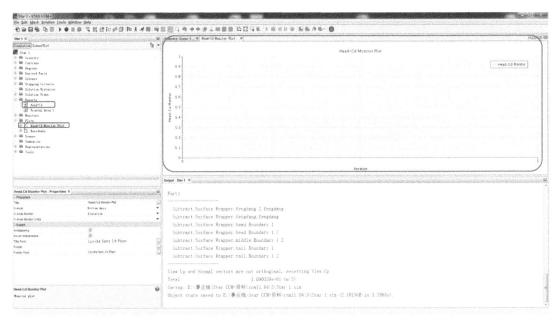

图 2-118　Head-Cd 监测曲线

按照同样方法，生成升力系数 Head-Cl 的 Report 项，与阻力系数 Head-Cd 唯一不同之处在于，升力系数 Head-Cl 属性栏对应的 "Direction" 项应输入 "0.0，0.0，1.0"，创建升力曲线图。创建"Head-Cl""Mid-Cd""Mid-Cl""Tail-Cd""Tail-Cl""All-Cd"和"All-Cl",如图 2-119 所示。

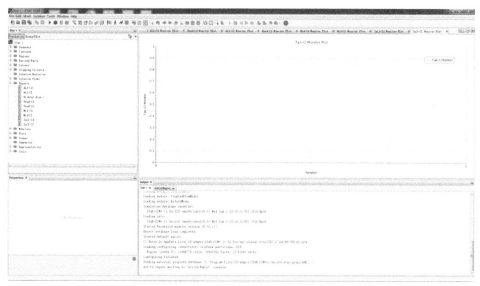

图 2-119　创建"Head-Cl""Mid-Cd""Mid-Cl""Tail-Cd""Tail-Cl""All-Cd"和"All-Cl"

(2) 压力监测点

在计算中,可以通过监测某一点的压力值,作为计算终止的判定条件。

在"Geometry"视图中选择"Subtract. Surface Wrapper. head. Boundary 1",右击选择"Show This Part Only",如图 2-120 所示。

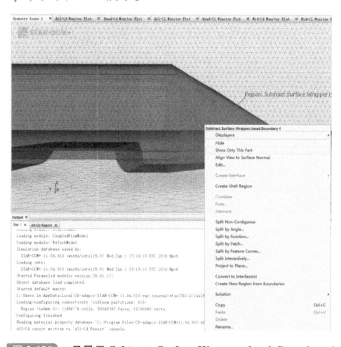

图 2-120　只显示 Subtract. Surface Wrapper. head. Boundary 1

第 2 章 列车空气动力学数值仿真技术

右击选择"Derived Parts",选择"New Part">"Probe">"Point...",生成 Point 设置界面。

单击工具栏上" 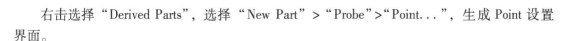 "按钮,选择"Standard Views">"(-Z) bottom",调整 X、Y 向坐标,拖动监测点至图 2-121 所示的位置。

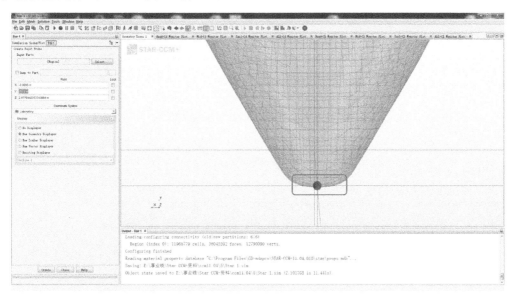

图 2-121　调整 X、Y 向坐标

单击工具栏上" 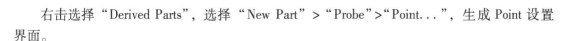 "按钮,选择"Standard Views">"(+X) back",调整 Z 向坐标,拖动监测点至图 2-122 所示的位置,单击"Create"按钮,生成监测点,单击"Close"按钮退出。

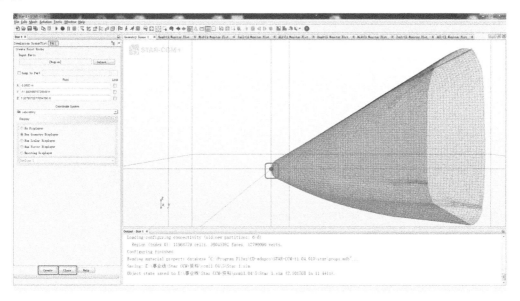

图 2-122　调整 Z 向坐标

右击选择"Reports">"New Report",选择"Maximum",在 Report 下出现一个 Maximum 1 项。

选择"Report">"Maximum 1",单击属性栏中"Parts"右侧的按钮,在弹出的"Maximum 1-Parts"对话框中选择"Point"模型,单击"OK"按钮,如图 2-123 所示。单击属性栏中"Field Function"右侧的按钮,在弹出的"Maximum 1-Field Function"对话框中选择"Pressure"模型,单击"OK"按钮,如图 2-124 所示。

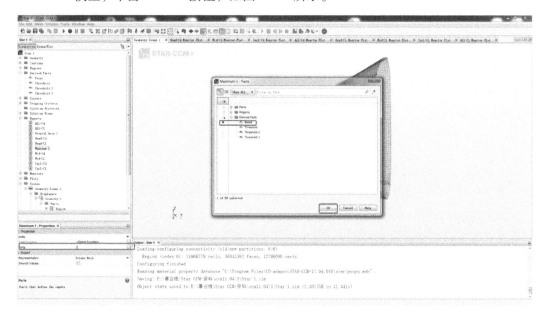

图 2-123 "Maximum 1-Parts"对话框

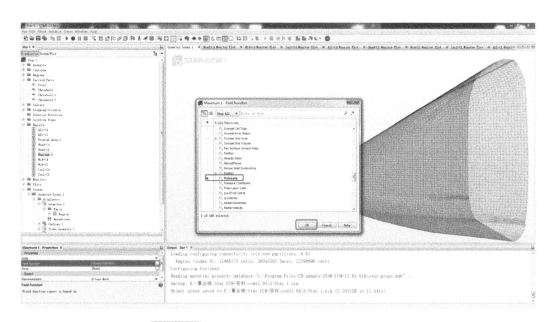

图 2-124 "Maximum 1-Field Function"对话框

第 2 章 列车空气动力学数值仿真技术

右击选择"Reports">"Maximum 1",选择"Create Monitor and Plot from Report",创建鼻尖压力曲线图,如图 2-125 所示。

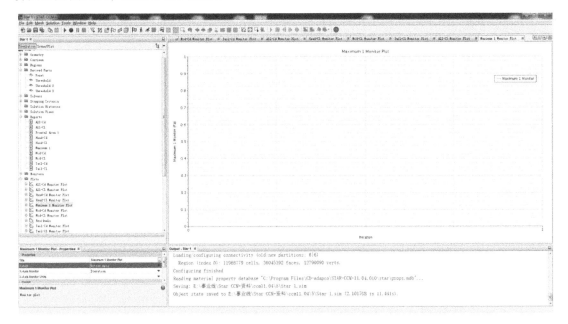

图 2-125 鼻尖压力监测曲线

4. 求解参数设置

(1) 自动保存设置

由于列车空气动力学数值仿真计算耗时较长,需定时保存以防止计算任务因断电或计算机故障等意外情况而没有保存下来。单击菜单栏"File">"Auto Save",系统弹出"Auto Save"对话框。单击"Update"展开"Update"下面的选项,勾选"Enabled"选项。单击"Iteration Frequency"展开"Iteration Frequency"下面的选项,将"Iteration Frequency"设置为500,单击"Close"按钮退出,如图 2-126 所示。

(2) 计算迭代步数

选择"Stopping Criteria">"Maximum Steps",将其属性栏中"Maximum Steps"设置为"10000",如图 2-127 所示。

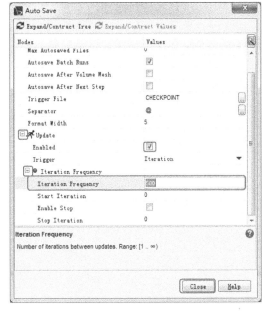

图 2-126 "Auto Save"对话框

(3) Solvers 设定

选择"Solvers">"Coupled Implicit",将其属性栏中的"Courant Number"设置为 2.0。Courant Number 即库朗数,软件默认值为 5.0,适当调低库朗数会减缓收敛速度,但可以保证收敛精度。

75

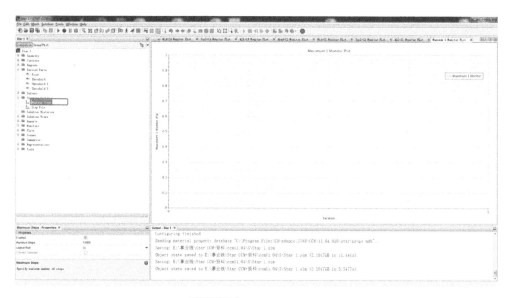

图 2-127　计算步数设定

2.2.6　后处理

1. 计算结果的统计

以上的设置均针对高速列车明线运行工况下的气动性能计算。高速列车的流场实际上是非定常的,其升力、阻力、俯仰力矩系数随迭代步数的增加,不会收敛到唯一的常数。列车气动升力和阻力的计算应该统计系数稳定振荡变化幅值。在稳定变化段取平均值得到的平均升力、阻力系数。

单击工具栏图标 ✈,系统弹出"Residuals"界面,如图 2-128 所示。

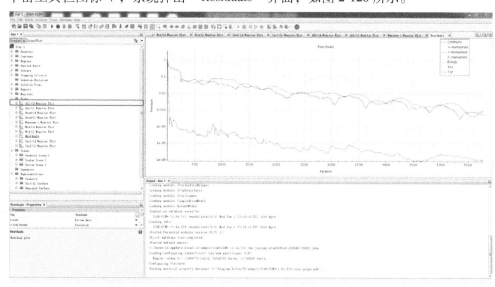

图 2-128　残差曲线

第 2 章 列车空气动力学数值仿真技术

（1）整车阻力系数

如图 2-129 所示，整车阻力计算曲线在计算到第 5850 步时仍呈振荡变化状态，但总体上看是收敛的，整车阻力维持在 0.36~0.61 之间。

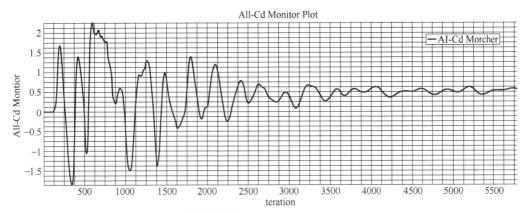

图 2-129　整车阻力计算曲线

右击选择"Plots">"All-Cd Monitor Plot"，选择"Export..."。系统弹出"Save"对话框，选择"Field Delimiter"栏中的"comma（,）"项，文件类型为".csv"，输入"zuli"作为文件名，单击"Save"按钮，导出整车阻力计算结果。打开"Fd.csv"，如图 2-130 所示，整车阻力计算结果按计算步数和计算结果两列保存。选择"Fd.csv"第二列中第 5000~5778 步的阻力系数值，选择函数"平均值"功能，整车阻力系数平均值约为 0.5231。

依照上述方法可完成头车、中间车、尾车和风挡区域的阻力系数统计。

图 2-130　Fd.csv

（2）鼻端处压力

鼻端处压力值为最大正压，其计算曲线如图 2-131 所示。可以看出，鼻端处压力值稳定在 5600Pa 左右，收敛效果较好。

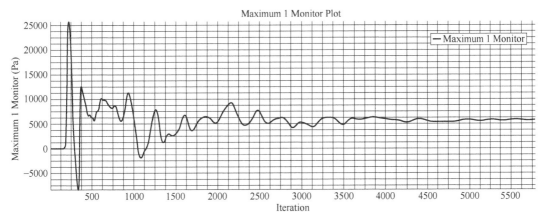

图 2-131　鼻端处压力值的计算曲线

2. 车体表面压力分布的显示

右击选择"Scenes",选择"New Scene">"Scalar",在视图区显示压力云图。

选择"Scenes">"Scalar Scene 1">"Displayers">"Scalar 1">"Parts",单击属性栏中"Parts"的 按钮,在弹出的"Parts-Parts"对话框中选择"列车"模型,单击"OK"按钮,如图 2-132 所示。选择"Scenes">"Scalar Scene 1">"Displayers">"Scalar 1">"Scalar Field",选择属性栏中"Function"项右侧的" "按钮。系统弹出"Scalar Field-Function"对话框,选择"Pressure",单击"OK"按钮确认,如图 2-133 所示。

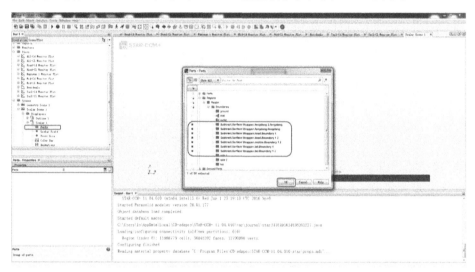

图 2-132　设置 Scalar 视图内容

列车表面压力云图如图 2-134 所示。可以看出,车体表面压力值在头车鼻端处最大,沿着过渡区域逐渐降低。

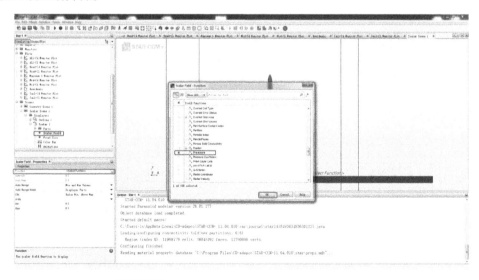

图 2-133　选择"Scalar Scene 1"视图示例内容

第 2 章　列车空气动力学数值仿真技术

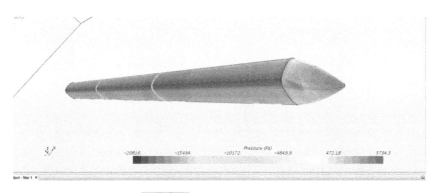

图 2-134　列车表面压力云图

3. 车体周围流场显示

车体表面区域的流场显示可通过截面上的速度矢量图形显示。

右击选择"Derived Parts",选择"New Part">"Section">"Plane..."。系统弹出截面设置界面,将"Normal"设置为"1,0,0",单击"Create"按钮,然后单击"Close"按钮,如图 2-135 所示。

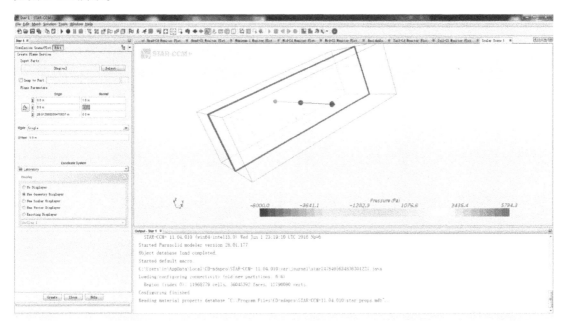

图 2-135　截面设置

右击选择"Scenes",选择"New Scene">"Vector",新建 Vector Scene1。选择"Scenes">"Vector Scene 1">"Displayers">"Vector1">"Parts",单击属性栏中"Parts"的按钮,在弹出的"Parts-Parts"对话框中选择"plane section",单击"OK"按钮,如图 2-136 所示。

选择"Scenes">"Vector Scene1">"Displayers">"Vector 1",将其属性栏中的"Projection Mode"设置为"Tangential"方式,即选择沿流向的分速度,如图 2-137 所示。

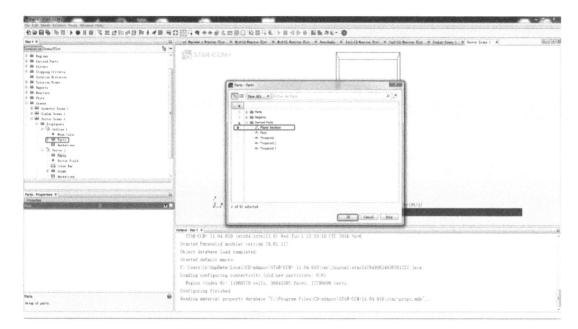

图 2-136　选择"Vector Scene 1"视图内容

图 2-137　"Projection Mode"设置为"Tangential"

选择"Scenes">"Vector Scene 1">"Displayers">"Vector 1">"Glyph",将其属性栏中"Vector Scale"设置为"Absolute"。将属性栏中"Vector Length"设置为"Constant Length",即速度矢量定长度显示的方式,如图 2-138 所示。

单击工具栏上" "图标,选择"Standard View">"(+X) Front",调整视图显示角

第 2 章 列车空气动力学数值仿真技术

图 2-138 设置 Glyph

度,风挡和转向架区域速度矢量图如图 2-139 所示。可以看出,风挡和转向架区域这些空腔内存在较为明显的回流、旋涡现象,这些部位的流场对列车气动阻力均有较大的影响。

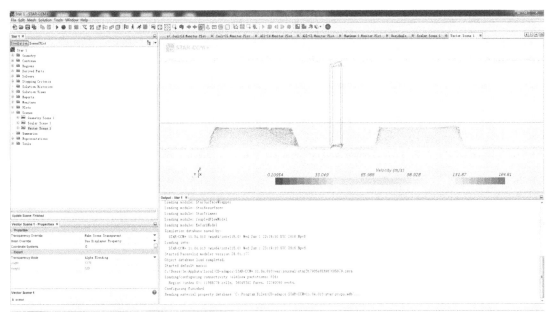

图 2-139 风挡和转向架区域速度矢量图

4. 车体周围流线的动画显示

右击选择 "Derived Parts",选择 "New Part" > "Streamline…",系统弹出 "Create Streamline" 对话框。选择 "Seed Mode" 项为 "Part Seed" 模式,在 "Seed Parts" 项中单击

"Select…"按钮。弹出"Select Objects"对话框,选择"Inlet",单击"OK"按钮,即选择空气入口作为流线起始端,如图 2-140 所示。

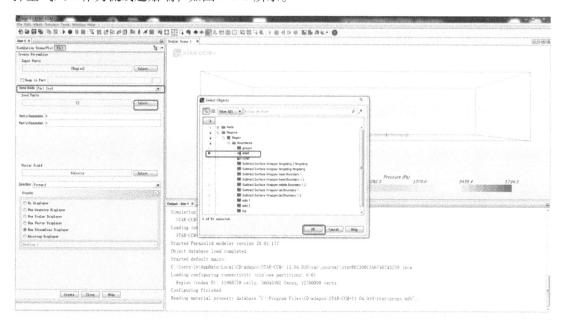

图 2-140　选择空气入口作为流线起始端

将"Part U-Resolution"和"Part V-Resolution"的数值更改为 10,即选择入口处在横向和竖向各 10 条流线。选择"Display"项为"New Streamline Display",单击"Create"按钮,生成流线。单击"Close"按钮返回视图区,如图 2-141 所示。

图 2-141　设置流线数目

第 2 章　列车空气动力学数值仿真技术

选择"Scenes">"Scalar Scene1">"Displayers">"Streamline Stream1">"Scalar Field"，单击属性栏"Function"项右侧的"□"按钮，系统弹出"Scalar Field"对话框，选择"Pressure"，单击"OK"按钮。流线显示为压力方式，如图 2-142 所示。

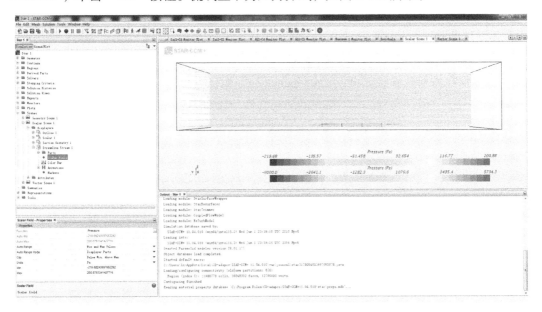

图 2-142　将流线显示为压力方式

选择"Scenes">"Scalar Scene 1">"Displayers">"Streamline Stream1">"Animations"，将其属性栏中的"Animation Mode"项设置为"Tracers"，如图 2-143 所示。工具栏上的动画播放按钮"▷"生效。

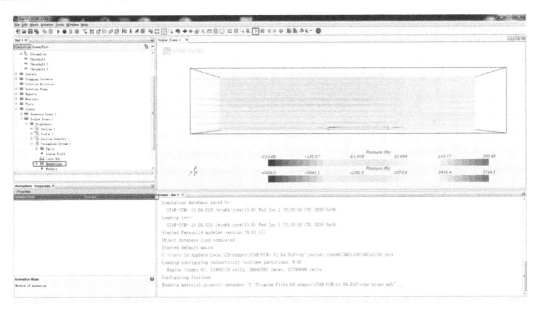

图 2-143　"Animation Mode"的属性设置

选择"Scenes">"Scalar Scene 1">"Displayers">"Streamline Stream 1">"Animations">"Streamline Settings",将其属性栏中的"Delay Between Tracers(sec)"项设置为1.0;将其属性栏中的"Head Size"设置为1.0;将其属性栏中的"Tail Length(sec)"项设置为0.5;将其属性栏中的"Cycle Time(sec)"项设置为5.0。设置完成后,单击播放按钮"▷",即可开始播放动画。

单击工具栏"■"按钮,停止动画播放。工具栏上"●"动画保存按钮生效,单击"●"动画保存按钮,系统弹出"Write animation"对话框,选择动画保存路径,输入文件名"wuhengfeng",保存为".avi"格式的动画文件,如图2-144所示。

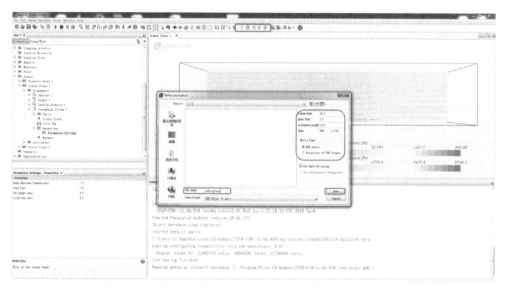

图2-144　保存动画

选择菜单栏"File">"Save as...",系统弹出"Save"对话框,选择保存路径,在"File name"中输入文件名"wuhengfeng",单击"save"按钮,保存以上所有操作。

2.3　湍流模型对列车气动性能的影响

基于横风下列车的气动力系数、表面压力分布、周围流场等气动特性,研究湍流模型及空间离散格式对列车数值模拟结果的影响[2]。

2.3.1　几何模型

选取理想列车用于数值模拟计算,列车由车体和鼻尖组成,计算模型如图2-145所示。列车的车体为圆柱形,横截面轮廓尺寸满足方程:

$$|y|^n + |z|^n = c^n \tag{2-1}$$

其中,y 和 z 分别为坐标系的横向和垂向,$c = 62.5$ mm,$n = 5$,车体高度 $D = 125$ mm,长度为 $9.36D$。

列车前端的横截面逐渐减小,向鼻尖方向横截面逐渐变圆,轮廓方程同样满足方程

(2-1)，参数 n 由 5 均匀减小至 2，此时 $c=1.28D$。

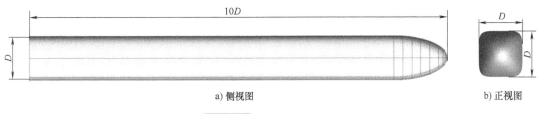

a) 侧视图　　　　　　　　　　　　　　　b) 正视图

图 2-145　理想列车模型

计算区域如图 2-146 所示，该计算区域的长度为 $29D$，宽度为 $13.4D$，高度为 $9.76D$，由入口、出口和 4 个侧壁组成，列车与地面之间的垂直距离为 $0.15D$，计算区域的设置与 Chiu 的试验[1]布置相同。在列车附近建立加密区使围绕列车的网格更精细，加密区的尺寸：沿列车长度方向为 $12D$，宽度为 $2D$，高度为 $1.65D$。

计算区域的"Inlet"边界条件设置为均匀来流 $u=(0,0,u_{in})$，计算区域的"Outlet"边界设置为压力出口，出口压力为 0，其余边界及列车表面设置为无滑移壁面。

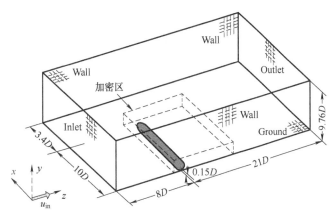

图 2-146　计算区域

图 2-147a 所示定义了用于与试验[2]进行压力分布对比的横截面，横截面以极坐标表示，极点为横截面的中心。根据风向的分布在横截面上定义了 8 个区域：迎风区域（WR，0°~30°和 330°~360°），顶部迎风区域（WTR，30°~60°），顶部区域（TR，60°~120°），顶部背风区域（TLR，120°~150°），背风区域（LR，150°~210°），底部背风区域（BLR，210°~240°），底部区域（BR，240°~300°），底部迎风区域（WBR，300°~330°）。

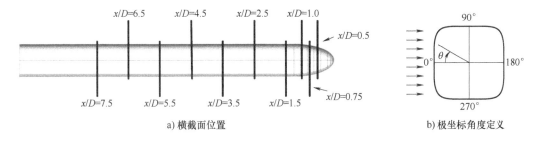

a) 横截面位置　　　　　　　　　　　　b) 极坐标角度定义

图 2-147　横截面位置分布及极坐标角度定义

2.3.2　计算网格独立性检验

计算网格为六面体为主的切割体网格，并在列车表面生成了边界层，网格如图 2-148 所示。

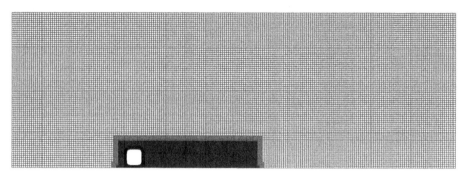

a) 计算区域整体网格

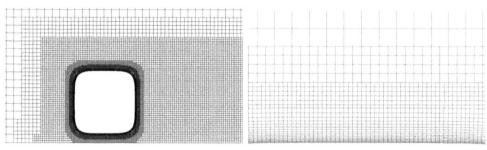

b) 列车周围网格　　　　　　　　　c) 边界层网格

图 2-148　计算网格

表 2-4 列出了 4 套以不同参数生成的六面体网格,以探究网格对计算结果的影响。

表 2-4　不同网格的参数设置

类型	列车表面网格尺寸/mm	计算区域表面网格尺寸/mm	加密区网格尺寸/mm	边界层/mm	网格数量/10^6	y+
Mesh1	2	50	10	0.8–1.1–12	5.23	75.76
Mesh2	1.5	30	6	0.2–1.15–16	10.48	18.94
Mesh3	1	20	5	0.1–1.15–18	18.66	9.47
Mesh4	1	20	4	0.05–1.15–22	23.89	4.73

数值计算参数设置见表 2-5,横风和列车之间的夹角为 90°,由理想列车的高度和来流速度计算得到雷诺数 Re_L 为 $3.0×10^5$。

表 2-5　计算参数设置

$\rho/(kg/m^3)$	$\mu/(N·s/m^2)$	$u_{in}/(m/s)$	Re_L
1.138	$1.8584×10^{-5}$	39.2088	$3.0×10^5$

以列车的侧力系数 C_s、升力系数 C_l 和压力系数 C_p 对比分析不同网格对计算结果精度的影响。

$$C_s = \frac{F_s}{0.5\rho u_\infty^2 A_z} \tag{2-2}$$

$$C_l = \frac{F_l}{0.5\rho u_\infty^2 A_y} \tag{2-3}$$

第 2 章 列车空气动力学数值仿真技术

$$C_p = \frac{p - p_\infty}{0.5\rho u_\infty^2} \tag{2-4}$$

式中 F_s 和 F_l——列车的侧力与升力,单位为 N;

ρ——空气密度,单位为 kg/m^3;

u_∞——空气流速,单位为 m/s;

A_z 和 A_y——列车在 z 方向和 y 方向的迎风面积,$A_y = A_z = 0.1541 m^2$;

p——列车压力,单位为 Pa;p_∞ 为距离列车无穷远处的参考压力,单位为 Pa。

按照表 2-5 的参数设置对 4 套网格进行计算,计算得到列车的侧力、升力系数见表 2-6。

表 2-6 不同网格的侧力与升力系数

类 型	Mesh1	Mesh2	Mesh3	Mesh4
C_s	0.6088	0.9960	0.5187	0.5244
C_l	0.2092	−0.1752	0.6117	0.6056

由表中数据可以看出,Mesh1、Mesh2 的结果偏差较大,这与 SST 模型中 $y+$ 的范围不合适有关,Mesh3 和 Mesh4 之间的侧向力和升力系数差异很小。

图 2-149 给出了不同网格在横截面为 $x/D = 0.75$ 和 $x/D = 6.5$ 处的表面压力分布,可以看出 Mesh3 和 Mesh4 之间的压力系数差异很小,说明 Mesh3 网格已有较高的计算精度,因此在后续研究中采用 Mesh3 进行数值模拟计算。

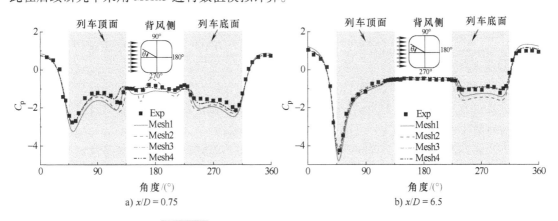

图 2-149 不同网格下列车截面表面压力分布

2.3.3 湍流模型

将湍流考虑为由时均量与脉动量组成来解决流动问题时,会出现"湍流闭合问题",需要解决雷诺应力问题。为了解决这一问题,提出了几种 RANS 模型,其中两方程湍流模型是使用最广泛的一种。

Boussinesq 涡黏性假设是所有两方程湍流模型的基础,可表示为

$$-\overline{\rho}\, \overline{u_i' u_j'} = \mu_t \left(\frac{\partial \overline{u_i}}{\partial x_j} + \frac{\partial \overline{u_j}}{\partial x_i} \right) - \frac{2}{3}\rho k \delta_{ij} \tag{2-5}$$

式中 $u'_i(i=1,2,3)$——脉动速度;

μ_t——湍流黏度;

k——湍动能。

应用最广泛的 RANS 模型是 k-epsilon 模型和 k-omega 模型。

1. k-epsilon 模型输运方程

k-epsilon 模型给出了湍动能 k 和湍流耗散率 ε 这两个输运变量的湍流的一般描述,三种典型的 k-epsilon 模型分别是标准 k-epsilon 模型、Realizable k-epsilon 模型和 Re-Normalization Group (RNG) k-epsilon 模型。

(1) 标准 k-epsilon 模型

标准的 k-epsilon 模型对于各种湍流都具有合理的精度,因此它在空气动力学工程中很受欢迎。

湍动能 k 的方程为

$$\frac{\partial(\rho k)}{\partial t}+\frac{\partial(\rho u_i k)}{\partial x_i}=\frac{\partial}{\partial x_i}\left[\left(\mu+\frac{\mu_t}{\sigma_k}\right)\frac{\partial k}{\partial x_i}\right]-\rho\varepsilon+P_k \tag{2-6}$$

湍流耗散率 ε 的方程为

$$\frac{\partial(\rho\varepsilon)}{\partial t}+\frac{\partial(\rho u_i \varepsilon)}{\partial x_i}=\frac{\partial}{\partial x_i}\left[\left(\mu+\frac{\mu_t}{\sigma_\varepsilon}\right)\frac{\partial \varepsilon}{\partial x_i}\right]+C_{1\varepsilon}\frac{\varepsilon}{k}P_k-\rho C_{2\varepsilon}\frac{\varepsilon^2}{k} \tag{2-7}$$

湍流黏度为

$$\mu_t = \rho C_\mu \frac{k^2}{\varepsilon} \tag{2-8}$$

其中,$P_k = \mu_t S^2$,S 为平均应变率张量的模;常量 $C_\mu = 0.09$,$C_{1\varepsilon} = 1.44$,$C_{2\varepsilon} = 1.92$,$\sigma_k = 1.0$,$\sigma_\varepsilon = 1.3$。

(2) Realizable k-epsilon 模型

Realizable k-epsilon 模型是在标准 k-epsilon 模型的基础上的优化提高,该模型满足雷诺应力的一些数学约束,因此它与实际湍流具有物理一致性。

模型的湍动能与标准 k-epsilon 模型的湍动能一致,湍流耗散率 ε 的方程为

$$\frac{\partial(\rho\varepsilon)}{\partial t}+\frac{\partial(\rho u_i \varepsilon)}{\partial x_i}=\frac{\partial}{\partial x_i}\left[\left(\mu+\frac{\mu_t}{\sigma_\varepsilon}\right)\frac{\partial \varepsilon}{\partial x_i}\right]+\rho C_1 S\varepsilon-\rho C_2 \frac{\varepsilon^2}{k+\sqrt{\nu\varepsilon}} \tag{2-9}$$

其中,常数 $C_{2\varepsilon} = 1.9$,$\sigma_\varepsilon = 1.2$,

$$C_1 = \max\left\{0.43, \frac{kS}{kS+5\varepsilon}\right\}, \quad S = \sqrt{2S_{ij}S_{ij}}$$

方程 (2-8) 中的 C_μ 为

$$C_\mu = \frac{\varepsilon}{A_0\varepsilon + A_s k\sqrt{S_{ij}S_{ij}+\tilde{\Omega}_{ij}\tilde{\Omega}_{ij}}}$$

其中,$\tilde{\Omega}_{ij} = \overline{\Omega}_{ij} - 3\varepsilon_{ijk}\omega_k$,$\overline{\Omega}_{ij}$ 是平均旋转张量;常数 $A_0 = 4.04$,$A_s = \sqrt{6}\cos\left[\frac{1}{3}\cos^{-1}(\sqrt{6}W)\right]$,$W = \frac{S_{ij}S_{jk}S_{ki}}{\tilde{S}^3}$,$\tilde{S} = \sqrt{S_{ij}S_{ij}}$

第 2 章 列车空气动力学数值仿真技术

（3）Re-Normalization Group（RNG）k-epsilon 模型

RNG k-epsilon 模型是使用 Re-Normalization Group 方法开发的，通过重新归一化 Navier-Stokes 方程，可以解释较小尺度运动的影响。

湍动能 k 的方程与标准 k-epsilon 模型中的方程相似，可写为

$$\frac{\partial(\rho\varepsilon)}{\partial t}+\frac{\partial(\rho u_i\varepsilon)}{\partial x_i}=\frac{\partial}{\partial x_i}\left[\left(\mu+\frac{\mu_t}{\sigma_\varepsilon}\right)\frac{\partial\varepsilon}{\partial x_i}\right]+\rho C_{1\varepsilon}\frac{\varepsilon}{k}P_k-\rho C_{2\varepsilon}^*\frac{\varepsilon^2}{k} \qquad (2\text{-}10)$$

其中，$C_{2\varepsilon}^*=C_{2\varepsilon}+\dfrac{C_\mu\eta^3(1-\eta/\eta_0)}{1+\beta\eta^3}$，$\eta=Sk/\varepsilon$；常数 $C_\mu=0.0845$，$C_{1\varepsilon}=1.42$，$C_{2\varepsilon}=1.68$，$\sigma_\varepsilon=0.7194$，$\eta_0=4.38$，$\beta=0.012$。在 RNG 模型中，式（2-10）中 $\delta_\varepsilon=0.7194$。

2. k-omega 模型输运方程

k-omega 模型也是两方程模型，两个输出变量分别是湍流动能 k 和特定耗散率 ω，典型的 k-omega 模型分别为标准 k-omega 模型和 SST k-omega 模型。

（1）标准 k-omega 模型

标准 k-omega 模型可准确预测许多工业应用中的流动分离问题。

湍动能 k 的方程为

$$\frac{\partial k}{\partial t}+u_i\frac{\partial k}{\partial x_i}=\frac{\partial}{\partial x_i}\left[(\mu+\sigma_k\mu_t)\frac{\partial k}{\partial x_i}\right]+\tau_{ij}\frac{\partial u_i}{\partial x_j}-\beta^* k\omega \qquad (2\text{-}11)$$

耗散率 ω 方程为

$$\frac{\partial\omega}{\partial t}+u_i\frac{\partial\omega}{\partial x_i}=\frac{\partial}{\partial x_i}\left[(\mu+\sigma_\omega\mu_t)\frac{\partial\omega}{\partial x_i}\right]+\alpha\frac{\omega}{k}\tau_{ij}\frac{\partial u_i}{\partial x_j}-\rho\omega^2 \qquad (2\text{-}12)$$

其中，运动湍流黏度 $\mu_t=k/\omega$；常数 $\alpha=5/9$，$\beta^*=0.09$，$\sigma_k=\sigma_\omega=0.5$。

（2）SST k-omega 模型

SST 模型改进了近壁区域的分离预测，此模型的湍动能 k 的方程为

$$\frac{\partial k}{\partial t}+u_i\frac{\partial k}{\partial x_i}=\frac{\partial}{\partial x_i}\left[(\mu+\sigma_k\mu_t)\frac{\partial k}{\partial x_i}\right]+P_k-\beta^* k\omega \qquad (2\text{-}13)$$

耗散率 ω 方程为

$$\frac{\partial\omega}{\partial t}+u_i\frac{\partial\omega}{\partial x_i}=\frac{\partial}{\partial x_i}\left[(\mu+\sigma_\omega\mu_t)\frac{\partial\omega}{\partial x_i}\right]+\alpha S^2-\rho\omega^2+2(1-F_1)\sigma_{\omega2}\frac{1}{\omega}\frac{\partial k}{\partial x_i}\frac{\partial\omega}{\partial x_i} \qquad (2\text{-}14)$$

其中，运动湍流黏度 $\mu_t=\dfrac{a_1 k}{\max(a_1\omega,SF_2)}$；常数 $\alpha=5/9$，$\beta^*=0.09$，$\sigma_k=\sigma_\omega=0.5$；$F_2=\tan\left(\max\left\{\dfrac{2\sqrt{k}}{\beta^*\omega y},\dfrac{500\mu}{y^2\omega}\right\}\right)^2$；$P_k=\min\left\{\tau_{ij}\dfrac{\partial u_i}{\partial x_j},10\beta^* k\omega\right\}$；$F_1=\tan\left(\min\left\{\max\left\{\dfrac{\sqrt{k}}{\beta^*\omega y},\dfrac{500\mu}{y^2\omega}\right\},\dfrac{4\sigma_{\omega2}k}{D_{k\omega}y^2}\right\}^4\right)$；$D_{k\omega}=\max\left\{2\rho\sigma_{\omega2}\dfrac{1}{\omega}\dfrac{\partial k}{\partial x_i}\dfrac{\partial\omega}{\partial x_i},10^{-10}\right\}$；常数 $\beta^*=0.09$；$\sigma_{\omega2}=0.856$。

2.3.4 离散格式及湍流模型对计算结果的影响

在计算流体力学中空间离散格式对计算结果的影响较大，同时选择合适的湍流模型也是

进行精确数值模拟的关键，本节主要研究空间离散格式及湍流模型对空气动力学数值计算结果的影响。

1. 离散格式对计算结果的影响

表 2-7 中列出了一阶、二阶、高阶和混合离散 4 种格式，数值模拟计算中采用 SIMPLEC（Semi Implicit Method for Pressure Linked Equation Consistent）计算方法，湍流模型采用 SST。

表 2-7　不同变量的离散方法

变量	一阶离散格式	二阶离散格式	高阶离散格式	混合离散格式
压力	线性	二阶迎风	二阶	线性
动量	一阶迎风	二阶迎风	三阶 MUSCL	二阶迎风
湍动能	一阶迎风	二阶迎风	三阶 MUSCL	一阶迎风
湍流耗散率	一阶迎风	二阶迎风	三阶 MUSCL	一阶迎风

表 2-8 列出了采用不同空间离散格式计算得到的列车侧力系数和升力系数，图 2-150 为不同空间离散格式下列车侧力系数与升力系数的比较。由图表可以看出，一阶离散与其他格式之间存在相当大的差异，非一阶离散格式中数值计算结果的最大差异小于 1.5%。

表 2-8　不同离散格式下列车的侧力与升力系数

	一阶离散格式	二阶离散格式	高阶离散格式	混合离散格式
C_s	0.5847	0.5187	0.5144	0.5224
C_l	0.5405	0.6117	0.6180	0.6191

空间离散格式对列车表面压力分布的影响如图 2-151 所示，两个横截面分别为 $x/D=0.75$ 和 $x/D=6.5$。对于横截面 $x/D=6.5$，顶部迎风侧和底部区域的压力存在微小差异；对于横截面 $x/D=0.75$，顶部背风区域的压力存在微小差异。数值计算结果与试验结果相比，在横截面 $x/D=6.5$ 上二阶、高阶和混合离散格式对最小压力系数的预测精度比一阶更高。

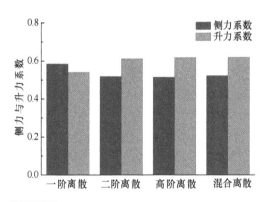

图 2-150　不同离散格式列车的侧力与升力系数

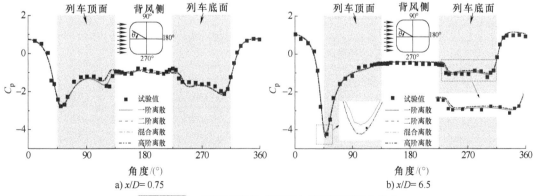

图 2-151　不同离散格式下列车截面表面压力分布
a) $x/D=0.75$　　b) $x/D=6.5$

第2章 列车空气动力学数值仿真技术

2. 湍流模型对计算结果的影响

选取标准 k-epsilon 模型（KES）、Realizable k-epsilon 模型（KER）、Re-Normalization Group（RNG）k-epsilon 模型、标准 k-omega 模型（KOS）和 SST k-omega 五个湍流模型，均采用二阶离散格式。

采用两套网格研究边界层对计算结果的影响，Mesh3-1 的边界层参数设置为 0.8-1.1-12，$y+$大于 30；Mesh3-2 为表 2-4 中的 Mesh4，其 $y+$ 小于 5。壁面函数是求解壁面与近壁面网格上变量的关键，标准壁面函数在解决工业流动问题中应用最为广泛；另一种是结合了速度分布双层模型和壁面增强处理函数的增强型壁面函数。当 $y+$ 大于 30 时，建议采用标准壁面函数；当 $y+$ 约为 1 时，建议采用增强型壁面函数。因此，Mesh3-1 和 Mesh3-2 分别采用标准壁面函数和增强型壁面函数处理。

采用不同湍流模型计算的列车侧力与升力系数见表 2-9，不同湍流模型的侧力与升力系数对比如图 2-152 所示。由图表可以看出，不同网格计算得到的升力系数存在较大差异，当 $y+$ 大于 30 且采用标准壁面函数时，升力系数远小于预期值 0.6117；当采用标准壁面函数的 k-epsilon 湍流模型时，侧力系数接近于预期值 0.5187；采用增强型壁面函数处理的 k-epsilon 湍流模型计算得到的侧力与升力系数精度有所提高，但与预期值仍存在一定的偏差。

表 2-9 不同湍流模型下列车的侧力与升力系数

		KES	KER	RNG	KOS	SST
Mesh3-1	C_s	0.5222	0.4911	0.4717	0.5568	0.6212
	C_l	0.2140	0.2334	0.1935	0.1332	0.1872
Mesh3-2	C_s	0.5285	0.4678	0.4727	0.4973	0.5187
	C_l	0.3733	0.4154	0.3843	0.6202	0.6117

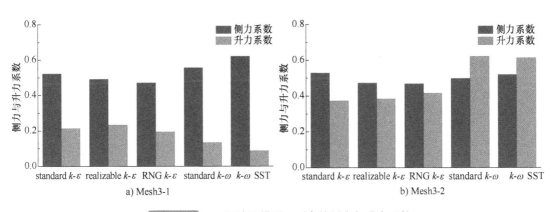

图 2-152 不同湍流模型下列车的侧力与升力系数

采用 Mesh3-1 网格计算，湍流模型对表面压力分布的影响如图 2-153 所示，Exp 表示试验值。对于横截面 $x/D=0.75$，顶部区域、背风区域和底部区域的压力差异很小；对于横截面 $x/D=6.5$，底部区域的压力存在微小差异，顶部区域和底部区域的微小差异，使得标准壁函数计算所得的升力系数远小于试验的升力系数。

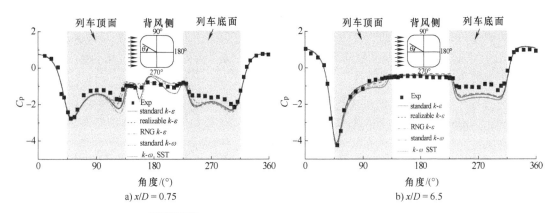

图 2-153 不同湍流模型下列车截面表面压力分布

采用 Mesh3-2 网格计算，湍流模型对表面压力分布的影响如图 2-154 所示，Exp 表示试验值。对于横截面 $x/D=0.75$，不同湍流模型计算得到的顶部区域、背风区域和底部区域的压力差异很小；对于横截面 $x/D=6.5$，采用 k-epsilon 湍流模型时，底部区域的压力存在一定差异。与用 mesh3-1 计算的压力分布相比，用 mesh3-2 计算的结果更接近试验结果。

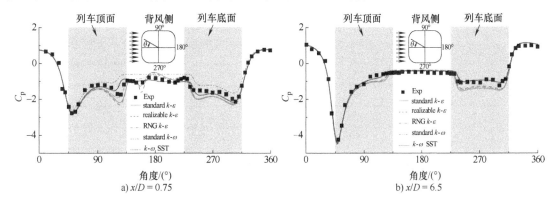

图 2-154 不同湍流模型下列车截面表面压力分布

2.3.5 列车气动特性

采用具有较低 $y+$ 的 SST k-omega 模型计算结果，讨论列车的气动特性，包括列车周围流场的流动特性及列车表面压力分布。

1. 列车周围流场特性

当雷诺数为 $3.0×10^5$ 时，气流发生流动分离而后又重新附着在列车上。图 2-155 显示出了列车表面的分离及再附着线，由图中可以观察到下列流线形态。

1) 在列车顶面，如图 2-155a 所示，气流在 S_1 线处分离，在 A_3 线处部分气流又重新附着，A_3 线在靠近鼻尖的区域，这与之前 Chiu 的结果[3]不同；列车中部顶面没有出现分离现象，这与 LES 计算得到的结果[4]也不同；点 F_1 是鼻尖附近涡流的起源。

2) 列车底部侧面的流动模式与顶部侧面的流动模式非常相似。分离线 S_2 和点 F_2 如图 2-155b 所示。

第 2 章 列车空气动力学数值仿真技术

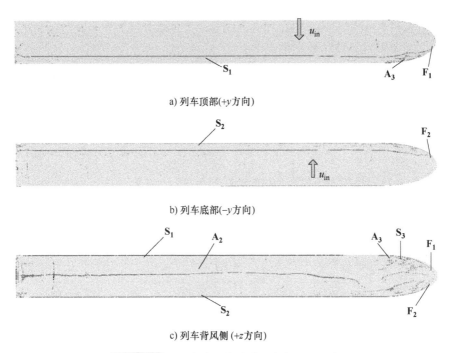

图 2-155 列车表面的流动分离与再附着线

3) 在列车的背风侧,侧面中间出现一条清晰的再附着线 A_2,而没有找到两条二级分离线,与 Chiu 的试验结果[3]不同。

图 2-156 为列车周围涡核,流动尾迹中出现的涡如下:

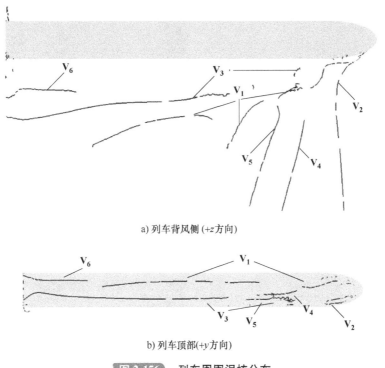

图 2-156 列车周围涡核分布

1)涡 V_1 和涡 V_3 分别从列车顶面和底面脱落,大致沿着整个列车发展。
2)涡 V_2 起源于图 2-155c 所示的点 F_2。
3)涡 V_4 和 V_5 离背风侧较远,是由两个附着涡挤压破碎形成的。
4)涡 V_6 产生于列车尾部。

与 LES 结果[4]相比,RANS 模拟没有发现列车中部顶面和尾背风侧底部边缘的两个小涡。

图 2-157 为不同截面上列车周围的压力分布和流线,由图中可观察到下列流线形态。
1)在列车前端出现两个附着涡 V_1 和 V_2。
2)涡 V_4 和涡 V_5 的涡核远离列车背风侧。
3)$x/D = 3.5 \sim 7.0$ 区域存在两个稳定的涡,涡 V_1 和涡 V_3。
4)在 $x/D \geq 7.0$ 的区域,由于涡 V_3 受尾部附近壁面的影响,使得涡 V_1 被涡 V_3 挤压分裂为涡 V_6 和涡 V_1,这种分离与 LES 结果[3]不同。

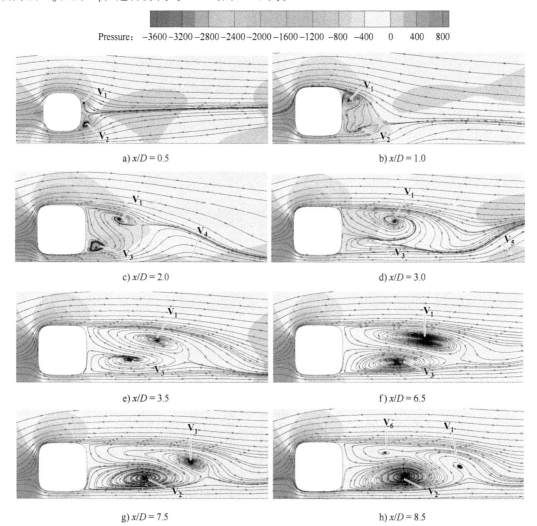

图 2-157 列车周围压力及流线分布

第 2 章 列车空气动力学数值仿真技术

2. 列车表面压力分布

图 2-158 为列车压力分布，列车迎风侧主要为正压；在列车顶面与列车迎风侧存在明显的负压带。在横截面 $x/D \geqslant 3.5$ 区域，列车表面压力分布基本一致，且不再随与车头距离的变化而变化。

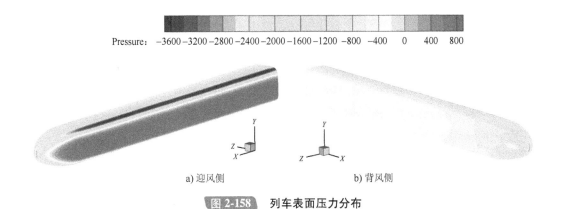

图 2-158　列车表面压力分布

SST 计算结果与试验结果[3]在不同截面上的压力分布对比如图 2-159 所示，列车前端、顶部区域、背风区域和底部区域的压力存在一定的差异。当 $x/D \geqslant 7.0$ 时，剖面压力不再发生变化，这与数值结果[4]和试验结果[3]一致。

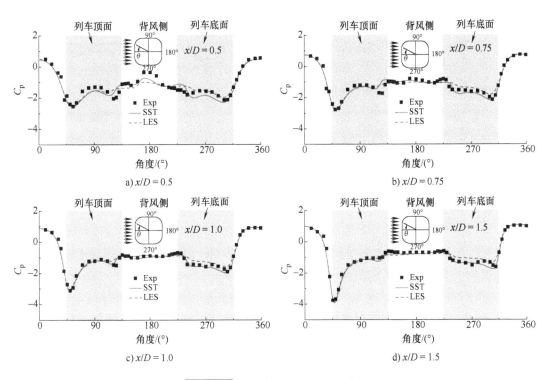

图 2-159　列车不同剖面压力对比

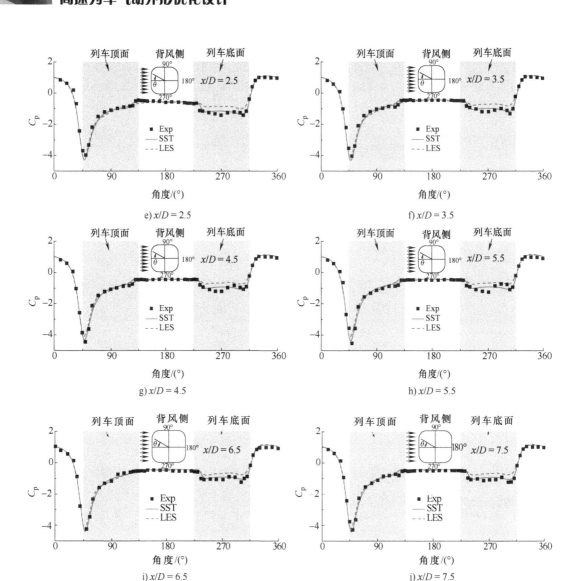

图 2-159 列车不同剖面压力对比（续）

2.3.6 本节小结

通过数值模拟高速列车横风下的气动性能，对比不同空间离散格式、不同湍流模型对计算结果的影响，主要得到以下结论：

1）二阶或混合离散格式足以对侧风作用下列车的气动特性进行数值模拟。

2）k-epsilon 湍流模型不能准确地预测升力，但采用标准壁面函数和增强型壁面函数处理的 k-epsilon 湍流模型可以较为准确地预测侧力。

3）在所有湍流模型中，低 $y+$ 的 SST k-omega 湍流模型能够计算得到准确的气动力系数。

2.4 小结

本章主要介绍了基于 ICEM/FLUENT 和 STARCCM+的列车空气动力学数值仿真技术，两种技术各有优点，读者可以根据自己的兴趣选择数值仿真技术。湍流模型应该根据实际问题选取合适的模型。

参 考 文 献

［1］ 李明，刘楠. STARCCM+11.0 与流场计算 [M]. 北京：机械工业出版社，2017.
［2］ LI T, ZHANG J Y, RASHIDI M, et al. On the Reynolds-averaged Navier-Stokes modelling of the flow around a simplified train in crosswinds [J]. Journal of Applied Fluid Mechanics, 2019, 12 (2): 551-563.
［3］ CHIU T W, SQUIRE L C. An Experimental Study of the Flow Over a Train in a Crosswind at Large Yaw Angles up to 90° [J]. Journal of Wind Engineering and Industrial Aerodynamics, 1992, 45: 47-74.
［4］ HEMIDA H, KRAJNOVIC S, DAVIDSON L. Large-Eddy Simulations of the Flow Around a Simplified High Speed Train Under the Influence of a Cross-Wind [C] //AIAA. AIAA Paper No. AIAA-2005-5354. [S. l.]: AIAA, 2005.

第3章

列车气动外形减阻设计

列车气动外形减阻途径众多,本章将从头型优选、头部细长比、头部控制线、转向架区域裙板及隔墙优化五个方面展开讲述,为列车气动外形减阻设计提供指导和参考。

3.1 动车组新头型优选

为了分析不同头部形状的动车组空气动力学性能,建立了5种新头型的八车编组列车模型,动车组模型为Train1车、Train2车、Train3车、Train4车和Train5车。各车型采用八节车编组方式,车辆连接处采用外风挡结构,5种车型均包括转向架及转向架区域结构。对其进行明线运行空气动力学气动计算,列车运行速度为600km/h。对各车型的流场特性进行对比分析,并对头车、中间车和尾车的阻力、升力进行比较分析,由此得到最优的动车组头型,为动车组头型选择提供工程参考。

3.1.1 动车组气动计算模型

1. 计算模型

以Train1、Train2、Train3、Train4和Train5 5种不同概念设计动车组为研究对象,对其在平地上进行基本气动力计算。动车组头车基本参数见表3-1,5种车型的最大横截面面积相同,均为9.78m²;流线型长度分别为13.99m、13.94m、13.90m、14.00m和13.96m。

实际列车表面并非是光滑的,而是有许多大小不一的凹凸物,如车灯、门把手、受电弓、转向架等,而列车所处的轨道、轨枕和道床等均有许多小尺寸的几何特征,对上述细部特征简化处理为一系列光滑曲面构成的几何体,仅保留转向架区域、转向架和车端连接处(转向架和外风挡简化结构如图3-1所示)。Train1~Train5动车组简化模型如图3-2~图3-6所示。

表3-1 动车组基本参数

名 称	头车长度/m	流线型长度/m	横截面积/m²
Train1	26.74	13.99	9.78
Train2	26.70	13.94	9.78
Train3	26.66	13.90	9.78
Train4	26.76	14.00	9.78
Train5	26.72	13.96	9.78

第 3 章　列车气动外形减阻设计

a) 转向架结构

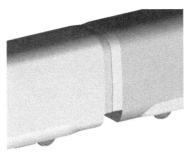 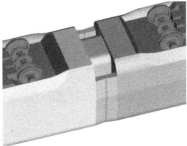

b) 外风挡结构

图 3-1　动车组转向架和外风挡简化模型

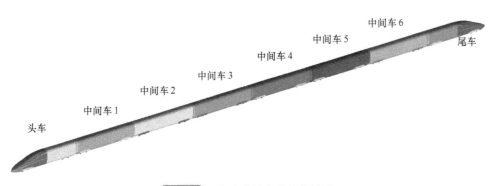

图 3-2　Train1 动车组简化模型

图 3-3　Train2 动车组简化模型

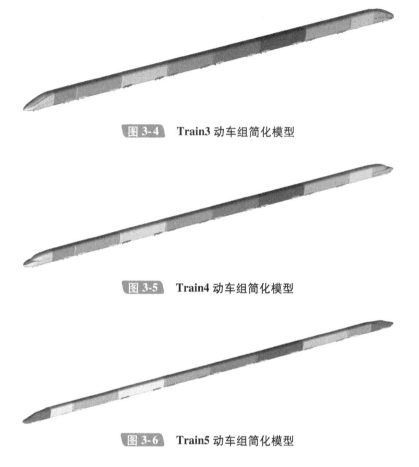

图 3-4　Train3 动车组简化模型

图 3-5　Train4 动车组简化模型

图 3-6　Train5 动车组简化模型

2. 计算区域、网格划分以及边界条件

（1）计算区域设置

当建立动车组基本气动力仿真计算区域时，应考虑到计算流场的充分发展以及气流的绕流影响，计算区域尺寸取值应当足够大。在理论上，动车组周围流场计算区域应该无限大，但在实际数值模拟中只能采用有限的空间，在不影响动车组附近空气流动形态的情况下选取合适的计算区域，即计算区域的边界离动车组表面要足够远，使得动车组运行所产生的高速气流对边界区域的气流流动的影响很小。但是计算区域越大，网格数量越大，导致计算速度降低。为了提高计算速度并保证计算精度，建立多个计算区域进行仿真计算并对计算结果进行比较，最终选取了合理的计算区域，如图 3-7 所示。流场计算区域长度、宽度和高度分别为 800m、120m 和 60m，

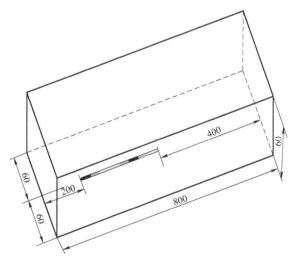

图 3-7　动车组基本气动力计算区域

第3章 列车气动外形减阻设计

列车与轨道所处地面之间的距离为 0.376m。

(2) 边界条件

动车组正前方截面为入口边界，设置为速度入口条件，速度为 600km/h；动车组尾车正后方截面为出口边界，设置为压力出口条件；动车组的正上方、左侧和右侧截面设置为对称边界条件；动车组表面设置为 wall 边界；列车表面设置为无滑移壁面边界条件。为了模拟地面效应，地面设置为滑移地面，其滑移速度为列车运行速度。

(3) 网格划分

采用网格划分工具 ICEM CFD 来划分网格，网格类型为非结构四面体网格。网格划分时取外场最大尺寸为 2000mm，列车表面网格最大尺寸为 80mm，相应的网格总数约为 4532 万。图 3-8 为 Train1 动车组的表面网格示意图。Train2、Train3、Train4 和 Train5 动车组的网格划分参数设置与 Train1 保持一致。

图 3-8 Train1 表面局部网格

3.1.2 流场计算结果分析

本节主要分析速度为 600km/h 时动车组的压力分布、速度分布和流场特性，并分析动车组各个车体的基本气动力，以此比较动车组的空气动力学性能。

1. 动车组周围流场特性分析

(1) 动车组压力分布

当动车组以 600km/h 运行时，对 Train1、Train2、Train3、Train4、Train5 5 种动车组的压力分布进行分析。图 3-9 给出了 5 种动车组整车压力分布云图，表 3-2 给出不同车型的压力对比分析。从压力分布云图 3-9 及表 3-2 看出：各车型的最大正压相差不大，最大正压均位于头车鼻尖处；最大负压位于头车排障器附近，Train2、Train3、Train4 和 Train5 型车的最大负压相差不大，Train1 型动车组最大负压与其他四种车型相差较大且最大负压和压力梯度均最小。

表 3-2 动车组表面压力对比

车 型	最大正压/Pa	最大负压/Pa	压差/Pa
Train1	18369	22314	40683
Train2	18925	27271	46196
Train3	18161	28945	47106
Train4	18106	25564	43670
Train5	18320	25733	44053

(2) 动车组周围速度分布

以 Train1 型动车组为例，图 3-10 给出了 Train1 型动车组以 600km/h 速度在平地上运行时的速度云图。从图可以看出：最大速度位于头车流线型过渡区域，超过 160m/s；最小速度位于各个车体转向架区域位置，大小为 -40m/s，表明转向架区域存在回流现象，此外，尾车附近尾流现象明显。

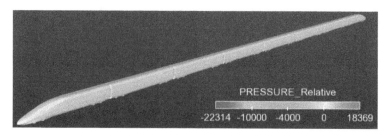

a) Train1型动车组(Pa)

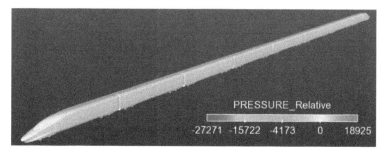

b) Train2型动车组(Pa)

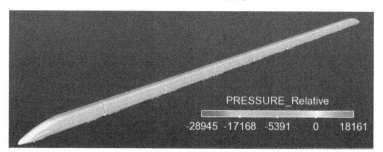

c) Train3型动车组(Pa)

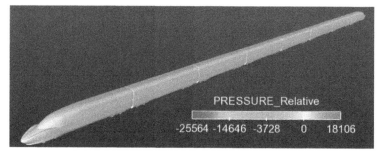

d) Train4型动车组(Pa)

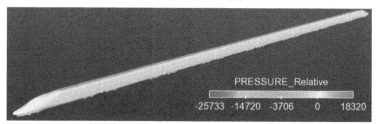

e) Train5型动车组(Pa)

图 3-9　不同车型的整车压力分布

第3章 列车气动外形减阻设计

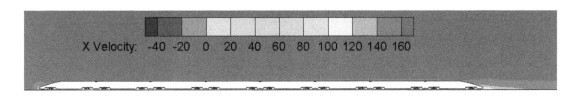

图 3-10　Train1 型动车组速度云图

2. 动车组基本气动力分析

高速列车气动阻力系数由各车辆气动阻力系数之和构成，具体表达式如下：

$$C_{x-\text{total}} = C_{xH} + \sum_{1}^{n} C_{xM} + C_{xT} \tag{3-1}$$

式中　C_{xH}、C_{xM}、C_{xT}——头车、中间车和尾车气动阻力系数；

　　　n——中间车总辆数，根据 3.1.1 节计算模型取 $n=6$。

为了比较各车的气动阻力变化，定义 A 车较 B 车的减小率为

$$\delta = \frac{F_B - F_A}{F_A} \times 100\% \tag{3-2}$$

统计 5 种动车组各车体的阻力值（各个车体包括转向架阻力），并分析各车体气动阻力占动车组总阻力的百分比。统计结果见表 3-3（其中 H 表示头车，M1~M6 分别表示中间车 1、中间车 2、中间车 3、中间车 4、中间车 5 和中间车 6，FD 表示 7 个外风挡的总阻力，T 表示尾车），并对比分析各车体气动阻力，如图 3-11 所示。

表 3-3　动车组阻力对比

名称	Train1 阻力/N	Train1 所占百分比	Train2 阻力/N	Train2 所占百分比	Train3 阻力/N	Train3 所占百分比	Train4 阻力/N	Train4 所占百分比	Train5 阻力/N	Train5 所占百分比
H	25278	23.96%	26162	24.74%	26032	24.57%	26004	24.46%	24328	24.39%
M1	9820	9.31%	9648	9.12%	9608	9.07%	9707	9.13%	9330	9.36%
M2	9344	8.86%	9013	8.52%	9052	8.54%	9094	8.55%	8813	8.84%
M3	9101	8.63%	8862	8.38%	8914	8.41%	8940	8.41%	8623	8.65%
M4	9083	8.61%	8485	8.02%	8384	7.91%	8481	7.98%	8016	8.04%
M5	9677	9.17%	9301	8.79%	9270	8.75%	9507	8.94%	8186	8.21%
M6	8989	8.52%	9214	8.71%	9243	8.73%	9391	8.83%	8793	8.82%
T	13401	12.70%	14455	13.67%	14702	13.88%	14525	13.66%	13212	13.25%
FD	10807	10.24%	10619	10.04%	10730	10.13%	10679	10.04%	10430	10.46%
总计	105500	100%	105759	100%	105935	100%	106328	100%	99731	100%

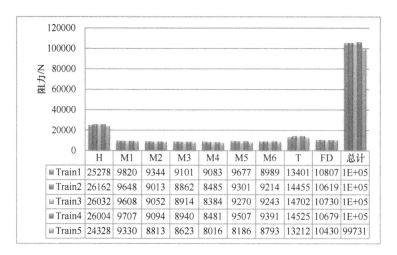

图 3-11　高速列车各个车体阻力对比

由表 3-3 中各车体气动阻力值分析得到：

1）当动车组以 600km/h 运行时，各车体中阻力最大的为头车（占总阻力的 24.42% 左右），其次为尾车（占总阻力的 13.43% 左右），其中 7 个风挡的总阻力占车体总阻力的 10.18% 左右。

2）沿列车运行方向，各车体的阻力值头车最大，紧接着阻力急剧下降，其中中间车各车体的阻力值相差不大，影响较大的为靠近头车和尾车的车体（如中间车 1、中间车 2 和中间车 6），其中中间车 1 的阻力值较其余中间车体的阻力值大。

3）各个车型的头车气动阻力对比可见，5 种动车组头车阻力大小依次为 Train2>Train3>Train4>Train1>Train5；Train5 动车组的头车阻力最小，其次为 Train1 动车组，Train4 动车组和 Train3 动车组的头车阻力相差不大，Train2 动车组的头车阻力最大（Train5 动车组的头车气动阻力较 Train1 动车组小 3.9%，较 Train4 动车组小 6.9%，较 Train3 动车组小 7.0%，较 Train2 动车组小 7.5%）。

4）通过对比各车型的中间车气动阻力可知：Train1 动车组的中间车气动阻力最大，Train2 动车组、Train3 动车组和 Train4 动车组的中间车气动阻力相差不大，Train5 动车组的中间车气动阻力最小。

5）通过对比各车型的尾车气动阻力可知：Train5 动车组的尾车气动阻力最小，其次为 Train1 动车组；Train2 动车组和 Train4 动车组的尾车气动阻力较大，Train3 动车组的尾车气动阻力在 5 种车型中最大（Train5 动车组的尾车气动阻力较 Train1 小 1.4%，较 Train2 小 9.4%，较 Train4 小 9.9%，较 Train3 小 11.3%）。

6）通过对比各车型的车体总阻力可知：Train5 动车组的总气动阻力最小，Train1 动车组、Train2 动车组和 Train3 动车组的气动阻力相差不大，Train4 动车组的气动阻力最大（Train5 动车组的气动阻力较 Train1 动车组小 5.8%，较 Train2 动车组小 6.0%，较 Train3 动车组小 6.2%，较 Train4 动车组小 6.6%）。

统计 5 种车型各车体的压差阻力，并分析各个车体压差阻力占动车组总压差阻力的百分比，统计结果见表 3-4。

第 3 章 列车气动外形减阻设计

表 3-4 动车组压差阻力对比

名称	Train1 压差阻力/N	Train1 所占百分比	Train2 压差阻力/N	Train2 所占百分比	Train3 压差阻力/N	Train3 所占百分比	Train4 压差阻力/N	Train4 所占百分比	Train5 压差阻力/N	Train5 所占百分比
H	18305	30.51%	19175	31.79%	19033	31.43%	18902	31.18%	17500	31.46%
M1	3979	6.63%	3823	6.34%	3791	6.26%	3879	6.40%	3643	6.55%
M2	3771	6.28%	3479	5.77%	3504	5.79%	3541	5.84%	3457	6.21%
M3	3684	6.14%	3469	5.75%	3532	5.83%	3551	5.86%	3417	6.14%
M4	3813	6.35%	3223	5.34%	3139	5.18%	3232	5.33%	2939	5.28%
M5	4466	7.44%	4106	6.81%	4091	6.76%	4306	7.10%	3179	5.71%
M6	3848	6.41%	4088	6.78%	4104	6.78%	4253	7.01%	3793	6.82%
T	8411	14.02%	9411	15.60%	9707	16.03%	9370	15.45%	8374	15.05%
FD	9724	16.21%	9537	15.81%	9650	15.94%	9597	15.83%	9333	16.78%
总计	60001	100%	60311	100%	60551	100%	60631	100%	55635	100%

由表 3-4 中各车体压差阻力分析得到：

1）当动车组以 600km/h 运行时，各车体中压差阻力最大的为头车（占总压差阻力的 31.27% 左右），其次为 7 个风挡部位（占总阻力的 16.11% 左右），尾车占总压差阻力的 15.23%。

2）沿列车运行方向，各车体的压差阻力值头车最大，紧接着压差阻力急剧下降，其中中间车各车体的压差阻力几乎相等，影响较大的为中间车 6。

3）5 种动车组头车压差阻力大小依次为 Train5<Train1<Train4<Train3<Train2；Train5 动车组头车压差阻力最小，其次为 Train1 动车组和 Train4 动车组，Train2 动车组的头车压差阻力最大。

4）5 种动车组的中间车压差阻力差别不明显。

5）Train5 动车组的尾车压差阻力最小，Train1 动车组、Train2 动车组、Train3 动车组和 Train4 动车组的尾车压差阻力较大且 4 种车型的尾车压差阻力差别不明显。

6）Train5 动车组总压差阻力最小，其次为 Train1 动车组，Train2 动车组、Train3 动车组和 Train4 动车组总压差阻力相差不大（对比分析如图 3-12 所示）。

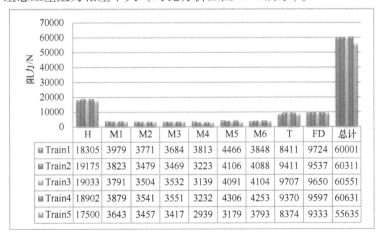

图 3-12 动车组各车体压差阻力对比

高速列车气动外形优化设计

下面统计 5 种动车组各车体的黏性阻力，并分析各车体的黏性阻力占动车组总黏性阻力的百分比，统计结果见表 3-5。黏性阻力沿着列车运行方向逐渐减小，其中头车黏性阻力影响较大（占总黏性阻力的 15.43% 左右）；沿列车运行方向，各车体的黏性阻力逐渐减小。通过对比 5 种车型的黏性阻力可知：Train5 动车组的黏性阻力最小，其他车体的黏性阻力差别不明显。

表 3-5 动车组黏性阻力对比

名称	Train1 黏性阻力/N	Train1 所占百分比	Train2 黏性阻力/N	Train2 所占百分比	Train3 黏性阻力/N	Train3 所占百分比	Train4 黏性阻力/N	Train4 所占百分比	Train5 黏性阻力/N	Train5 所占百分比
H	6973	15.33%	6987	15.37%	6999	15.42%	7102	15.54%	6828	15.48%
M1	5841	12.84%	5825	12.82%	5817	12.82%	5828	12.75%	5687	12.90%
M2	5573	12.25%	5534	12.18%	5548	12.22%	5553	12.15%	5356	12.15%
M3	5417	11.91%	5393	11.87%	5382	11.86%	5389	11.79%	5206	11.81%
M4	5270	11.58%	5262	11.58%	5245	11.56%	5249	11.49%	5077	11.51%
M5	5211	11.45%	5195	11.43%	5179	11.41%	5201	11.38%	5007	11.35%
M6	5141	11.30%	5126	11.28%	5139	11.32%	5138	11.24%	5000	11.34%
T	4990	10.97%	5044	11.10%	4995	11.01%	5155	11.28%	4838	10.97%
FD	1083	2.38%	1082	2.38%	1080	2.38%	1082	2.37%	1097	2.49%
总计	45499	100%	45448	100%	45384	100%	45697	100%	44096	100%

图 3-13 为动车组各个风挡的气动阻力对比图，综合各个风挡的气动阻力和整车气动阻力可知：五种车型气动阻力最佳的为 Train5 动车组。

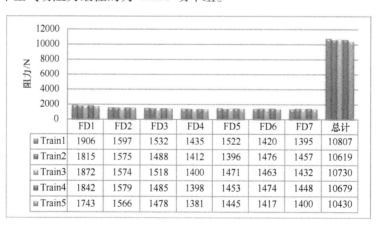

图 3-13 动车组各风挡气动阻力对比

表 3-6 为动车组各车体无量纲气动阻力系数对比，由表可知：Train5 动车组头车气动阻力系数最小，其次为 Train1 动车组，气动阻力系数较大的为 Train4 动车组和 Train3 动车组，气动阻力系数最大的为 Train2 动车组。从总气动阻力系数对比可知：动车组气动阻力系数最小的为 Train5 动车组，其次为 Train1 动车组和 Train2 动车组，总气动阻力系数最大的为

第 3 章　列车气动外形减阻设计

Train4 动车组。

表 3-6　动车组气动阻力系数对比

车　型	H	M1	M2	M3	M4	M5	M6	T	总计
Train1	0.1519	0.0590	0.0562	0.0547	0.0546	0.0582	0.0540	0.0805	0.6340
Train2	0.1572	0.0580	0.0542	0.0533	0.0510	0.0559	0.0554	0.0869	0.6356
Train3	0.1564	0.0577	0.0544	0.0536	0.0504	0.0557	0.0555	0.0884	0.6366
Train4	0.1563	0.0583	0.0547	0.0537	0.0510	0.0571	0.0564	0.0873	0.6390
Train5	0.1462	0.0561	0.0530	0.0518	0.0482	0.0492	0.0528	0.0794	0.5994

综上可知：气动阻力最小的车型为 Train5 动车组，其次为 Train1 动车组，Train3 动车组和 Train2 车型气动阻力旗鼓相当；气动阻力最大的车型为 Train4 动车组。

图 3-14 为动车组各车体气动升力对比图。由图可知：当动车组以 600km/h 运行时，各车体头车升力向下且升力幅值较尾车升力小，尾车受到向上的升力，中间车升力方向均向上；由各车型的头车升力对比可知：Train5 动车组头车升力最小，其次为 Train3 动车组、Train2 动车组、Train1 动车组，Trian4 动车组的头车升力最大；Train5 动车组的尾车升力最小，其次为 Train4 动车组、Train2 动车组、Train1 动车组，其中 Train3 动车组尾车升力最大；中间车升力最大的为 Train5 动车组。

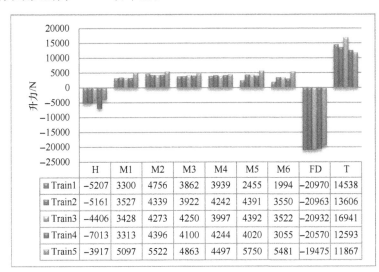

图 3-14　动车组各个车体升力对比

3. 小结

通过对比 Train1、Train2、Train3、Train4 和 Train5 5 种动车组基本气动力，主要结论如下。

1) Train5 动车组的气动阻力值最小，头车和尾车阻力对比很明显，其次为 Train1 动车组，Train3 动车组和 Train2 动车组的阻力在五种车型中较差，Train4 动车组气动阻力值最大。

2) Train5 动车组各车体升力总体趋势最好，其次为 Train2 动车组和 Train3 动车组，

Train1 动车组和 Train4 动车组头尾车升力相对较差。

综上，基本气动力最好的车型为 Train5 动车组，Train1 动车组、Train2 动车组和 Train3 动车组的基本气动力相对较好，Train4 动车组相对较差。

3.2 列车头部细长比

3.2.1 计算模型

为了研究列车流线型头部长度对列车气动阻力、升力的影响，以 CRH3 型动车组为原型，设计了车身截面完全相同，头部形状相似，仅改变其流线型头部长度的 8 种头形，如图 3-15 所示，其流线型头部长度分别为 6m、7m、8.5m、9.5m、11m、12.5m、14m、15m，分别命名为 CRH3-X，其中 X 表示相应头形的流线型部分长度。

列车稳态运行时气动性能的计算区域如图 3-16 所示，由前面对于流场计算区域选取的研究可知，该区域能完全满足不影响车体附近流体流动的原则。列车模型取头车+中间车+尾车的三车编组方式。由于列车表面特别是头部流线型区域曲面比较复杂，因此采用非结构化网格，选用 ICEM CFD 作为网格划分工具，列车表面最大网格尺寸为 100mm，整个流场的网格单元数大约为 2000 万。

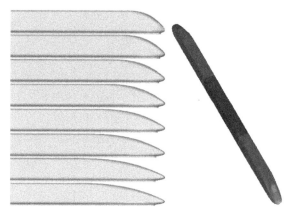

图 3-15 不同流线型头部长度的列车模型

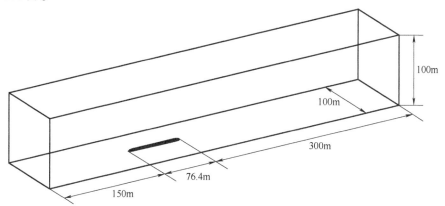

图 3-16 列车稳态气动性能计算区域

3.2.2 基本气动力对比

（1）气动阻力

当列车速度为 300km/h 时，根据 CFD 计算列车的基本气动力，列车的基本气动力随车

第 3 章 列车气动外形减阻设计

头细长比的大小变化趋势见表 3-7。

表 3-7 各车型的阻力

车型 (300km/h)	阻力/N		
	头 车	中 间 车	尾 车
CRH3-6	7519	3095	5388
CRH3-7	6995	3127	4419
CRH3-8.5	6568	3158	4029
CRH3-9.5	6286	3212	3735
CRH3-11	6088	3229	3559
CRH3-12.5	5910	3240	3393
CRH3-14	5656	3257	3175
CRH3-15	5492	3265	3053

图 3-17 为头车以及尾车气动阻力随流线型头部长度的变化情况及其拟合曲线。随着列车流线型头部长度的增加，头车和尾车气动阻力幅值均下降。

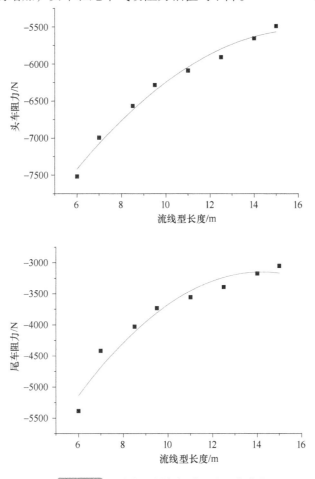

图 3-17 头车和尾车气动阻力拟合曲线

头车以及尾车气动阻力随流线型头部长度的拟合曲线如下：

$$F_{dh} = -10226.31883 + 572.68532L - 17.47044L^2, R^2 = 0.98059$$

$$F_{dt} = -9110.44596 + 838.57176L - 29.48789L^2, R^2 = 0.93425$$

式中　F_{dh}——头车阻力；

　　　F_{dt}——尾车阻力；

　　　L——流线型头部长度。

各拟合公式的相关系数平方 R^2 均接近于1，说明头车阻力与流线型头部长度呈二次幂关系，尾车阻力与流线型头部长度呈二次幂关系。从图中可以看出，增加流线型长度能有效地减小列车的气动阻力，且尾车的阻力减小率大于头车的阻力减小率。

根据气动阻力系数的计算公式，可计算出不同细长比列车所对应的气动阻力系数，具体数值见表3-8。

表 3-8　各车型阻力系数

车型 (300km/h)	阻力系数	
	头　车	尾　车
CRH3-6	0.1492	0.1069
CRH3-7	0.1388	0.0877
CRH3-8.5	0.1303	0.0799
CRH3-9.5	0.1247	0.0741
CRH3-11	0.1208	0.0706
CRH3-12.5	0.1173	0.0673
CRH3-14	0.1122	0.0630
CRH3-15	0.1090	0.0606

头尾车的气动阻力系数可以通过头尾车气动力得到，如图3-18所示。

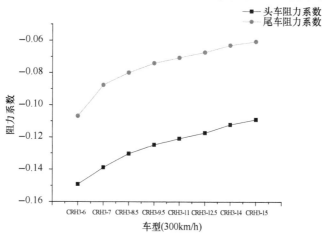

图 3-18　头尾车气动阻力系数

第3章 列车气动外形减阻设计

（2）气动升力

当列车速度为300km/h时，根据CFD计算列车的基本气动力，列车基本气动力随车头细长比的大小变化趋势见表3-9。

表3-9 各车型的气动升力

车型 (300km/h)	升力/N		
	头　车	中　间　车	尾　车
CRH3-6	5694	−116	−4154
CRH3-7	5396	−78	−3209
CRH3-8.5	4972	−81	−2433
CRH3-9.5	4594	−77	−2009
CRH3-11	4358	−73	−1686
CRH3-12.5	4146	−62	−1554
CRH3-14	3814	−68	−1266
CRH3-15	3693	−57	−1157

图3-19为头车和尾车气动升力随流线型头部长度的变化情况。

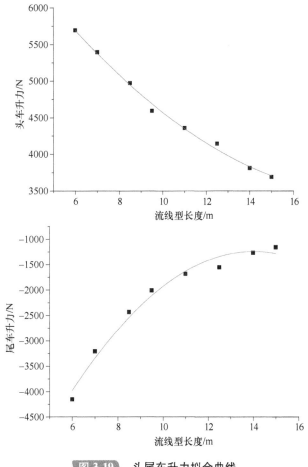

图3-19　头尾车升力拟合曲线

头车以及尾车气动升力随流线型头部长度的拟合曲线如下：

$$F_{lh} = 8098.01683 - 472.87183L + 12.01973L^2, R^2 = 0.99331$$

$$F_{lt} = -9612.84612 + 1193.72165L - 42.54929L^2, R^2 = 0.97515$$

式中　F_{lh}——头车升力；

　　　F_{lt}——尾车升力；

　　　L——流线型头部长度。

各拟合公式的相关系数平方 R^2 均接近于 1，说明头车升力与流线型头部长度呈二次幂关系，尾车升力与流线型头部长度呈二次幂关系。从图中可以看出：增加流线型长度能有效地减小列车的气动升力，流线型长度的增加特别对尾车的升力有明显的改善。

不同细长比的列车头型所对应的升力系数见表3-10。

表 3-10　各车型升力系数

车型 (300km/h)	升力系数	
	头车	尾车
CRH3-6	0.1129	-0.0823
CRH3-7	0.1070	-0.0637
CRH3-8.5	0.0986	-0.0482
CRH3-9.5	0.0911	-0.0398
CRH3-11	0.0865	-0.0335
CRH3-12.5	0.0823	-0.0308
CRH3-14	0.0756	-0.0251
CRH3-15	0.0733	-0.0230

头尾车的气动升力系数如图 3-20 所示，与气动升力趋势保持一致。

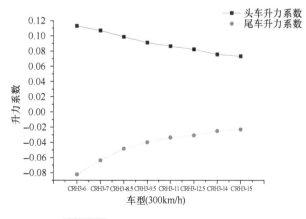

图 3-20　各车型升力系数拟合曲线

当列车以 300km/h 速度运行时，列车头部流线型越长，头尾车气动阻力和升力幅值越小，中间车的气动力变化不大。

3.3 列车头部剖面控制线

3.3.1 列车模型

为了研究列车头形的纵向剖面线、水平剖面线形状对列车气动性能的影响，通过图 3-21 所示的六种控制线，分别建立图 3-22 中的 9 种列车头形。

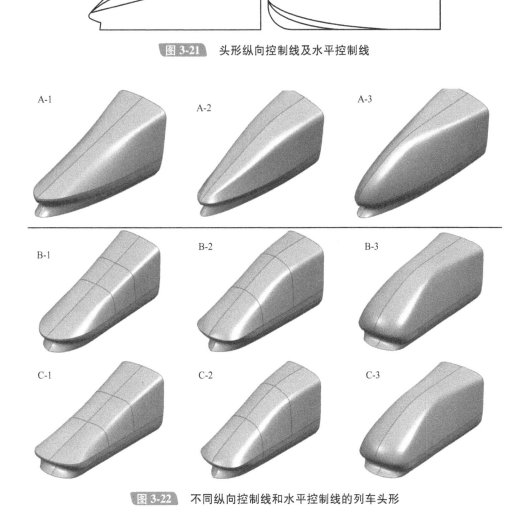

图 3-21 头形纵向控制线及水平控制线

图 3-22 不同纵向控制线和水平控制线的列车头形

3.3.2 列车头部控制线形状与基本气动性能

利用建立的列车基本气动性能的计算模型，以 9 种高速列车头形为研究对象，分析其稳态运行时的气动阻力、气动升力等基本气动性能。图 3-23、图 3-24 分别是列车速度为 350km/h 时各型车的气动阻力和气动升力情况。

分析图 3-23 中各车型的阻力可知，对于相同的水平剖面线形状的头形，变化较平缓的弧形纵向剖面线所对应的列车阻力最小，平直形纵向剖面线所对应的列车阻力较大，鼓形纵向剖面线所对应的列车阻力最大。对于相同的纵向剖面线形状来说，随着水平剖面线形状由比较尖的呈锥形的 A 变到较宽的呈方形的 C 时，各车的气动阻力依次显著地增加。纵观以上各头形的阻力情况，比较纵向控制线和水平控制线对列车阻力的影响可以发现，水平控制线形状对阻力的影响大于纵向控制线对列车阻力的影响，水平剖面线形状较尖锐的锥形 A 所对应的阻力最小，而纵向剖面线形状呈平缓变化弧形所对应的阻力最小，所以车型 A2 的阻力最小。

仔细分析图 3-24 中各车的升力可知，中间车升力基本趋近于 0，可以不予考虑。对列车行车安全影响较大的主要是头、尾车的升力情况。对头车升力来说，各车型头车的升力均沿车体向下，随着水平剖面线形状由较尖锐呈锥形的 A 变到较宽呈方形的 C 时，各车型的头车升力依次显著增加；纵向剖面线形状由平直到鼓形，各车型的头车升力也依次有较大的增加。对尾车升力来说，除 A2、A3 外，各车型所有尾车的升力均为正，即沿车体向上，水平剖面线形状对其影响较大，随着水平剖面线形状由较尖锐到呈方形，各车型的尾车升力依次显著增加；随着纵向剖面线形状由平直到鼓形，各车型的尾车升力也有较大增加。总体来说，水平剖面线为尖锐的 A 所对应升力最小，且头形 A2、A3 的尾车升力为负，而沿列车向下的负升力则在一定程度上有利于列车运行时的稳定性及安全性，有助于提高尾车的抗尾摆性能。纵观以上各头形列车的升力情况，水平剖面线形状对列车头、尾车的升力影响较大，较尖锐的锥形水平剖面线所对应的头形升力性能最好。

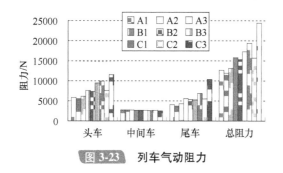

图 3-23　列车气动阻力

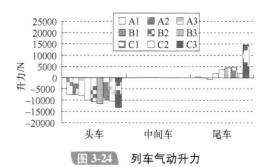

图 3-24　列车气动升力

以相关系数平方 R^2 大于 0.99 为标准，拟合不同头部控制线形状头形的截面积变化率曲线，如图 3-25 所示。表 3-11 列出了各拟合曲线的各次项系数。通过图 3-25 和表 3-11 可以发现，头形 A1 的截面积变化率为一次近似曲线，头形 A2、头形 A3 的截面积变化率的二次项系数均最小，最接近一次近似曲线，对比图 3-23、图 3-24 各头形列车的阻力、升力情况得知，A1、A2、A3 的阻力、升力性能均最好。而截面积变化率拟合公式中次数较高的 B1、B3、C1、C3 的阻力、升力性能均较差。线性变化的车体截面积可以降低列车的

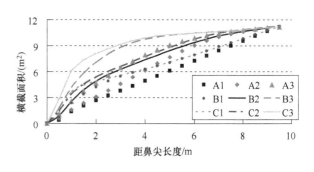

图 3-25　截面积变化率

阻力、升力，甚至可以使尾车产生沿车体向下的负升力，提高尾车的抗尾摆性能。列车头形截面积变化率为近似一次曲线时，其基本气动性能最好。

表 3-11 车体截面积变化率拟合公式的各次项系数

车型	五次项	四次项	三次项	二次项	线性项	常数项	相关系数 R^2
A1					1.1687	0.206	0.9989
A2				-0.0873	2.1026	-0.0554	0.9957
A3				-0.1019	2.4793	0.1926	0.998
B1			0.0182	-0.32	2.6149	-0.0954	0.9962
B2				-0.1125	2.1691	0.5495	0.9929
B3			0.0362	-0.7171	4.7618	-0.0554	0.9957
C1		-0.0065	0.1476	-1.1313	4.2001	-0.1062	0.993
C2				-0.1119	2.1021	1.2133	0.9923
C3	0.002	-0.0557	0.6122	-3.2757	8.9744	-0.6337	0.9916

利用列车的基本气动性能计算模型，通过研究纵向剖面线形状和水平剖面线形状对列车气动性能的影响，得出以下结论。

1）水平控制线对列车气动阻力的影响大于纵向控制线对列车气动阻力的影响。水平剖面线形状呈尖锐锥形的 A 所对应的阻力最小，纵向剖面线形状呈平缓变化弧形的②所对应的阻力最小。

2）水平剖面线形状对列车头、尾车的气动升力影响较大，较尖锐的锥形剖面线所对应的头形升力性能最好。

3）列车头形截面积变化率为近似线性函数时，其基本气动性能相对较好。

3.4 转向架区域裙板优化

3.4.1 裙板延伸优化模型

将头尾车二位端转向架及中间车转向架区域裙板延伸，如图 3-26 所示，由于头尾车二位端转向架区域与中间车转向架区域在尺寸上有所差别，裙板延伸的尺寸不尽相同，延伸后裙板与转向架最小距离为 105mm。

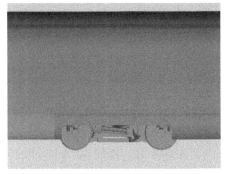
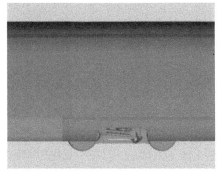

a) 原车模型头尾二位端裙板　　　　　　b) 裙板延伸模型头尾二位端裙板

图 3-26　裙板延伸优化模型

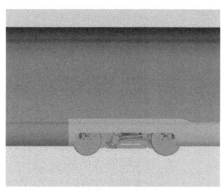
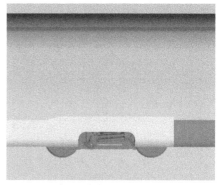

c) 原车模型中间车裙板　　　　　　　d) 裙板延伸模型中间车裙板

图 3-26　裙板延伸优化模型（续）

3.4.2　裙板延伸优化模型气动力

当运行速度为 400km/h 时，头尾二位端和中间车转向架区域裙板延伸优化模型与原车模型各车气动阻力比较如图 3-27 所示。优化模型气动力相比原车模型气动力变化情况如下：

1）头车（包括转向架）气动阻力由 13515N 减小到 13374N，减小 1.04%。
2）中间车（包括转向架）气动阻力由 4613N 减小到 4483N，减小 130N，气动阻力减小 3.42%。
3）尾车（包括转向架）气动阻力由 11752N 减小到 11576N，气动阻力减小 1.50%。
4）整车气动阻力由 29880N 减小到 29433N，整车气动阻力减小 1.50%。

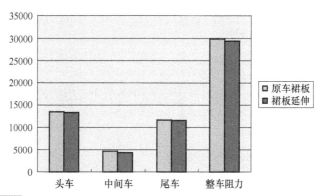

图 3-27　400km/h 下裙板延伸优化模型与原车模型各车气动阻力比较

当运行速度为 400km/h 时，头尾二位端和中间车转向架区域裙板延伸优化模型与原车模型的各车气动升力比较如图 3-28 所示。优化模型各车气动升力相比原车模型各车气动升力变化情况如下：

1）头车向下升力由 -9746N 变化为 -10268N，头车向下升力增加 522N。
2）中间车向上升力由 728N 减小为 494N，中间车向上升力减小 234N。
3）尾车向上升力由 10699N 减小为 10264N，尾车向上升力减小 435N。

第3章 列车气动外形减阻设计

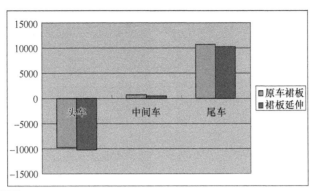

图 3-28 400km/h下裙板延伸优化模型与原车模型各车气动升力比较

3.4.3 压力分布

当运行速度为400km/h时，裙板延伸优化模型车体最大正压区位于鼻尖区域，其中最大正压位于鼻尖处，最大负压区位于头车鼻尖底部、头车流线型过渡段和尾车流线型车身，其中最大负压位于头车鼻尖底部，如图3-29所示。原车模型和裙板延伸优化模型的最大正负压力分布一致。

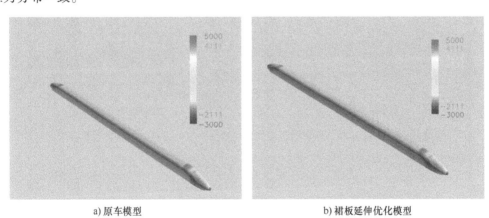

a) 原车模型　　　　　　　　　　　　b) 裙板延伸优化模型

图 3-29 400km/h下原车模型和裙板延伸优化模型车体压力云图（Pa）

当运行速度为400km/h时，裙板延伸优化模型头车一位端转向架的最大正压区位于齿轮箱底部区域及抗蛇形减振器附近，最大负压区位于电机底部及轮对底部，如图3-30所示。原车模型与裙板延伸优化模型头车一位端转向架压力分布一致，这是因为未对该区域进行模型优化。因此，转向架气动阻力几乎无变化。

当运行速度为400km/h时，裙板延伸优化模型头车二位端转向架的最大正压区位于齿轮箱底部及抗蛇形减振器附近，最大负压区位于电机底部和轮对底部，如图3-31所示。

当运行速度为400km/h时，裙板延伸优化模型中间车一位端转向架的最大正压区位于抗蛇形减振器和齿轮箱附近，如图3-32所示。

a) 原车模型　　　　　　　　　　b) 裙板延伸优化模型

图 3-30　400km/h 下原车模型和优化模型头车一位端转向架压力云图（Pa）

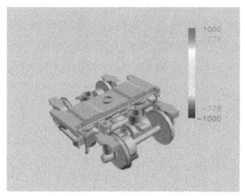

a) 原车模型　　　　　　　　　　b) 裙板延伸优化模型

图 3-31　400km/h 下原车模型和优化模型头车二位端转向架压力云图（Pa）

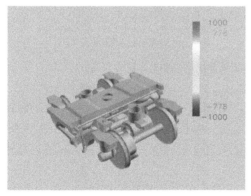

a) 原车模型　　　　　　　　　　b) 裙板延伸优化模型

图 3-32　400km/h 下原车模型和优化模型中间车一位端转向架压力云图（Pa）

第3章 列车气动外形减阻设计

当运行速度为400km/h时,裙板延伸优化模型尾车一位端转向架的压力分布较为复杂。尾车一位端转向架最大正压区位于构架底部及抗蛇形减振器附近,最大负压位于轮轴两侧附近,如图3-33所示。原车模型与圆弧隔墙优化模型尾车一位端转向架压力分布几乎一致。因此,转向架气动阻力几乎无变化。

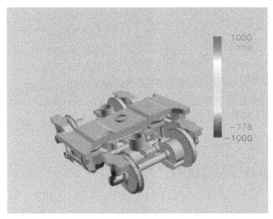

a) 原车模型　　　　　　　　　　b) 裙板延伸优化模型

图 3-33　400km/h下原车模型和优化模型尾车一位端转向架压力云图(Pa)

当运行速度为400km/h时,裙板延伸优化模型头车二位端及中间车一位端转向架区域车身底板的压力分布如图3-34所示。裙板延伸优化模型头车二位端和中间车一位端转向架之间设备舱底板的最大负压区域大幅减少。

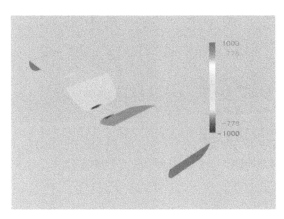
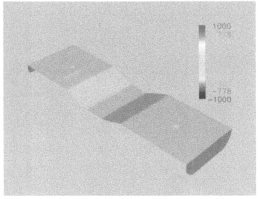

a) 原车模型　　　　　　　　　　b) 裙板延伸优化模型

图 3-34　原车模型和裙板延伸优化模型头车二位端及中间车一位端转向架区域车身底板压力云图(Pa)

当运行速度为400km/h时,裙板延伸优化模型尾车二位端及中间车二位端转向架区域车身底板的压力分布如图3-35所示。裙板延伸优化模型尾车二位端及中间车二位端转向架之间设备舱底板的最大负压区域减小。

119

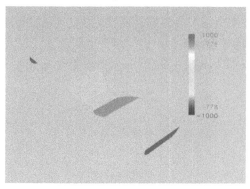 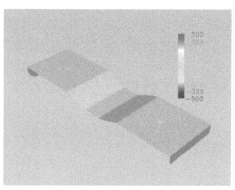

a) 原车模型　　　　　　　　　　　　　b) 裙板延伸优化模型

图 3-35　原车模型和裙板延伸优化模型尾车二位端及中间车二位端转向架区域车身底板压力云图（Pa）

3.5　转向架区域隔墙优化

转向架与设备舱之间的隔墙过渡形式一般为直隔墙。本节主要针对转向架与设备舱之间的直隔墙过渡形式进行优化分析，将直隔墙过渡形式改为倾斜隔墙。

3.5.1　倾斜隔墙优化模型

转向架与设备舱之间的过渡形式由直隔墙改为倾斜隔墙，转向架区域其他部位保持原车优化方案，如图 3-36 所示。由于头尾车二位端转向架区域与中间车转向架区域直隔墙尺寸有所差异，故倾斜隔墙尺寸不尽相同。

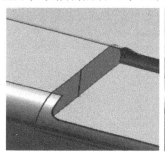 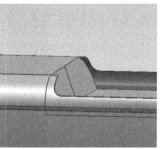 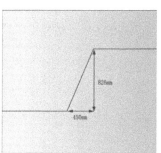

a) 头尾车二位端原始直隔墙　　　b) 头尾车二位端倾斜隔墙　　　c) 头尾车二位端倾斜隔墙尺寸

 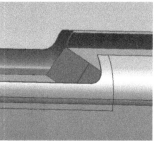 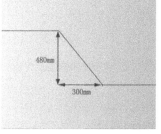

d) 中间车原始直隔墙　　　　　e) 中间车的倾斜隔墙　　　　　f) 中间车倾斜隔墙尺寸

图 3-36　倾斜隔墙优化方案

3.5.2 气动性能

当运行速度为 400km/h 时,倾斜隔墙优化模型与原车模型各车气动阻力比较如图 3-37 所示。倾斜隔墙优化模型气动阻力相比原车模型阻力变化情况如下:

1）头车气动阻力由 13515N 减小为 13447N,头车气动阻力减小 0.50%。
2）中间车气动阻力由 4613N 减小为 4537N,中间车气动阻力减小 1.65%。
3）尾车气动阻力由 11752N 减小为 11683N,尾车气动阻力减小 0.59%。
4）整车气动阻力由 29880N 减小为 29667N,整车（三车编组）气动阻力减小 0.71%。

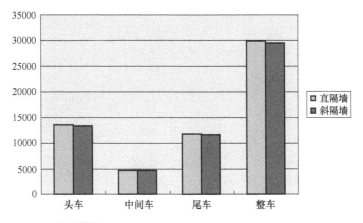

图 3-37　速度为 400km/h 时各车气动阻力（N）

当运行速度为 400km/h 时,倾斜隔墙优化模型与原车模型各车升力比较如图 3-38 所示。倾斜隔墙优化模型气动升力相比原车模型升力变化情况如下:

1）头车负升力由 -9746N 变化为 -9571N,绝对值减小了 1.80%。
2）中间车升力由 728N 减小到 581N,减小了 20.19%。
3）尾车升力由 10699N 减小到 10674N,减小了 25N,减小了 0.23%。

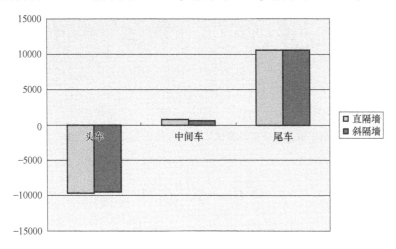

图 3-38　速度为 400km/h 时各车气动升力（N）

121

从以上各车气动力对比可知，采用倾斜隔墙过渡优化方案能够减小整车的气动阻力，一定程度上改善了头车和尾车的气动升力。

3.5.3 压力分布

倾斜隔墙优化模型车体最大正压区位于鼻尖区域，其中最大正压位于鼻尖处，最大负压区位于头车鼻尖底部、头车流线型过渡段和尾车流线型车身，其中最大负压位于头车鼻尖底部，如图 3-39 所示。原车模型和倾斜隔墙优化模型最大正负压力分布一致。

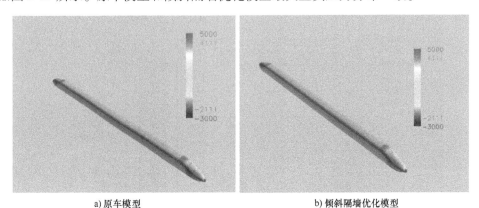

a) 原车模型　　　　　　　　b) 倾斜隔墙优化模型

图 3-39　原车模型和倾斜隔墙优化模型车体压力云图（Pa）

倾斜隔墙优化模型头车二位端转向架的最大正压区位于齿轮箱底部及抗蛇形减振器附近，最大负压区位于轮对底部，如图 3-40 所示。倾斜隔墙优化模型头车二位端转向架区域压力分布与原车模型头车二位端转向架区域压力分布几乎一致。

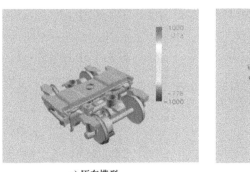 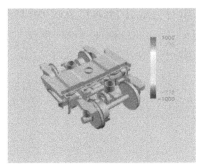

a) 原车模型　　　　　　　　b) 倾斜隔墙优化模型

图 3-40　原车模型和倾斜隔墙优化模型头车二位端转向架压力云图（Pa）

3.6　小　结

本章从动车组新头型优选、头部细长比、头部剖面控制线、转向架区域裙板及隔墙优化五个方面介绍了列车气动外形的减阻设计方法，主要结论可以为主机厂设计人员和高校师生提供指导。

第 4 章

列车头型多学科优化设计

高速列车外形的流线型设计，特别是流线型头部设计是高速列车外形研究的重要课题，且通常需要对初始设计的列车头型进行优化设计，最终生成需要的头型。本章中高速列车新头型的优化设计[1-2]主要涉及列车参数化模型的建立及自动变形、计算网格自动划分、列车气动力和气动噪声的计算等，优化设计变量包括鼻尖高度、排障器外形、转向架区域隔墙倾角，优化目标包括高速列车整车气动阻力和头车表面最大声功率。

要实现高速列车新头型的自动优化设计，需要完成以下工作：
1) 高速列车新头型几何模型的参数化建模。
2) 高速列车空气动力学计算网格自动划分。
3) 高速列车气动性能及气动噪声的自动计算及结果自动输出。
4) 优化设计流程的搭建及优化算法的选择。
5) 关键外形参数对于气动性能影响权重的分析。

4.1 多学科优化设计流程

本节通过 ISIGHT 软件集成 MATLAB、CATIA、ICEM、FLUENT 等软件，实现高速列车头部形状的自动变形、空气动力学模型网格的自动划分和空气动力学性能的自动计算。以整车气动阻力和尾车气动升力为优化目标，最终得到整车气动阻力和尾车气动升力都较好的动车组新头型。新头型多目标优化的设计流程如图 4-1 所示。

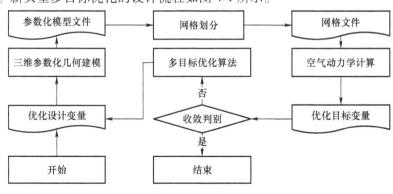

图 4-1　多目标优化设计流程

4.1.1 参数化几何模型建立

1. 原始几何模型的生成

首先,建立原始头型的整车模型。由于列车头部流线型部分具有高度的对称性,可取其一半作为研究对象,某头型的流线型部分长为14m。为了建立列车模型,选取列车头车和一半中间车的左半部分为研究对象。利用 CATIA 中的创成式外形设计打开 CATIA 中的建模模块,如图4-2所示。通过输入原始头型中控制点的坐标生成各控制线的控制点(图4-3),利用各控制点生成样条曲线(图4-4),由样条曲线通过曲面填充功能生成样条曲面(图4-5)。建立的流线型头部一半模型如图4-6所示,头车和一半中间车的左半部分模型如图4-7所示,头车和一半中间车的左半部分模型控制线总共有102条。为了便于下面叙述,我们对该流线型车头的主要控制线进行了编号,依次为 $C1$,$C2$,$\cdots$,$C27$。将图4-7中的半车模型沿着 X-Z 平面对称生成头车和一半中间车的列车模型,再沿着中间车的对称面 Y-Z 平面对称生成头车、中间车和尾车的整车模型,生成后的整车模型如图4-8所示,将原始头型的整车文件保存为 HST.CATPart。

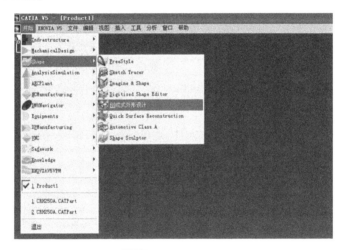

图 4-2　打开建模窗口

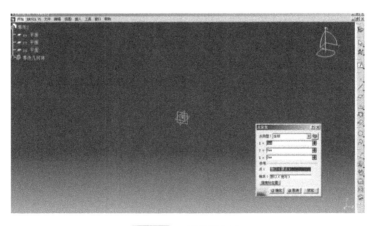

图 4-3　创建控制点

第 4 章 列车头型多学科优化设计

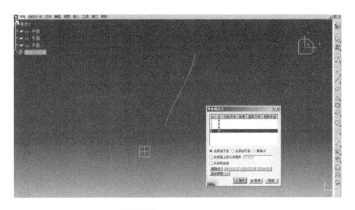

图 4-4　创建样条曲线

图 4-5　创建样条曲面

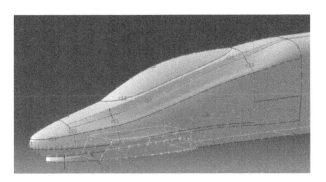

图 4-6　HST 一半头型原始模型

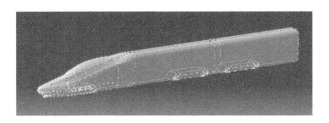

图 4-7　头车及一半中间车的左半部分模型

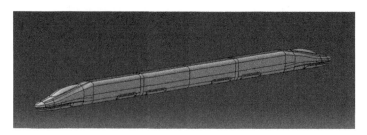

图 4-8　原始头型列车整车模型

2. 参数化模型的生成

以上节建立的模型 HST.CATPart 为基础，对其进行参数化处理，建立整车的参数化模型。利用 CATIA 的脚本文件对模型 HST.CATPart 进行参数化，CATIA "宏文件"的录制方法如下：【工具】—【宏】—【启动录制】，如图 4-9 所示。之后 CATIA 会弹出录制宏的对话框。如果之前没有使用过宏功能，CATIA 会提供一个默认的宏库，单击"开始"按钮开始录制。此时，"停止录制"的工具条会出现在屏幕上。

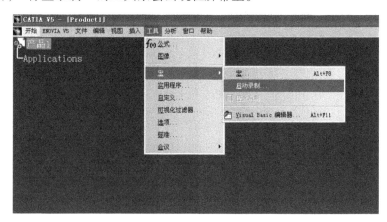

图 4-9　宏文件的录制方法

录制 VBScript 脚本文件时，可直接双击运行，而无需启动 CATIA，脚本文件会自动启动 CATIA，并自动执行录制的宏文件。需要说明的是，宏文件可以在模型建立时就开始录制，这样只需要宏文件（.catvbs）就可以实现整个参数化模型的建立。宏文件也可以在模型建立之后，针对感兴趣的模型参数进行录制。由于宏文件的代码太多，不再给出代码的具体形式，脚本代码中记录了建立控制点的代码。需要说明的是，脚本代码是 CATIA 软件在建模过程中自动生成的，无需用户编写，用户只需要在建模之前启动宏文件的录制命令即可。

为实现 HST.CATPart 的参数化，需要将模型中控制点的坐标录制到脚本文件中，在启动"宏文件"录制命令之后，首先需要打开模型文件 HST.CATPart。在模型文件打开之后，可以将各个控制点的坐标录制到宏文件中，具体方法如下：双击各个控制点的 $X/Y/Z$ 坐标，软件会弹出"编辑参数"的对话框，如图 4-10 所示。在此对话框中，需要用户由键盘手动输入参数的数值，这样参数的数值才能被记录到宏文件 HSTys.catvbs 中。原始模型参数化后的 CATIA 脚本文件命名为 HSTys.carvbs，控制线坐标参数化后的 CATIA 脚本文件如下所示：

第 4 章 列车头型多学科优化设计

```
Language = " VBSCRIPT"
SubCATMain( )
Set documents1 = CATIA. Documents
Set partDocument1 = documents1. Open( "D:\HST\HST. CATPart" )
Set part1 = partDocument1. Part
Set parameters1 = part1. Parameters
Set length1 = parameters1. Item( "CRH-MOP\CRHModel\P1\X" )
length1. Value = 47. 723000
Set parameters2 = part1. Parameters
Set length2 = parameters2. Item( "CRH-MOP\CRHModel\P1\Y" )
length2. Value = 56. 292000
Set parameters3 = part1. Parameters
Set length3 = parameters3. Item( "CRH-MOP\CRHModel\P1\Z" )
length3. Value = 0. 000000
```

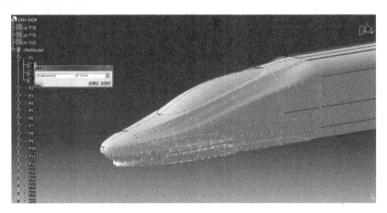

图 4-10　控制点参数的输入

将需要参与变形的控制点的坐标输入完成后即实现了头部控制点的参数化,后续将通过编制的 MATLAB 程序实现控制点坐标的更新,更新后的坐标记录到 HSTchange. catvbs 文件中,通过执行宏文件 HSTchange. catvbs 实现列车头部形状的自动变形。

4.1.2　优化设计变量选取及 CATIA 脚本程序修改

1. 优化设计变量选取

(1) 排障器前端纵向伸缩量 deltax

排障器形状对列车头车底部流场影响较大,所以选取排障器前端的纵向伸缩作为其中一个设计变量。排障器前端纵向伸缩量 deltax 取不同值时的列车头型如图 4-11 所示。

(2) 鼻尖高度

高速动车组的鼻尖高度会直接影响到其基本气动性能,尤其是高速动车组尾车的气动性能,比如:①增加鼻尖高度能较大幅度地减小尾车升力,改善尾车的升力性能;②增加鼻尖高度对头车与中间车的阻力与升力影响不大;③增加鼻尖高度会较小地增加尾车阻力,等

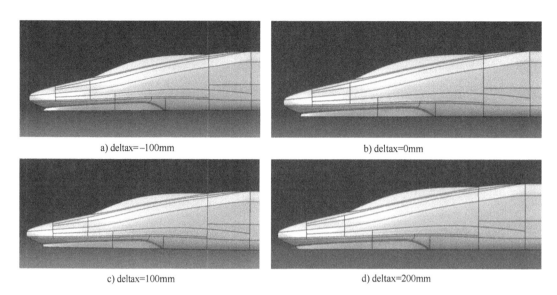

a) deltax=-100mm b) deltax=0mm

c) deltax=100mm d) deltax=200mm

图 4-11　deltax 取不同值时的列车头型

等。因此，我们需要进一步探讨高速动车组的鼻尖高度对其在高速运行过程中的空气动力学性能的影响，以便对高速动车组的头型进行优化。

对于高速列车鼻尖高度的变化，只需对控制线 C2 的 Z 方向上乘以一个系数 nscale 便可以达到要求，同时保持控制线 C2 底部控制点的垂向坐标不变。与之关联的曲线 C7、C14 相应发生线性变化，控制线 C3 形状保持不变，只是向上提升与控制线 C2 顶部控制点相同的高度。图 4-12 为 nscale=0.8、1.0、1.2 时鼻尖高度变化后的头部形状。

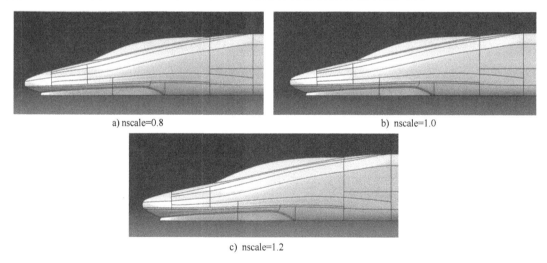

a) nscale=0.8 b) nscale=1.0

c) nscale=1.2

图 4-12　鼻尖高度不同变化率下的列车头型

（3）挡风玻璃高度

挡风玻璃高度直接影响驾驶室司机的视角，为了满足司机视野的要求，此处车窗高度控制线 C5 只能向上提升。动车组车窗高度控制线 C5 由控制点 P33～P45 控制（图 4-13），为

第4章 列车头型多学科优化设计

了达到车窗高度提升的效果,只需将司机所在位置(大概在P37)的控制点 Z 向坐标加上一个变量 y5 即可(y5>0),控制点 P33、P45 坐标保持不变,其他控制点的增加量发生相应的线性变化。y5 取不同值时的列车头部形状如图 4-14 所示。

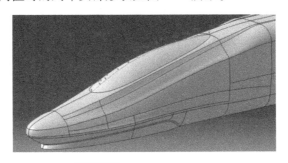

图 4-13　车窗高度控制点

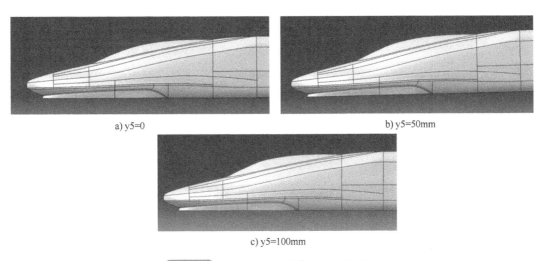

a) y5=0　　　　　　　　　　　b) y5=50mm

c) y5=100mm

图 4-14　不同挡风玻璃高度的头部外形

(4) 水平最大外轮廓线宽度

头部最大外轮廓线的变形主要表现为向内凹和向外凸的变形,为了控制最大外轮廓线 C7 和 C8 的变形,只需在控制线 C8 上的控制点 P69(图 4-15)的 z 向坐标加上一个变量 $z7$ 即可,当 $z7>0$ 时控制线向外凸,$z7<0$ 时控制线向内凹,$z7=0$ 时控制线保持不变,控制线 C7 和 C8 上其他的点也随之发生相应的线性变化。由于车钩区域只能放大不能缩小的限制,所以对于水平最大外轮廓线向内凹时保持控制线 C6 位于车钩区域的部分不变,其他点的 Y 向坐标增量按线性规律变化,同时保持控制线两端控制点坐标不变;当最大外轮廓线向外凸时,控制线上其他点的 Y 向坐标增量按线性规律变化,同样保持控制线两端控制点坐标不

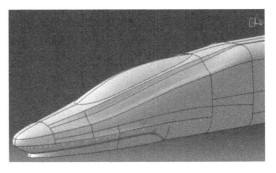

图 4-15　最大外轮廓线选取的中部控制点

变。图 4-16 为变量 z7 取不同值时对应的列车头部形状。

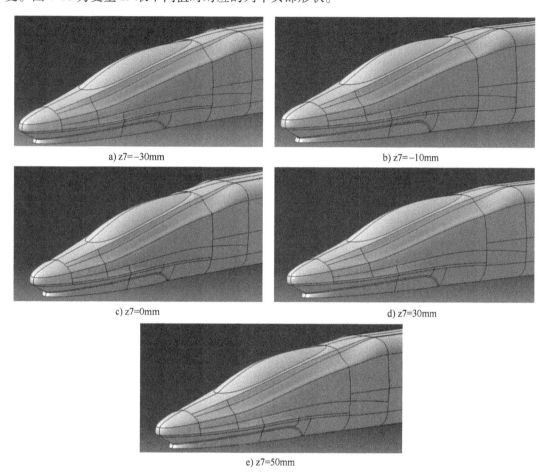

a) z7=-30mm　　　　　　　　b) z7=-10mm

c) z7=0mm　　　　　　　　d) z7=30mm

e) z7=50mm

图 4-16　z7 取不同值时对应的列车头部外形

（5）水平辅助控制线 C26

列车头部水平辅助控制线 C26 主要控制列车头部整体的凹凸程度，选取该控制线的横向偏移量作为其中的一个优化变量，要实现控制线 C26 的凹凸变化只需将其中间的控制线 P258（图 4-17）Z 向坐标加上一个变量 z26 即可，其他控制点按线性规律变化，同时保持控制线 C26 的两端点不变。当 z26>0 时，控制线 C26 向外凸，当 z26<0 时，控制线 C26 向内凹。z26 取不同值时对应的列车头型如图 4-18 所示。

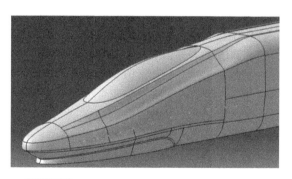

图 4-17　水平辅助控制线 C26 和中部控制点

2. CATIA 脚本程序的修改

通过编制 MATLAB 程序 HSTMOP.m，修改 CATIA 参数化脚本文件 HSTys.catvbs，用修

第 4 章 列车头型多学科优化设计

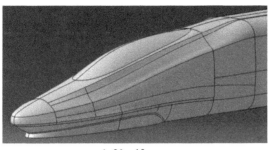

a) z26=−15mm

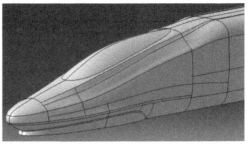

b) z26=0mm

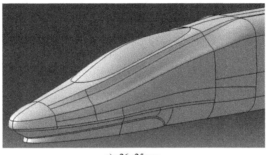

c) z26=25mm

图 4-18　z26 取不同值时对应的列车头部外形

改后的参数化脚本文件 HSTchange.catvbs 对建立的原始列车几何模型进行更新，最终导出用于 ICEM 生成网格的列车几何模型 HSTMOP.stp 文件。

4.1.3　气动力优化设计流程搭建

在进行流程搭建之前首先要准备好 ICEM 的网格划分脚本文件和 FLUENT 流场自动计算的脚本文件，脚本文件的生成方法如下：

1) 利用 ICEM 的 script 脚本文件实现气动计算网格的自动划分，为此，只需要在网格划分开始前，单击 recording scripts 命令，然后通过鼠标操作完成列车模型的导入、流场网格的生成及导出，软件会自动录制相应的命令，由此可以得到 script 脚本文件，可以通过批处理命令调用 script 脚本文件实现流场网格的自动划分。

2) 利用 Fluent 的 journal 脚本文件实现动车组空气动力学的自动计算，为此，只要在计算前，单击 Start Journal 命令，然后通过鼠标操作完成气动计算网格的导入、空气动力学计算设置及结果导出，软件会自动录制相应的命令行，由此可以得到 journal 脚本文件，可以通过批处理命令调用 journal 文件实现空气动力学的自动计算，完成气动数值计算后将计算得到的气动力数据通过文本文件输出，计算结果可以从文本文件中读取。

利用优化设计软件 ISIGHT 集成 MATLAB、CATIA、ICEM、FLUENT 脚本程序，即可实现动车组头型的自动更新、列车空气动力学网格的自动划分和流场的自动计算。搭建的优化设计流程如图 4-19 所示。

优化设计中采用的优化方法为直接优化算法中的 NSGA-Ⅱ方法（第二代非劣排序的遗传算法），初始种群数为 12，遗传进化代数为 20，从而完成 240 个设计后动车组的头型优化计算，计算设置如图 4-20 所示。该方法采用带有精英策略的非劣排序，使用简单的拥挤算

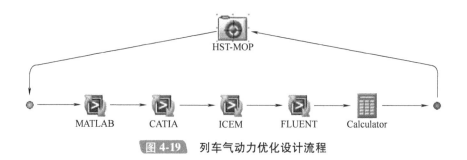

图 4-19　列车气动力优化设计流程

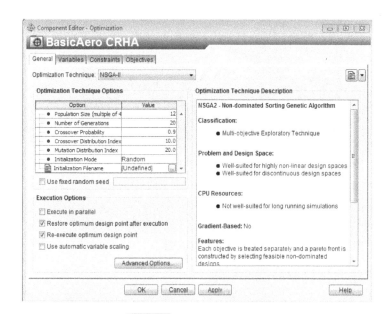

图 4-20　优化算法参数设置

子,不需要定义任何的参数来保持种群多样性,探索性能良好、计算效率高且能较好地保持种群的多样性,可以收敛到 Pareto 前沿,具有较好的分布性。

NSGA-Ⅱ方法的计算步骤如下:

1) 初始化:令 $t=0$,设置第一代个体 P_0,种群数为 N,计算个体对应的适应值函数,计入 A。

2) 令 $t=t+1$,$P_t=A_{t-1}$。

3) 排序:个体 P_t 按向聚集的目标值的方向进行排序。

4) 分组:个体 P_t 根据上述排序分为若干组,每组由两个个体组成。

5) 交叉和变异:在每一组中执行交叉和变异操作,由两个父代个体产生两个子代个体,同时父代个体被删除。

6) 重组:所有子代个体组成一个新的 P_t。

7) 更新:将 A_{t-1} 和 P_t 组合,按环境选择机制,从 $2N$ 个个体中,选出其中的 N 个个体。

8) 终止:如果满足终止条件,则终止优化程序,否则返回至第 2) 步。

对选取的 7 个优化设计变量进行取值的设置如图 4-21 所示。其中鼻尖高度控制参数

nscale 的取值范围为 0.8~1.2，车钩顶端高度变化量 d2z2 的取值范围为 0~200mm，前窗玻璃高度变化量 d3z3 的取值范围为 0~200mm，水平最大外轮廓线 Y 向坐标的变化量 d6y6 的取值范围为 -30~50mm，裙板外横移量 d10y10 的取值范围为 0~30mm，横向辅助控制线的控制参数 ys14 的取值范围为 -0.2~0.4，隔墙倾角控制参数 gqscale 的取值范围为 0.5~1.5。

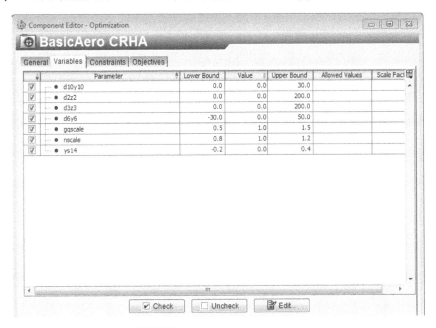

图 4-21　优化设计变量取值设置

优化计算取整车气动阻力和头车最大噪声为优化目标，设置如图 4-22 所示。

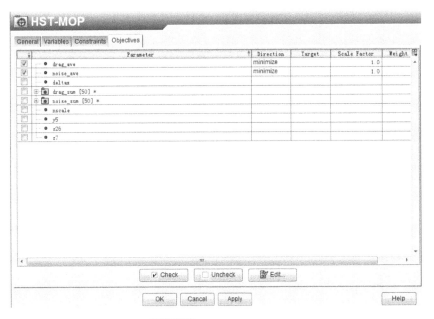

图 4-22　优化目标设置

4.2 头型关键结构参数对气动性能的影响及权重分析

4.2.1 设计参数与气动力相关性分析

1. 动车组空气动力学计算模型

列车采用头车、中间车、尾车三车编组的模型，在进行空气动力学流场网格划分时，将 CATIA 生成的列车车体模型和导入的转向架模型一起进行网格划分，列车流线型头部网格最大尺寸为 80mm，头部局部面积较小的区域最大网格尺寸为 25mm，车身非流线型部位最大网格尺寸为 200mm，转向架部位最大网格尺寸为 60mm，转向架局部面积较小的区域最大网格尺寸为 25mm。列车计算区域和边界条件设置如图 4-23 所示，划分后的车头网格如图 4-24 所示，转向架网格如图 4-25 所示。

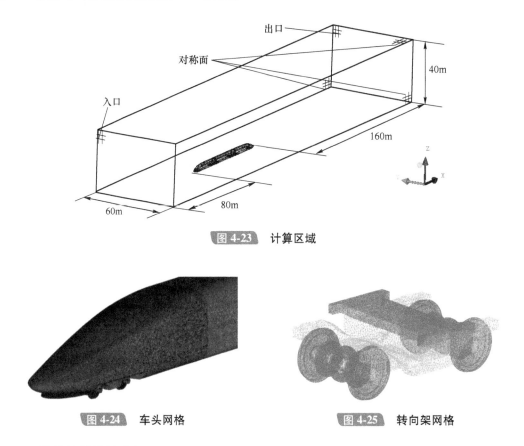

图 4-23 计算区域

图 4-24 车头网格　　　　图 4-25 转向架网格

2. 优化计算结果分析

数值模拟列车运行速度为 600km/h，NSGA-Ⅱ遗传算法的初始采样点设定为 12 个，并进行 20 代遗传计算，从而在完成 240 个设计后动车组流线型头型优化计算完毕。各优化设计变量随进化代数的收敛曲线如图 4-26 所示，其中"★"表示优化过程中得到的 Pareto 最优解。由图可以看出：通过优化算法在设计空间中的采样，各个优化设计变量均达到收敛。通过反复的迭代计算，多目标遗传算法寻找到使得目标值最小化的 Pareto 最优设计点。

第 4 章 列车头型多学科优化设计

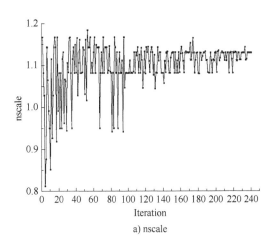

a) nscale

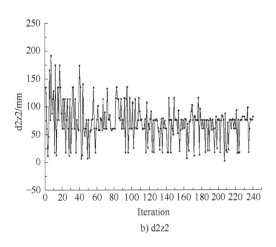

b) d2z2

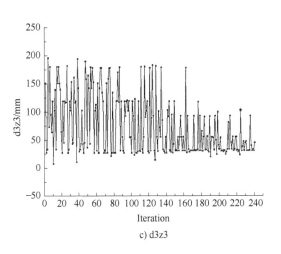

c) d3z3

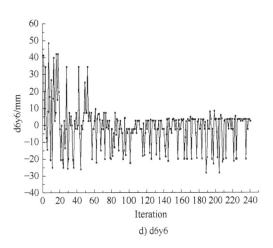

d) d6y6

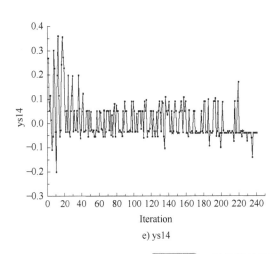

e) ys14

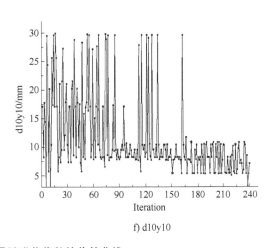

f) d10y10

图 4-26 各优化设计变量随进化代数的收敛曲线

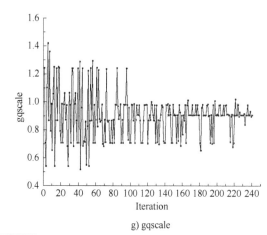

g) gqscale

图 4-26 各优化设计变量随进化代数的收敛曲线（续）

图 4-27 给出了优化过程中优化目标随进化代数的收敛曲线，图中"★"表示优化过程中得到的 Pareto 前沿上的目标值。由图可知，头车气动阻力和尾车气动升力均已收敛。

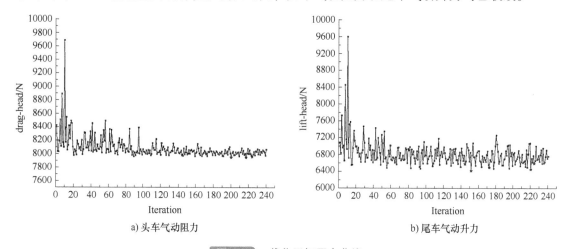

a) 头车气动阻力　　　　　　　　　　b) 尾车气动升力

图 4-27 优化目标历史曲线

原始头型的各设计变量取值和优化目标值见表 4-1，通过 ISIGHT 优化计算得到的 Pareto 最优解和设计变量值见表 4-2。图 4-28 为 Pareto 最优解对应六种头型的头车气动阻力和尾车气动升力变化曲线，由图可以看出：当头车气动阻力减小时尾车气动升力增加，同样当头车气动阻力增加时尾车气动升力减小。由此可见，优化过程中头车气动阻力和尾车气动升力为一对矛盾的目标，所以优化只能得到头车气动阻力和尾车气动升力都较好的列车头型。对比优化后的列车头车气动阻力和尾车气动升力可知：优化后头车气动阻力最小的头型头车气动阻力较原始头型减小约 3.15%，尾车气动升力较原始头型尾车气动升力减小约 11.94%；优化后尾车气动升力最小的头型头车气动阻力较原始头型减小约 2.45%，尾车气动升力较原始头型减小约 17.05%。

第4章 列车头型多学科优化设计

表 4-1 原始头型的优化设计变量和优化目标值

原始值	转向架区域横向宽度 d10y10 /mm	车钩区域顶端高度 d2z2 /mm	挡风玻璃高度 d3z3/mm	水平最大外轮廓线宽度 d6y6 /mm	转向架区域隔墙倾角系数 gqscale	鼻尖高度变化系数 nscale	横向辅助控制线曲度 ys14	头车气动阻力/N	尾车气动升力/N
1	0	0	0	0	1	1	0	8210	7737

表 4-2 优化计算所得的 Pareto 最优解和设计变量值

迭代次数	转向架区域横向宽度 d10y10 /mm	车钩区域顶端高度 d2z2 /mm	挡风玻璃高度 d3z3 /mm	水平最大外轮廓线宽度 d6y6 /mm	转向架区域隔墙倾角系数 gqscale	鼻尖高度变化系数 nscale	横向辅助控制线曲度 ys14	头车阻力/N	尾车升力/N
144	7.8	76.3	32.1	3.4	0.908	1.131	-0.039	7988	6577
151	5.4	76.3	32.1	3.4	0.908	1.131	-0.039	8009	6418
172	10.8	82.2	32.2	3.5	0.908	1.114	-0.039	8002	6496
200	5.4	76.3	34.3	3.4	0.910	1.131	-0.039	7951	6813
220	8.6	60.9	32.1	-2.5	0.908	1.131	-0.039	8008	6454
224	10.4	17.8	103.6	-19.9	0.982	1.112	-0.032	7961	6591

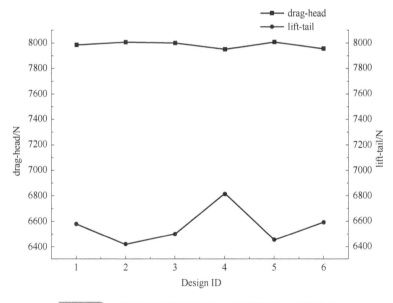

图 4-28 各头型列车的头车阻力和尾车升力变化曲线

设计参数选取的是否合理直接影响到优化的最终结果。图 4-29 给出了各优化设计变量与优化目标头车气动阻力和尾车气动升力的相关性图,图中红色表示负相关,蓝色表示正相关。由图可以看出:

1) 头车气动阻力与各优化设计变量均为正相关,其中前挡风玻璃高度的相关性最大,其相关系数为 0.487,其次为转向架区域裙板外横移量,其相关系数为 0.458,即前挡风玻璃高度降低、转向架区域裙板向内侧移动，头车的气动阻力将减小；水平最大外轮廓线横移量与鼻尖高度变化率对头车气动阻力的影响较小，其相关系数均为 0.143；在一定范围内优化中部辅助控制线参数对头车阻力的影响较小。对头车气动阻力影响较为显著的因素依次为前挡风玻璃高度、裙板区域外横移量、车钩区域高度、隔墙倾角系数、水平最大外轮廓线、鼻尖高度。

2) 尾车气动升力与水平最大外轮廓线横移量和横向辅助控制线变量 ys14 为正相关，即越尖梭的头型其尾车气动升力越小，反之越宽扁的头型尾车气动升力越大；尾车气动升力与前挡风玻璃高度、鼻尖高度、隔墙倾角系数为负相关，即前挡风玻璃、鼻尖高度越高，尾车升力越小，与鼻尖高度的相关性最大，其相关系数为 0.519，与前挡风玻璃高度的相关性较小，其相关系数为 0.087；车钩区域最顶端高度和转向架区域裙板外横移量对尾车气动升力的影响较小。对尾车气动升力影响较为显著的因素依次为鼻尖高度、横向辅助控制线、隔墙倾角系数、水平最大外轮廓线、前挡风玻璃高度。

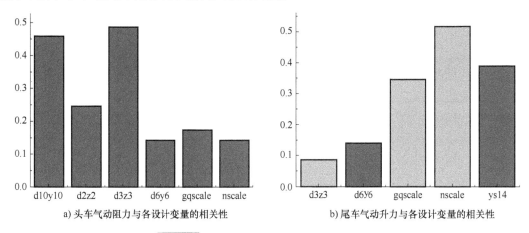

a) 头车气动阻力与各设计变量的相关性　　b) 尾车气动升力与各设计变量的相关性

图 4-29　优化目标与各设计变量的相关性

4.2.2　优化设计变量对气动力的影响

(1) 鼻尖高度的影响

初始模型的鼻尖高度为 0.7636m（鼻尖距排障器底端高度），改变头型后的鼻尖高度为 (0.7636×nscale)m。图 4-30 中分别给出了各鼻尖高度对头车气动阻力和尾车气动升力的影响，其中圆圈表示初始设计点，三角形表示优化后的设计点。由图可知：尾车气动升力对鼻尖高度更敏感，鼻尖高度很小的变化会导致尾车气动升力的不同；由于尾车升力是受各设计变量综合影响的，当鼻尖高度增加到一定程度后，其对尾车气动升力的影响减小，其他设计变量的改变也会使尾车气动升力产生显著变化。

(2) 车钩区域最顶端高度的影响

初始模型的车钩区域顶端距排障器底端的高度为 1.345m，改变头型后的车钩区域顶端高度为 (1.345+0.001×d2z2)m。图 4-31 中分别给出了车钩区域顶端高度对头车气动阻力和尾车气动升力的影响，其中圆圈表示初始设计点，三角形表示优化后的设计点。由图可知：在原始模型基础上车钩区域顶端高度增加约 0.02m 时，对头车气动阻力和尾车气动升力都

第4章 列车头型多学科优化设计

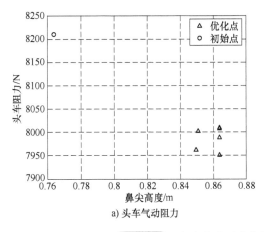
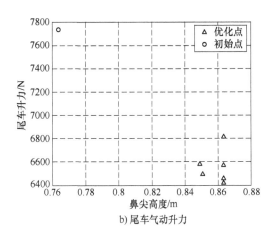

图 4-30 鼻尖高度对头车气动阻力和尾车气动升力的影响

有较好的改善,当车钩区域顶端高度继续增加时,头车气动阻力有所增大,尾车气动升力有所改善,当车钩区域顶端高度增加到 1.42m 时,车钩区域顶端高度对头车气动阻力和尾车气动升力的影响减小,其他设计变量的改变会导致优化目标的显著变化。

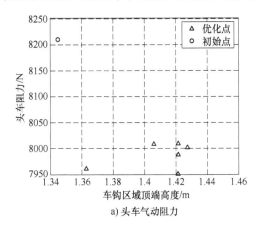
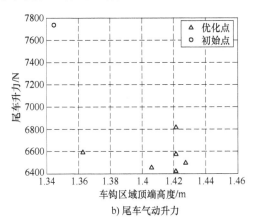

图 4-31 车钩区域顶端高度对头车气动阻力和尾车气动升力的影响

(3) 挡风玻璃高度的影响

初始模型的司机上方挡风玻璃的高度为 1.715m,改变头型后的车钩区域顶端高度为 (1.715+0.001×d3z3)m。图 4-32 中分别给出了司机上方挡风玻璃高度对头车气动阻力和尾车气动升力的影响,其中圆圈表示初始设计点,三角形表示优化后的设计点。由图可知:尽管挡风玻璃高度与头车气动阻力是正相关的,但在各设计变量综合作用下,增加司机室挡风玻璃高度也会使头车气动阻力稍许改善,同时增加司机室挡风玻璃高度会使尾车气动升力有所改善,结合前文可知挡风玻璃高度与尾车气动升力的相关性较小,所以导致相同的挡风玻璃高度(约 2.51m)时,受到其他设计变量的影响,尾车气动升力有较大的变化。

(4) 水平-最大外轮廓线宽度的影响

初始模型的水平最大外轮廓线宽度为 1.572m,改变头型后的水平最大外轮廓线宽度为

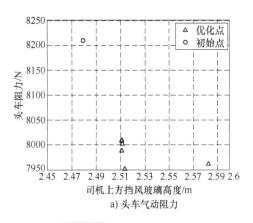
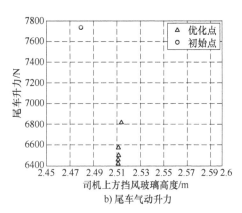

图 4-32　司机上方挡风玻璃高度对头车气动阻力和尾车气动升力的影响

$(1.572+0.001×d6y6)$m。图 4-33 中分别给出了水平最大外轮廓线宽度对头车阻力和尾车升力的影响,其中圆圈表示初始设计点,三角形表示优化后的设计点。由图可知:减小水平最大外轮廓线的宽度可以使头车气动阻力有所改善,但在各设计变量综合作用下稍微增加水平最大外轮廓线宽度时,也可以达到使头车气动阻力减小的效果;稍微减小水平最大外轮廓线宽度可以使尾车气动升力有较大改善,综合考虑各设计变量的影响时,稍许增加水平最大外轮廓线宽度同样可以达到尾车气动升力改善的效果。

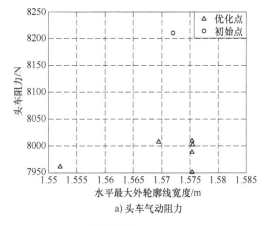
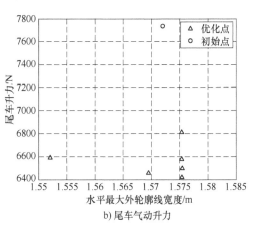

图 4-33　水平最大外轮廓线宽度对头车气动阻力和尾车气动升力的影响

(5)横向辅助控制线的影响

图 4-34 中分别给出了横向辅助控制线系数对头车气动阻力和尾车气动升力的影响,其中圆圈表示初始设计点,三角形表示优化后的设计点。由图可知:当横向辅助控制线系数稍许减小,即横向辅助控制线向内稍微凹一点时,对头车气动阻力和尾车气动升力都有所改善,特别是对于尾车气动升力改善的效果更加显著,当横向辅助控制线向内凹到一定程度后,其对优化目标的影响减小,此时其他设计变量的改变会导致优化目标的显著变化。

(6)转向架区域横向宽度的影响

初始模型的转向架区域横向宽度为 1.532m,改变头型后的转向架区域横向宽度为

第4章 列车头型多学科优化设计

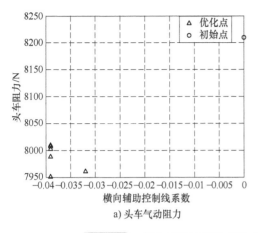
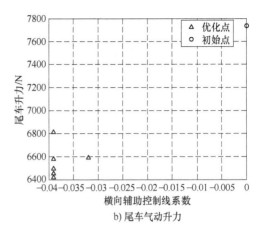

图 4-34 横向辅助控制线系数对头车气动阻力和尾车气动升力的影响

（1.532+0.001×d10y10）m。图 4-35 中分别给出了转向架区域底板宽度对头车气动阻力和尾车气动升力的影响，其中圆圈表示初始设计点，三角形表示优化后的设计点。由图可知：转向架区域横向宽度对头车气动阻力的影响较显著，尽管头车气动阻力与转向架区域横向宽度为负相关，但在各设计变量综合作用下，增加转向架区域横向宽度也可以使头车气动阻力稍许改善，同时可以使尾车气动升力有较大的改善。

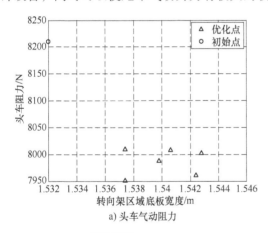
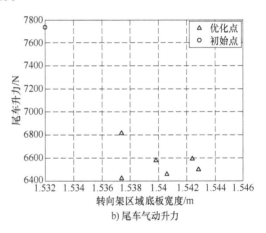

图 4-35 转向架区域底板宽度对头车气动阻力和尾车气动升力的影响

（7）隔墙倾角系数的影响

图 4-36 中分别给出了转向架区域隔墙倾角系数对头车气动阻力和尾车气动升力的影响，其中圆圈表示初始设计点，三角形表示优化后的设计点。由图可知：稍许减小隔墙倾角系数（对应的隔墙倾角增大）可以使头车气动阻力和尾车气动升力都有所改善，对尾车气动升力的改善效果更大，隔墙倾角增大到一定程度时，其对优化目标的影响减小，其他设计变量的改变会使优化目标有较显著的变化。

图 4-37 给出了优化目标在相空间的收敛情况，图中"★"的连线表示动车组流线型头型多目标优化的 Pareto 前沿，"●"表示原始头型对应的头车气动阻力和尾车气动升力。由

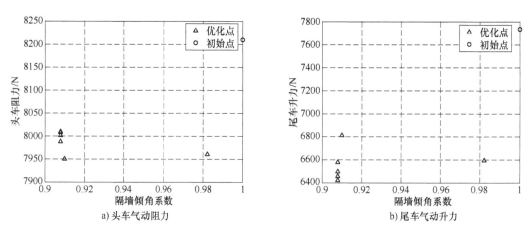

a) 头车气动阻力 b) 尾车气动升力

图 4-36 隔墙倾角系数对头车气动阻力和尾车气动升力的影响

图可知:经过优化后动车组的头车气动阻力和尾车气动升力都有所改善,优化得到了较好的效果。

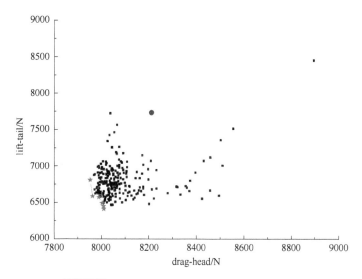

图 4-37 动车组头部形状优化的 Pareto 前沿

图 4-38 给出了原始头型和优化后的头车气动阻力最小头型和尾车气动升力最小头型。

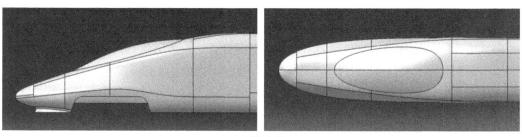

a) 原始头型

图 4-38 优化前后的头型对比

第 4 章 列车头型多学科优化设计

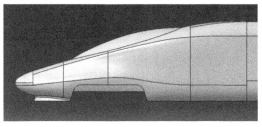
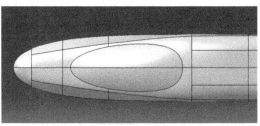

b) 头车阻力最小头型

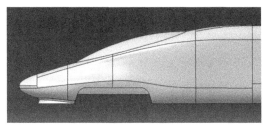
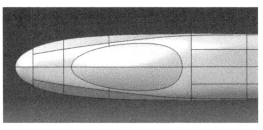

c) 尾车升力最小头型

图 4-38　优化前后的头型对比（续）

4.3 小　　结

本章介绍了列车多学科优化设计流程并应用于高速列车头型的优化设计，考虑排障器前端纵向伸缩量、鼻尖高度、挡风玻璃高度、水平最大外轮廓线宽度、水平辅助控制线等设计变量，研究了关键参数对列车气动阻力和尾车气动升力的影响规律及相关性，相关结论可为头型设计人员提供参考。

参 考 文 献

[1] 李明，刘斌，张亮. 高速列车头型气动外形关键结构参数优化设计 [J]. 机械工程学报，2016，52 (20)：120-125.
[2] 李明，李明高，李国清，等. 参数化驱动的高速列车头型气动外形优化设计 [J]. 铁道学报，2013，35 (11)：14-20.

第5章

表面改形减阻技术

当高速列车以高于速度300km/h运行时，列车牵引动力中有80%以上被用来克服空气阻力。对于高速列车这种细长、庞大的陆面交通工具而言，空气阻力与其外形有着密切的联系。然而通过改变头车流线型减阻技术已经日益成熟，减阻空间也变得越来越小。本章通过借鉴生物界的非光滑表面形态，做成非光滑结构，把非光滑单元体分布在高速列车关键区域，通过数值模拟计算，以期达到减阻效果。

5.1 表面改形减阻方案

5.1.1 非光滑凹坑结构

水生动物在长期水下生活中不仅进化出了有利于减小阻力的基体外形，也形成了有利于减小阻力的体表，水生动物大多具有典型的非光滑表面[1]。某些土壤动物和鱼类表面具有下陷、凹坑等形态的非光滑结构，通过一些研究表明，这类非光滑结构具有减黏降阻的效果，能够帮助此类生物在运动过程中减低空气或者水的阻力。尤其是水下的鱼类，这种结构更加明显：鲤鱼在高速游动时，可以利用体表内特定的凹槽减小形体阻力。鲤鱼的流线型体型、体表特殊的凹槽与分泌的黏液一起构成了减阻机制，可有效减小受到的流动阻力。图5-1展示了自然界鲤鱼的表面鱼鳞分布。

图5-1 鲤鱼局部鳞片结构

根据仿生学研究的结果，将生物界的非光滑表面合理简化，做成凹坑形式，选择一定几何结构的非光滑单元体分布在列车关键部位，通过对边界层的控制来减少湍流强度，减小湍流动能的损失[2]。采用数值模拟的方法进行模拟工作。基于计算流体力学理论与方法，通过CFD计算，得到合理的布局和减阻效果。通过对该类凹坑结构的结构进行分析，进行一

第 5 章 表面改形减阻技术

定的几何简化,可以利用几何化的结构表征这类仿生凹坑结构。提取典型的特征,可以建立三种几何体与光滑平面相交所产生的非光滑表面凹坑结构:球体、圆柱体和长方体,如图 5-2 所示。

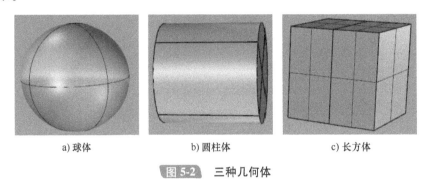

a) 球体　　　　　　　　b) 圆柱体　　　　　　　　c) 长方体

图 5-2　三种几何体

球体与表面相交形成凹坑时,保持球心在表面上,这样生成半球形表面凹坑结构;圆柱体与表面相交形成凹坑时,圆柱体轴线与表面垂线重合,圆柱体中截面圆心在表面上,生成圆柱形凹坑;长方体与表面相交形成凹坑时,长方体轴线与表面垂线重合,长方体中截面面心在表面上,生成长方体形凹坑。这三种凹坑的形状如图 5-3 所示。

每种凹坑的孔径大小用 D 表示,凹坑中心间的距离用 R 表示,坑深度以 H 表示。通过文献调研发现,正四边形的布置方式对于减阻的有效程度要高于正三角形的布置形式,所以在本章中非光滑表面单元体(凹坑)的布置形式均采用正四边形的布置形式,如图 5-4 所示,凹坑的中心连线为相互垂直的直线。

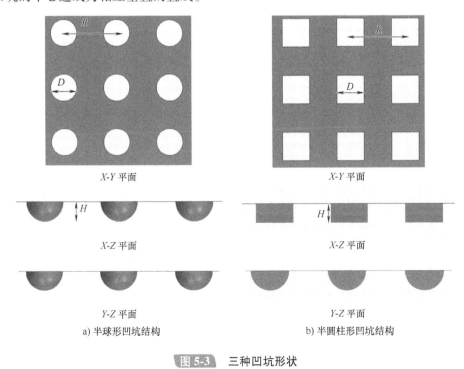

a) 半球形凹坑结构　　　　　　　　b) 半圆柱形凹坑结构

图 5-3　三种凹坑形状

145

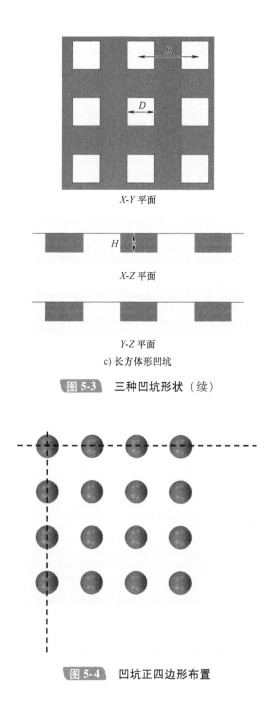

c) 长方体形凹坑

图 5-3 三种凹坑形状（续）

图 5-4 凹坑正四边形布置

5.1.2 非光滑凹槽/肋条结构

通过对仿生结构的研究发现，除了凹坑结构，细长的凹槽和肋条结构同样对气动阻力能产生比较明显的影响，因此对凹槽和肋条减阻进行研究。建立凹槽和肋条的几何模型，如图 5-5 所示。

通过文献调研和初步计算发现，等腰直角三角形的凹槽减阻的有效程度要高于其他形式

第 5 章 表面改形减阻技术

的三角形凹槽,所以在本章中采用等腰直角三角形凹槽,并且等间距地分布于车体表面,而且垂直于来流方向。其中斜边长度为 D,深度为 H,顶点间距为 R。

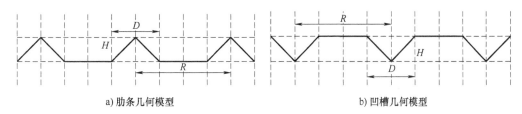

a) 肋条几何模型　　　　　　　　　b) 凹槽几何模型

图 5-5　肋条和凹槽几何模型

5.2　减阻效果对比评估

5.2.1　计算模型

对比三种不同形状的凹坑结构对气动力的影响,从中选取最优方案。将球状、圆柱状和长方体状的凹坑形式分布于转向架区域表面,保持车体其他部分相同,对三种不同表面结构的车体建立空气动力学计算模型,进行数值模拟计算,得到气动力数值和压力分布,从中得到最优的表面减阻结构。

计算采用头车+中间车+尾车+转向架+受电弓(1∶1)模型,进行气动性能评估,计算模型如图 5-6 所示。

网格的划分和网格质量对计算结果的计算效率、收敛性和精确性尤其重要。本章使用 CFD 软件 STAR-CCM+进行模拟计算。根据试算,在高速列车的空气动力计算中,采用 TRIM+prism layer 的体网格类型。在整个空间计算域可以采用较大尺寸的网格,在流场变化大的区域进行网格细化,包括车身周围、尾流及受电弓等区域,从细网格到粗网格采用逐层过渡的方案。采用六面体网格,在车体表面及地面处生成边界层网格,边界层总厚度为 2mm,增长比为 1.5,网格的厚度

图 5-6　高速列车计算几何模型

以及与列车表面的正交性与贴体性,保证了壁面函数应用于边界层模拟的准确性。加密尾流、列车表面、受电弓、转向架和风挡等对流场影响比较大的区域网格。由于离列车越远流场越平稳,因此远离列车区域的空间网格较大,这样既减少了网格数量又不会降低计算的精度。计算网格采用 TRIM 网格进行生成,在 STAR-CCM+的前处理器中生成。TRIM 网格对复杂外形的适应性比较好,通过设置不同大小的区域加密可以完成高速列车复杂模型的网格生成,同时也能较好地保证生成网格的质量。为了准确捕捉列车壁面附近的边界层流动,生成网格时在列车壁面附近和地面、轨道等位置进行了边界层网格划分。计算区域及网格示意图如图 5-7 所示。

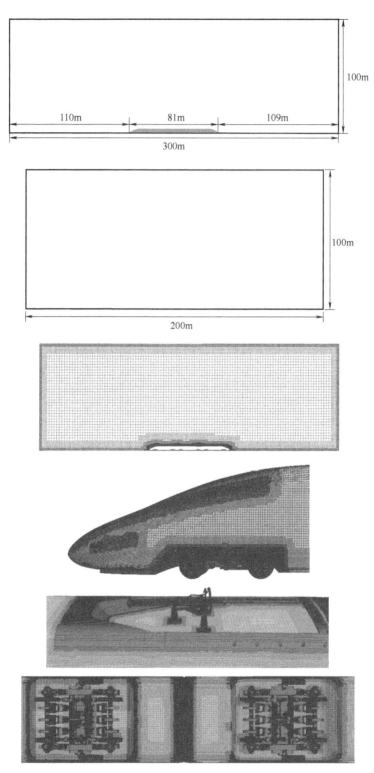

图 5-7　计算区域和网格示意

5.2.2 计算工况和条件

由于数值模拟列车运行速度最高为 400km/h，气流处于可压缩状态。因此，采用可压缩求解器进行分析，来流密度为 1.18415kg/m³。边界条件包括固定壁面边界条件、速度入口边界条件、压力边界条件。同时计算中包含了对地面效应的模拟，地面为移动地面。

采用相对运动模拟列车附近的外流场。设定列车静止，地面移动，空气来流以与列车运行速度反向等值的速度绕流列车，通过 CFD 数值模拟得到列车各个部分的气动力特性。

1）入口边界条件。包括列车运行速度和横风的速度入口条件。假设入口边界来流的三维速度分布没有受到模型的扰动，除运动方向外，另外两个方向的速度分量为零，沿运动方向的速度在另外两个方向上均匀分布。流入速度取理论上的无穷远处的来流速度，平行于列车方向的主流风速取为列车运行速度；垂直于列车方向速度取为横风风速。

2）出口边界条件。压力边界条件，出口压力取一个标准大气压强。

3）列车表面边界条件。由于在列车表面存在边界层效应的影响，故列车表面设定为有摩擦的固壁边界（无滑移边界），接近于实际情况，可较为精确地计算出列车表面的摩擦阻力，即黏性剪切力，以及表面的压力分布等参数。

4）地面边界条件。列车在静止的空气中运行时，列车与地面、列车与空气的相对速度均为列车行驶速度。在风洞试验和模拟计算中，这种情况通常采用均匀气流绕流列车来模拟行驶的列车相对于静止空气的运动。显然，这将导致附面层问题，运动气流在静止地面会产生附面层。而实际列车行驶时，空气与地面是相对静止的，地面附面层是不存在的，只存在车身表面上。为消除风洞试验和计算机模拟中地面附面层的影响，需采用移动地板的做法，以消除地面效应的影响，设定速度值为与主流进口处的速度大小相等，方向相同。

5）计算域上表面。由于选择的流场计算区域足够大，可认为外围边界对列车周围的流场的影响甚小。另外，为了与相对运动的条件相对应，计算区域的外围边界设定为压力出口条件。

为了便于分析，定义无量纲系数如下：
列车气动阻力系数 C_D，其表达式为

$$C_D = \frac{F_x}{\frac{1}{2}\rho V^2 S_x} \tag{5-1}$$

式中　F_x——列车空气阻力，单位为 N；
　　　ρ——空气密度，单位为 kg/m³；
　　　V——列车运行速度，单位为 m/s；
　　　S_x——参考面积，这里取列车最大迎风面积，本次计算中取为 13.424m²。

升力系数 C_L，其表达式为

$$C_L = \frac{F_z}{\frac{1}{2}\rho V^2 S_x} \tag{5-2}$$

式中　F_z——列车气动升力，单位为 N。

5.2.3 不同形式非光滑结构对比分析

1. 凹坑结构

将三种不同形状的凹坑分布于转向架区域,进行数值模拟。三种凹坑孔径大小 $D=20\text{mm}$,中心间距为 $R=80\text{mm}$,凹坑深度 $H=10\text{mm}$。车体模型其他部分保持一致,通过 CFD 数值模拟对比气动力特性。三种凹坑网格划分如图 5-8 所示。

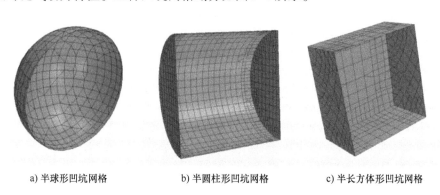

a) 半球形凹坑网格　　　b) 半圆柱形凹坑网格　　　c) 半长方体形凹坑网格

图 5-8　凹坑网格示意图

为了能更好描述凹坑结构的流场特点,需要对其区域进行加密处理,才能捕捉该区域内的流动特性。计算采用直角切割网格,在凹坑内壁同样建立的边界层,更能精确模拟流动特性和得到精确的气动力结果,三种表面改形计算模型的网格量都在 6500 万单元左右。模拟的边界条件、初始条件、物理参数等均与原型车的数值模拟模型一致,这样能比较在表面改变时所带来的气动力变化。计算结果见表 5-1,阻力系数对比如图 5-9 所示。

表 5-1　凹坑改变形状后转向架区域气动力计算结果

	原型车		20mm 半球形凹坑		20mm 半圆柱形凹坑		20mm 半长方体形凹坑	
	阻力/N	C_D	阻力/N	C_D	阻力/N	C_D	阻力/N	C_D
头车	10357.8	0.115	10324.6	0.114	10354.6	0.115	10313.8	0.114
中车	12555.9	0.139	12251.7	0.136	12689.8	0.141	12997.7	0.144
尾车	9465.7	0.105	9498.7	0.105	9449.1	0.105	9421.0	0.104
整车	32379.4	0.359	32075.1	0.355	32493.5	0.360	32732.5	0.363
变化率(%)	—		-0.94		0.4		1.1	

从表 5-1 中可以看出,转向架区域表面改变形状后,只有半球形凹坑结构起到了减阻效果,这是因为半球形凹坑能比较光滑地与来流接触,平缓改变表面流场。因此,通过对三种不同几何形状的凹坑结构进行对比分析,选择半球形凹坑结构进行表面减阻。

2. 肋条和凹槽结构

将肋条和凹槽结构分别布置在转向架区域,对气动力进行分析,其中选取 $D=20\text{mm}$,$H=10\text{mm}$,$R=60\text{mm}$。其余列车表面没有改动。计算网格同样采用 TRIM 网格进行生成,在 STAR-CCM+ 的前处理器中生成。TRIM 网格对复杂外形的适应性比较好,通过设置不同大小的区域加密可以完成高速列车复杂模型的网格生成,同时也能较好地保证生成网格的质量。

第 5 章 表面改形减阻技术

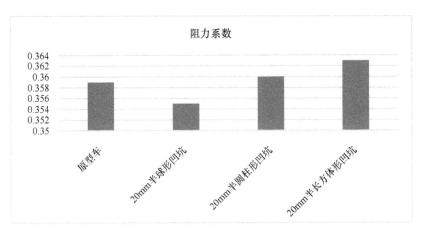

图 5-9 阻力系数对比

为了准确捕捉列车壁面附近的边界层流动，生成网格时在列车壁面附近和地面、轨道等位置进行了边界层网格划分。为了能更好描述凹坑结构的流场特点，需要对其区域进行加密处理，才能捕捉该区域内的流动特性。计算采用直角切割网格，总网格数约 7500 万单元。几何网格如图 5-10 所示。

a) 肋条几何网格　　　　　　　　b) 凹槽几何网格

图 5-10 转向架区域肋条和凹槽网格

数值模拟结果统计见表 5-2。

表 5-2 凹槽肋条改形后转向架区域气动力计算结果

	原 型 车		20mm 凹槽		20mm 肋条	
	阻力/N	C_D	阻力/N	C_D	阻力/N	C_D
头车	10357.8	0.115	10357.8	0.115	10104.8	0.112
中车	12555.9	0.139	12456.6	0.138	13904.7	0.145
尾车	9465.7	0.105	9428.9	0.104	9416.3	0.104
整车	32379.4	0.359	32243.2	0.357	32615.8	0.362
变化率（%）	—		-0.42		0.7	

从表 5-2 中可以看出，在转向架区域布置 20mm 凹槽结构可以降低气动阻力，而 20mm 肋条结构带来了气动阻力的增加。两种情况对比可以看出（图 5-11），头车和尾车区域的阻

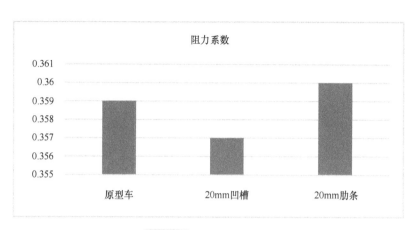

图 5-11　阻力系数对比

力变化不明显，主要变化集中于中车。这主要是由于头车直接面对来流，尾车涡脱落效应明显，因此主要的阻力难以通过比较小的表面改形得到改变；而中车气流相对稳定，因此表面改形影响明显。

3. 小结

1）通过在三编组高速列车表面布置不同凹坑结构，并进行数值模拟，结果显示在转向架区域布置 20mm 直径的半球形凹坑能带来气动阻力的减小，总气动阻力减小约 1%；20mm 的半圆柱形和半长方体形凹坑结构由于明显增大了迎风面积，并且凹坑内流动更加复杂，带来了总气动阻力的增加，分别为 0.4% 和 1.1%。

2）通过在三编组高速列车表面布置肋条或凹槽结构，并进行数值模拟，结果显示在转向架区域布置 20mm 凹槽带来了总气动阻力降低，约 0.42%；20mm 肋条带来了总气动阻力上升，约 0.7%。

3）综合对比分析结果，球形凹坑和等腰直角三角形凹槽结构能带来气动阻力减小，因此我们将采用这两种结构，布置于高速列车不同表面，以期带来整体气动阻力减小。

5.3　单区域表面改形减阻评估

表面改形可以布置在车头鼻尖、转向架区域和风挡区域等。本节拟采用在转向架区域、风挡区域分别采用非光滑表面结构，系统分析非光滑表面的高速列车整车气动性能，包括阻力特性、压力特性和表面流场特性，为新型节能减排方案提供科学依据。

首先对单区域表面改形所带来的气动特性改变进行模拟研究，分别对风挡区域和转向架区域表面改形后，重新建立计算模型和网格，然后进行模拟计算，对这两个单区域的结果进行分析，并和原型车进行对比，研究是否达到减阻目的及其原因，并在此基础上再进行多区域的表面改形。

5.3.1　转向架区域

在转向架区域布置凹坑和凹槽结构，尺寸见表 5-3。

第 5 章 表面改形减阻技术

表 5-3 表面改形计算工况

	位 置	表面结构	间距/mm
1	转向架区域	20mm 凹坑	40
2	转向架区域	20mm 凹坑	60
3	转向架区域	20mm 凹坑	80
4	转向架区域	20mm 凹槽	20
5	转向架区域	20mm 凹槽	40
6	转向架区域	20mm 凹槽	60

在每列车辆的两个转向架仓区域，都进行表面凹坑的布置，如图 5-12~图 5-14 所示。

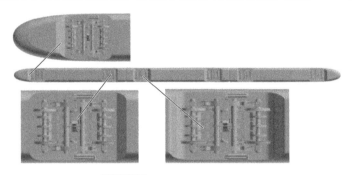

图 5-12　表面改形分布位置

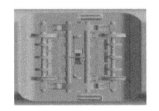

图 5-13　转向架区域的凹坑结构

图 5-14　转向架区域的凹槽结构

网格划分上也保持与上述结构一致。由于转向架区域涉及面积比较大，而且表面凹坑、凹槽几何结构较小，使得网格量级增大很多，网格计算量在亿级，对计算机处理性能要求很高，尤其是前后处理，需要在高性能计算机上进行网格划分和大规模并行计算，然后处理数据。网格结构如图 5-15 和图 5-16 所示。

图 5-15　凹坑网格结构

图 5-16　凹槽网格结构

计算结果见表5-4，可以看出转向架区域改形同时带来了头车、中车和尾车三个部分的气动阻力减小，整体看凹坑减阻效果好于凹槽减阻效果。20mm间距凹槽带来了阻力增加，40mm和60mm间距凹槽减阻比例都低于0.5%，没有明显带来气动阻力改变。凹坑的减阻效果明显好于凹槽，尤其是40mm和60mm间距减阻比例都高于2.5%，其中40mm间距的凹坑使得总气动阻力比原型车减小2.79%，是所有表面改形中结果最好的，压差和摩擦阻力都同时得到了减小，并且压差阻力减小的百分比（3.27%）高于摩擦阻力减小的百分比（1.30%）。

表5-4 气动力计算结果统计

原型车						
	压差阻力/N	C_D	摩擦阻力/N	C_D	总阻力/N	C_D
头车	7368.1	0.082	2989.7	0.033	10357.8	0.115
中车	9852.2	0.109	2703.7	0.030	12555.9	0.139
尾车	7190.2	0.080	2275.5	0.025	9465.7	0.105
整车	24410.5	0.270	7968.8	0.088	32379.4	0.359
变化率（%）	—	—	—	—	—	—
凹槽间距20mm						
	压差阻力/N	C_D	摩擦阻力/N	C_D	总阻力/N	C_D
头车	7421.9	0.082	2984.4	0.033	10406.3	0.115
中车	9898.7	0.110	2701.1	0.030	12599.8	0.140
尾车	7183.6	0.080	2267.3	0.025	9450.9	0.105
整车	24504.2	0.271	7952.8	0.088	32457.0	0.359
变化率（%）	0.38		−0.20		0.24	
凹槽间距40mm						
	压差阻力/N	C_D	摩擦阻力/N	C_D	总阻力/N	C_D
头车	7386.2	0.082	2986.8	0.033	10373.0	0.115
中车	9804.9	0.109	2696.9	0.030	12501.8	0.138
尾车	7189.6	0.080	2262.0	0.025	9451.5	0.105
整车	24380.7	0.270	7945.6	0.088	32326.3	0.358
变化率（%）	−0.12		−0.29		−0.16	
凹槽间距60mm						
	压差阻力/N	C_D	摩擦阻力/N	C_D	总阻力/N	C_D
头车	7370.6	0.082	2987.2	0.033	10357.8	0.115
中车	9763.5	0.108	2693.1	0.030	12456.6	0.138
尾车	7168.1	0.079	2260.8	0.025	9428.9	0.104
整车	24302.2	0.269	7941.0	0.088	32243.2	0.357
变化率（%）	−0.44		−0.35		−0.42	

第5章 表面改形减阻技术

（续）

	凹坑间距 40mm					
	压差阻力/N	C_D	摩擦阻力/N	C_D	总阻力/N	C_D
头车	7227.0	0.080	2957.5	0.033	10184.5	0.113
中车	9243.9	0.102	2654.7	0.029	11898.7	0.132
尾车	7140.6	0.079	2253.3	0.025	9393.8	0.104
整车	23611.5	0.262	7865.5	0.087	31477.0	0.349
变化率（%）	−3.27			−1.30		−2.79
	凹坑间距 60mm					
	压差阻力/N	C_D	摩擦阻力/N	C_D	总阻力/N	C_D
头车	7220.7	0.080	2968.7	0.033	10189.4	0.113
中车	9248.3	0.102	2673.2	0.030	11921.6	0.132
尾车	7190.4	0.080	2261.2	0.025	9451.6	0.105
整车	23659.5	0.262	7903.1	0.088	31562.6	0.350
变化率（%）	−3.08			−0.82		−2.52
	凹坑间距 80mm					
	压差阻力/N	C_D	摩擦阻力/N	C_D	总阻力/N	C_D
头车	7339.5	0.081	2985.2	0.033	10324.6	0.114
中车	9564.9	0.106	2686.8	0.030	12251.7	0.136
尾车	7235.5	0.080	2263.2	0.025	9498.7	0.105
整车	24139.9	0.267	7935.2	0.088	32075.1	0.355
变化率（%）	−1.11			−0.42		−0.94

计算结果对比显示如图 5-17 所示，可以看出转向架区域改形的减阻效果比较明显。

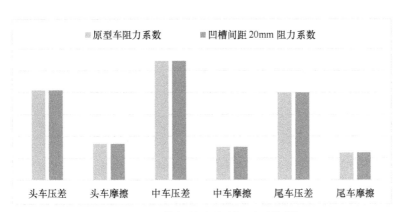

a) 20mm凹槽改形车和原型车阻力系数对比

图 5-17　气动阻力系数对比图

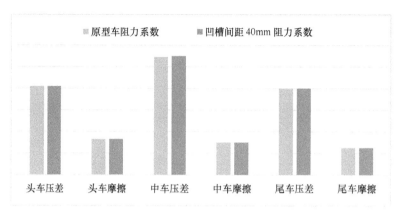

b) 40mm凹槽改形车和原型车阻力系数对比

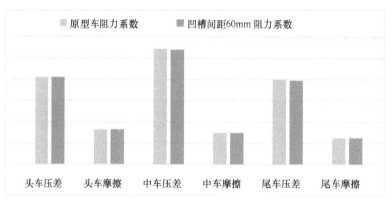

c) 60mm凹槽改形车和原型车阻力系数对比

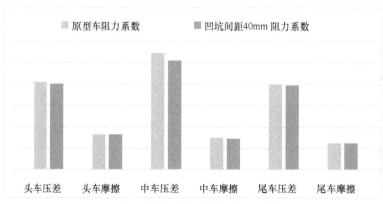

d) 40mm凹坑改形车和原型车阻力系数对比

图 5-17 气动阻力系数对比图（续）

第 5 章 表面改形减阻技术

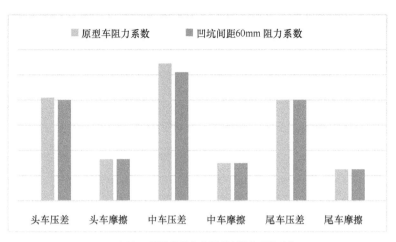

e) 60mm凹坑改形车和原型车阻力系数对比

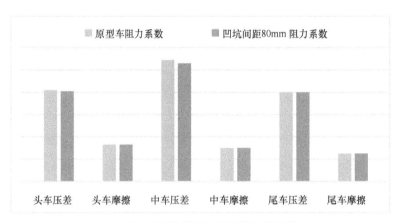

f) 80mm凹坑改形车和原型车阻力系数对比

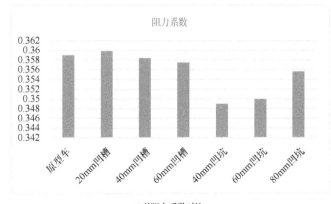

g) 总阻力系数对比

图 5-17 气动阻力系数对比图（续）

对气动阻力变化进行分析，头车、中车、尾车各转向架区域的气动压力显示如图 5-18～图 5-20 所示。改形的区域均出现了降低阻力的压力云图。

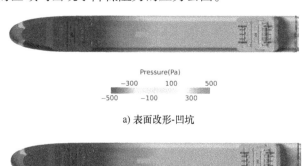

a) 表面改形-凹坑

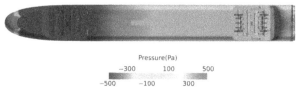

b) 表面改形-凹槽

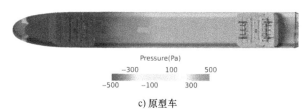

c) 原型车

图 5-18　头车转向架区域

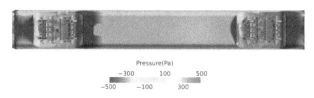

a) 表面改形-凹坑

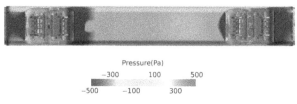

b) 表面改形-凹槽

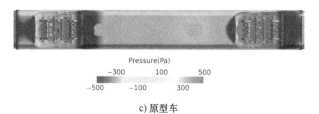

c) 原型车

图 5-19　中车转向架区域

第 5 章 表面改形减阻技术

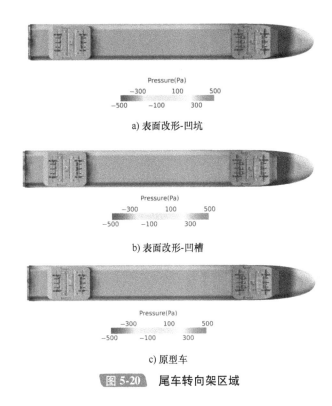

a) 表面改形-凹坑

b) 表面改形-凹槽

c) 原型车

图 5-20 尾车转向架区域

图 5-18~图 5-20 显示了三编组的压力分布对比图。可以发现转向架区域改形后的压力云图比较复杂，主要原因是与原型车比较，流动分离更加明显。图 5-18 中头车前转向架区域表面改形和原型车的转向架区域压力分布比较相似，都存在一定的正压区域与大面积的负压区域。后转向架区域压力分布出现了明显的不同：原型车压力分布比较均匀，头车的迎风转向架区域基本为正压，而改形后的表面压力分布比较紊乱，同时出现正负压力分布。正压区域减小和出现负压区域，必然使得气动阻力减小。类似的现象也出现在图 5-19 所示的中车转向架背风侧区域，与原型车比较，表面改形后的压力分布十分紊乱，而且产生了较大的正压值。负压区域变得更加紊乱，不止集中在底部区域。图 5-20 在列车尾部的转向架区域也有不明显的气压分布紊乱的现象。综合以上对比分析，由于改形部位出现了与气动阻力方向相反的压力，使得头车、中车和尾车的气动阻力出现了降低。

同时也可以在图 5-21~图 5-23 的表面流线图上看出，表面改形后，流动出现了极大的分离，整个流动呈现出紊乱状态，导致表面正负压力的分布出现一种混乱的状态，使得综合统计的压差阻力减小。

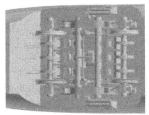 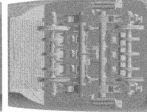 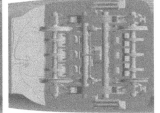

a) 凹坑表面流线图　　　　b) 凹槽表面流线图　　　　c) 原型车表面流线图

图 5-21 头车各转向架区域表面流线图

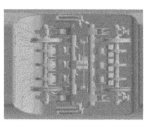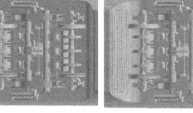

a) 凹坑表面流线图　　　　b) 凹槽表面流线图　　　　c) 原型车表面流线图

图 5-22　中车各转向架区域表面流线图

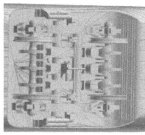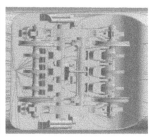

a) 凹坑表面流线图　　　　b) 凹槽表面流线图　　　　c) 原型车表面流线图

图 5-23　尾车各转向架区域表面流线图

5.3.2　风挡区域

对风挡区域也进行了表面改形，改形结构和尺寸见表 5-5。

表 5-5　表面改形计算工况

	位　　置	表 面 结 构	间距/mm
1	风挡区域	20mm 凹坑	40
2	风挡区域	20mm 凹坑	60
3	风挡区域	20mm 凹坑	80
4	风挡区域	20mm 凹槽	20
5	风挡区域	20mm 凹槽	40
6	风挡区域	20mm 凹槽	60

改形区域分布在风挡顶部和底部，风挡区域的表面凹坑和凹槽网格划分如图 5-24 所示。

同样保持所有的计算区域和计算工况条件与原型车计算模型一致，将表面改形结构布置于前车、中车和尾车的风挡位置，半径和间距都保持一致，由于表面细小的网格很多，计算网格量增加到 7000 万单元左右。计算对比结果见表 5-6。

第 5 章 表面改形减阻技术

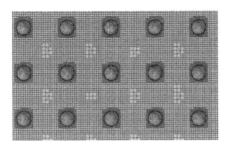
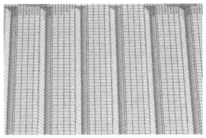

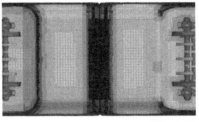

图 5-24 网格示意图

表 5-6 气动力计算结果统计

	原 型 车					
	压差阻力/N	C_D	摩擦阻力/N	C_D	总阻力/N	C_D
头车	7368.1	0.082	2989.7	0.033	10357.8	0.115
中车	9852.2	0.109	2703.7	0.030	12555.9	0.139
尾车	7190.2	0.080	2275.5	0.025	9465.7	0.105
整车	24410.5	0.270	7968.8	0.088	32379.4	0.359
变化率(%)	—		—		—	
	凹槽间距 20mm					
	压差阻力/N	C_D	摩擦阻力/N	C_D	总阻力/N	C_D
头车	7352.4	0.081	2991.5	0.033	10343.9	0.115
中车	9109.8	0.101	2704.6	0.030	11814.4	0.131
尾车	7255.1	0.080	2331.2	0.026	9586.3	0.106
整车	23717.3	0.263	8027.3	0.089	31744.6	0.352
变化率(%)	-2.84		0.73		-1.96	
	凹槽间距 40mm					
	压差阻力/N	C_D	摩擦阻力/N	C_D	总阻力/N	C_D
头车	7327.4	0.081	2991.5	0.033	10319.0	0.114
中车	9155.9	0.101	2708.9	0.030	11864.8	0.131
尾车	7269.7	0.081	2333.0	0.026	9602.7	0.106
整车	23753.0	0.263	8033.5	0.089	31786.4	0.352
变化率(%)	-2.69		0.81		-1.83	

(续)

凹槽间距 60mm						
	压差阻力/N	C_D	摩擦阻力/N	C_D	总阻力/N	C_D
头车	7319.3	0.081	2993.3	0.033	10312.6	0.114
中车	9232.7	0.102	2712.2	0.030	11945.0	0.132
尾车	7279.7	0.081	2335.7	0.026	9615.4	0.107
整车	23831.7	0.264	8041.2	0.089	31872.9	0.353
变化率（%）	-2.37		0.91		-1.56	

凹坑间距 40mm						
	压差阻力/N	C_D	摩擦阻力/N	C_D	总阻力/N	C_D
头车	7379.8	0.082	2986.8	0.033	10366.6	0.115
中车	9658.3	0.107	2686.7	0.030	12345.1	0.137
尾车	7130.3	0.079	2272.0	0.025	9402.3	0.104
整车	24168.4	0.268	7945.5	0.088	32113.9	0.356
变化率（%）	-0.99		-0.29		-0.82	

凹坑间距 60mm						
	压差阻力/N	C_D	摩擦阻力/N	C_D	总阻力/N	C_D
头车	7376.3	0.082	2987.0	0.033	10363.3	0.115
中车	9808.2	0.109	2699.2	0.030	12507.4	0.139
尾车	7167.7	0.079	2272.2	0.025	9440.0	0.105
整车	24352.2	0.270	7958.4	0.088	32310.6	0.358
变化率（%）	-0.24		-0.13		-0.21	

凹坑间距 80mm						
	压差阻力/N	C_D	摩擦阻力/N	C_D	总阻力/N	C_D
头车	7371.5	0.082	2988.3	0.033	10359.8	0.115
中车	9831.0	0.109	2700.5	0.030	12531.5	0.139
尾车	7181.1	0.080	2277.1	0.025	9458.3	0.105
整车	24383.7	0.270	7965.9	0.088	32349.7	0.358
变化率（%）	-0.11		-0.04		-0.09	

计算结果对比显示如图 5-25 所示。

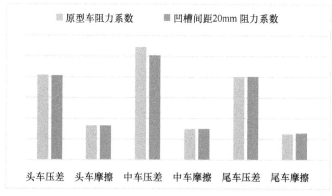

a) 20mm凹槽改形车和原型车阻力系数对比

图 5-25 气动阻力对比图

第5章 表面改形减阻技术

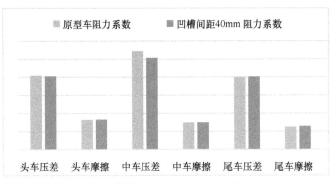

b) 40mm凹槽改形车和原型车阻力系数对比

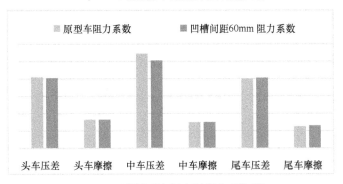

c) 60mm凹槽改形车和原型车阻力系数对比

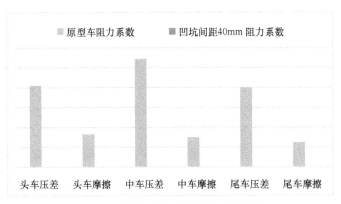

d) 40mm凹坑改形车和原型车阻力系数对比

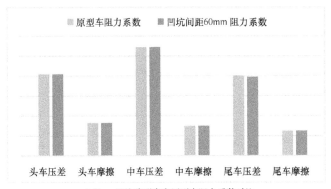

e) 60mm凹坑改形车和原型车阻力系数对比

图 5-25 气动阻力对比图（续）

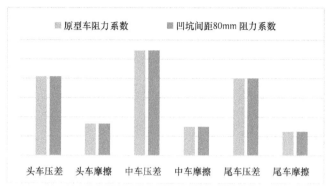

f) 80mm凹坑改形车和原型车阻力系数对比

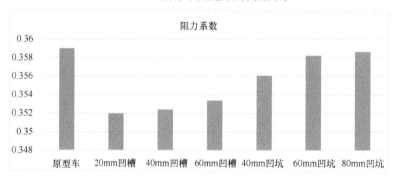

g) 总阻力系数对比

图 5-25　气动阻力对比图（续）

这次模拟计算采取了外风挡的形式，改形的区域为顶部和底部，主要用于比较表面改形结构带来的影响，从模拟结果看出凹槽结构的影响还是比较明显。表 5-6 和图 5-25 中显示凹坑表面结构对风挡气动阻力改变很小；而凹槽结构带来了有效的气动阻力的减小，整体减阻率最大值出现在 20mm 间距的凹槽结构，为 1.96%，与转向架的改变结果相反。尤其是中车区域，气动压差阻力出现明显改变。摩擦阻力在头车和尾车改变不很明显；相反，尾车的压差阻力和摩擦阻力都出现增加。可以根据计算结果显示的压力改变区域，进行表面改形，尤其是在风挡边缘区域的改形，可带来相应的减阻效果。

图 5-26 和图 5-27 显示了前后风挡区域原型车和 20mm 间距凹槽的压力分布图，从图中可以看出压力的变化。顶部的结构出现了一定的负压区域，结果是减小了气动阻力。与此对应的是原型车风挡区域有着明显的正压区域，这样相比较出现了气动阻力的减小。

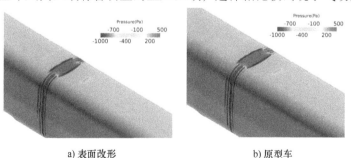

a) 表面改形　　　　　　　　b) 原型车

图 5-26　前风挡区域压力分布图

第 5 章 表面改形减阻技术

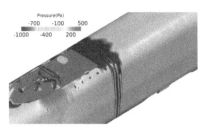
a) 表面改形

b) 原型车

图 5-27 后风挡区域压力分布图

从以上的压力分布对比可以明显看出，凹槽结构带来了流动变化，从而使得迎风区间正压减小，或者出现负压值；逆风区间的负压减小，或者出现正压值，这些总体结果使总体的气动阻力出现了减小的趋势。

5.4 多区域表面改形减阻评估

本节将表面改形的区域进行组合研究，从单区域扩展到多区域的计算，将风挡区域和转向架区域进行组合，然后重新建立计算模型，进行数值模拟计算，对合并后的结果进行分析对比。改形表面及改形结构如图 5-28 所示。

计算网格同单区域的网格一致，都是在相应的表面做出凹坑结构，几何结构一致。计算工况和边界条件一致。

通过计算发现，表面改形的结果具有一定的线性叠加性。这是由于表面改形的区域相互影响比较小，对局部气动力改变比较大，但对其他结构影响相对不大。计算结果见表 5-7。

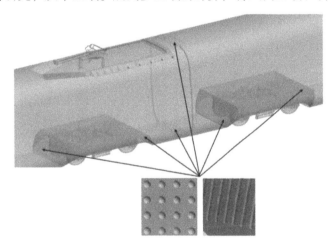

图 5-28 改形表面及改形结构

表 5-7 表面改形的气动阻力系数

类 型	阻力系数 C_D				变化率（%）
	头 车	中 车	尾 车	总 阻 力	
原型车	0.115	0.139	0.105	0.359	—
转向架+风挡 40mm 凹坑	0.114	0.132	0.102	0.348	-3.064
转向架+风挡 60mm 凹坑	0.113	0.132	0.105	0.35	-2.507
转向架+风挡 20mm 凹槽	0.115	0.131	0.105	0.351	-2.228
转向架+风挡 40mm 凹槽	0.115	0.131	0.106	0.352	-1.950

由于本次计算选取了外风挡的形式，表面改形的面积不能太大，使得气动阻力减小幅度不是很大，对每节车辆阻力减少量在2%左右；转向架区域改形对每节车辆阻力减少量在3%左右。转向架区域改形对气动阻力影响最大，主要是由于可改动的表面积比较大。原本复杂的流动，大的涡结构被破坏，能量耗散减小，使压差阻力减小比较大。总体来说，绝对值上阻力减小由压差阻力产生，摩擦阻力减小的百分比也不小于压差阻力，表面改形能有效降低列车的气动阻力。

5.5 八编组气动减阻效果评估

通过上述的减阻计算，将三编组结果推广到八编组，按照八编组第3个车辆和第6个车辆放置受电弓系统统计，可以推导出八编组高速列车的气动减阻数值。通过在转向架和风挡处布置凹坑结构，将以上计算结果作为前车、尾车和受电弓的阻力系数，将2号和7号中间车的阻力系数估算为0.1，4号和5号中间车在两受电弓车之间，估算为0.06。根据三编组计算出的中间车阻力系数变化比例，推算出2、4、5号和7号车的阻力系数，从而可以推断八编组列车气动阻力系数，以及表面改形的减阻效果，见表5-8。

表 5-8 八编组列车气动阻力系数

类型	阻力系数 C_D				
	头车1	中间车2	受电弓车3	中间车4	中间车5
原型车	0.115	0.1	0.139	0.06	0.06
转向架 40mm 凹坑	0.113	0.095	0.132	0.057	0.057
转向架 60mm 凹坑	0.113	0.095	0.132	0.057	0.057
转向架 80mm 凹坑	0.114	0.098	0.139	0.059	0.059
转向架 20mm 凹槽	0.115	0.101	0.140	0.060	0.060
转向架 40mm 凹槽	0.115	0.099	0.138	0.059	0.059
转向架 60mm 凹槽	0.115	0.099	0.138	0.059	0.059
风挡 40mm 凹坑	0.115	0.099	0.137	0.059	0.059
风挡 60mm 凹坑	0.115	0.100	0.139	0.060	0.060
风挡 80mm 凹坑	0.115	0.100	0.139	0.060	0.060
风挡 20mm 凹槽	0.115	0.094	0.131	0.057	0.057
风挡 40mm 凹槽	0.114	0.094	0.131	0.057	0.057
风挡 60mm 凹槽	0.114	0.095	0.132	0.057	0.057
转向架+风挡 40mm 凹坑	0.114	0.095	0.132	0.057	0.057
转向架+风挡 60mm 凹坑	0.113	0.095	0.132	0.057	0.057
转向架+风挡 20mm 凹槽	0.115	0.094	0.131	0.057	0.057
转向架+风挡 40mm 凹槽	0.115	0.094	0.131	0.057	0.057

第 5 章 表面改形减阻技术

(续)

类 型	阻力系数 C_D				变化率（%）
	受电弓车 6	中间车 7	尾车 8	总计	
原型车	0.139	0.1	0.105	0.8180	0
转向架 40mm 凹坑	0.132	0.095	0.104	0.7849	-4.05
转向架 60mm 凹坑	0.132	0.095	0.105	0.7859	-3.93
转向架 80mm 凹坑	0.139	0.098	0.105	0.8101	-1.70
转向架 20mm 凹槽	0.140	0.101	0.105	0.8223	0.53
转向架 40mm 凹槽	0.138	0.099	0.105	0.8120	-0.73
转向架 60mm 凹槽	0.138	0.099	0.104	0.8116	-0.79
风挡 40mm 凹坑	0.137	0.099	0.104	0.8084	-1.17
风挡 60mm 凹坑	0.139	0.100	0.105	0.8172	-0.10
风挡 80mm 凹坑	0.139	0.100	0.105	0.8175	-0.06
风挡 20mm 凹槽	0.131	0.094	0.106	0.7846	-4.09
风挡 40mm 凹槽	0.131	0.094	0.106	0.7836	-4.21
风挡 60mm 凹槽	0.132	0.095	0.107	0.7889	-3.56
转向架+风挡 40mm 凹坑	0.132	0.095	0.102	0.7839	-4.17
转向架+风挡 60mm 凹坑	0.132	0.095	0.105	0.7859	-3.93
转向架+风挡 20mm 凹槽	0.131	0.094	0.105	0.7836	-4.21
转向架+风挡 40mm 凹槽	0.131	0.094	0.106	0.7846	-4.09

由上可见，八编组的减阻效果与三编组趋势一致，在风挡和转向架区域改形有着比较明显的减阻效果，其中转向架+风挡 40mm 凹坑结构和 20mm 凹槽结构减阻率都在 4.2% 左右，减阻率最大。

5.6 影响机理分析

一般来说，表面越粗糙，接触面积越大，摩擦阻力越大，而对于非定常流动，层流转化为湍流之后，边界层中在横向上会有能量与动量的交换，而这些交换势必会引起表面阻力的变化。此外，复杂流动中的分离、再附等现象也会对表面阻力有很大的影响。

5.6.1 剪切应力

流体沿着分布有凹坑的表面流动时，由于凹坑的尺度比较小，而凹坑相互之间的距离比较接近，在表面形成的高速流动只和凹坑的顶部发生接触，不会在凹坑中产生高速流动，因此只在凹坑顶部小面积区域有较高的剪切力，而凹坑壁上的剪切力比较小。同时，凹坑内部的流动为低速流动，速度梯度非常小，因此阻力相对于平板流动较小。通过数值模拟计算数据可以看出，转向架区域的改形能带来比较明显的结果。下面对比 20mm 直径凹坑、间距 40mm 时，表面改形和原型车之间的表面剪切应力。

图 5-29～图 5-31 为头车、中车和尾车转向架区域剪切应力对比情况。可以看出，改形后的表面剪切应力大部分面积颜色更浅，数值更低，因此带来了摩擦阻力的降低。由于改形的几何尺度比较小，车体表面流体的流动主要集中在凹坑顶部，而内部实际的流动速度是比

较小的，这样带来了表面剪切应力的减小，从而使得整体的阻力减小。

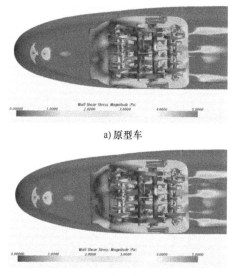

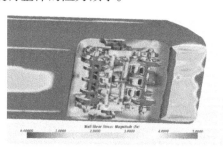

a) 原型车

b) 表面改形

图 5-29　头车剪切应力对比图

a) 原型车

b) 表面改形

图 5-30　中车剪切应力对比图

a) 原型车

b) 表面改形

图 5-31　尾车剪切应力对比图

5.6.2　湍流黏度

图 5-32～图 5-34 为头车、中车和尾车转向架区域表面的湍流黏度分布情况。对比原型车在转向架区域的湍流黏度，改形后湍流黏度出现了很大程度的降低。之前在凹坑同样区域的平面流动，湍流黏度很高，而改为凹坑之后，凹坑内部表面的湍流黏度颜色较浅，表明湍流黏度很低，流动的涡流脉动很小。这使得流动的脉动和分离得到了延迟和阻止，降低了黏

第 5 章 表面改形减阻技术

性力和压差阻力。

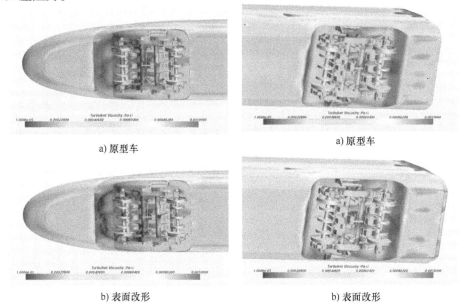

a) 原型车　　　　　　　　　　　　　a) 原型车

b) 表面改形　　　　　　　　　　　　b) 表面改形

图 5-32　头车湍流黏度对比图　　　图 5-33　中车湍流黏度对比图

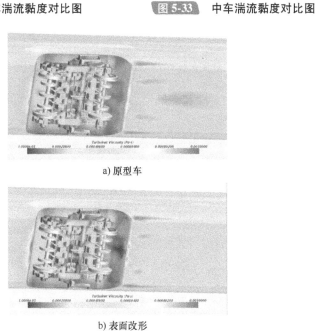

a) 原型车

b) 表面改形

图 5-34　尾车湍流黏度对比图

5.6.3　涡量

图 5-35~图 5-37 为头车、中车和尾车的表面涡量对比情况。可以看出，表面改形后的表面涡量分布更加紊乱，因此涡相互产生了抵消作用，从而降低了压差阻力。

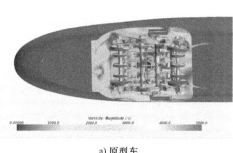

a) 原型车

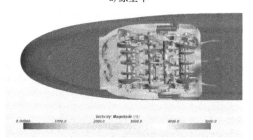

b) 表面改形

图 5-35　头车涡量对比图

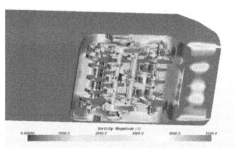

a) 原型车

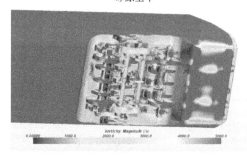

b) 表面改形

图 5-36　中车涡量对比图

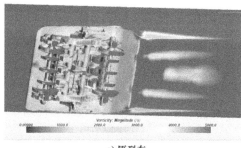

a) 原型车

b) 表面改形

图 5-37　尾车涡量对比图

5.6.4　局部对比

图 5-38~图 5-42 为局部表面物理量对比情况。图 5-38 显示出改形后的凹坑表面气动压

力明显降低，带来了压差阻力的减小。图 5-39 显示出涡量在凹坑内部增加，这是由于凹坑底部产生了明显的回流，带来了滚动效应，降低了摩擦阻力；同时图 5-40 显示出凹坑内部的速度值比较低，这样又能带来剪切应力的降低。图 5-41 显示了凹坑表面降低的剪切速度，导致剪切应力的降低。从图 5-42 可以看出，表面改形后，流动出现了极大的分离，整个流动呈现出紊乱状态，导致表面正负压力的分布出现一种混乱的状态，使得综合统计的压差阻力减小。

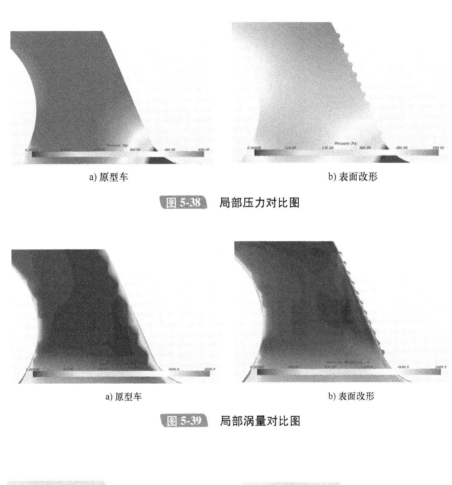

a) 原型车　　　　　　　　　　　　b) 表面改形

图 5-38　局部压力对比图

a) 原型车　　　　　　　　　　　　b) 表面改形

图 5-39　局部涡量对比图

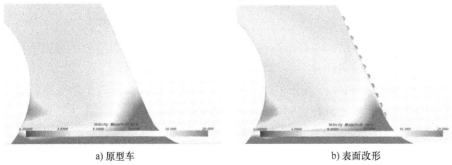

a) 原型车　　　　　　　　　　　　b) 表面改形

图 5-40　局部速度对比图

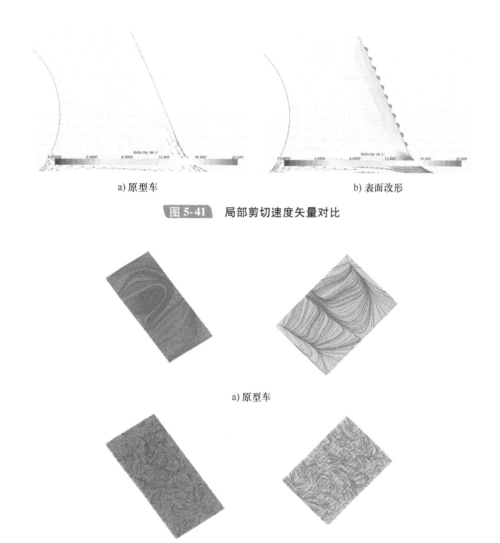

a) 原型车　　　　　　　　　b) 表面改形

图 5-41　局部剪切速度矢量对比

a) 原型车

b) 表面改形

图 5-42　表面流线示意图

5.6.5　小结

通过在表面布置凹坑结构来降低高速列车的气动阻力，是一种有效的减阻手段。通过以上分析可以得到以下减阻机理：

1) 剪切应力降低。流体沿着分布有凹坑的表面流动时，由于凹坑的尺度比较小，而凹坑相互之间的距离比较接近，在表面形成的高速流动只和凹坑的顶部发生接触，不会在凹坑中产生高速流动，因此只在凹坑顶部小面积区域有较高的剪切力，而凹坑壁上的剪切力比较小。

2) 湍流黏度降低。改形后湍流黏度出现了很大程度的降低。之前在凹坑同样区域的平面流动，湍流黏度很高，而改为凹坑之后，凹坑内部表面的湍流黏度很低，流动的涡流脉动

第 5 章　表面改形减阻技术

很小。这使得流动的脉动和分离得到了延迟和阻止,降低了黏性力和压差阻力。

3）涡量降低。表面改形后的表面涡量分布更加紊乱,因此涡相互产生了抵消作用,从而降低了压差阻力。

虽然合理的凹坑结构能降低高速列车的气动阻力,但是由于列车表面形状不同,会导致各部位的气流状态不同,因此需要针对具体的车型选择不同的凹坑结构和布置。

参 考 文 献

[1] 王政,李田,李明,等. 仿生表面微结构减阻优化及机理研究综述[J]. 河北科技大学学报,2017,38(4):325-334.

[2] LI T, QIN D, LI M, et al. Aerodynamic drag reduction of high-speed train nose with bionic round pits[J]. Computing in Science and Engineering, 2019, 21(3):31-41.

第 6 章 风洞试验验证技术

除数值仿真技术以外,风洞试验也是获得高速列车气动性能的关键手段之一,亦是列车外形头型设计的关键环节。本章将从气动力风洞试验、气动噪声风洞试验和动模型试验三个方面分别介绍列车气动力测试、气动噪声测试和运动列车气动特性测试技术。

6.1 气动力风洞试验

国内可以开展高速列车气动测试试验的风洞较多,本节以中国航空工业空气动力研究院 FL-10 低速风洞为例,阐述列车模型气动力风洞试验。

6.1.1 列车气动特性的风洞试验系统

列车在空气中做匀速直线运动时,按照运动的相对性原理,在气动特性研究中,可以让风洞中的列车静止不动,让与列车速度大小相同、方向相反的空气流过列车,列车受到的气动力与列车在静止空气中运动受到的气动力完全相同。

风洞是一种按照一定要求设计的特殊管道,借助于动力装置可以产生人为控制的气流,根据运动的相对性和相似性原理进行各种空气动力试验的设备。本节动车组新头型风洞试验的马赫数范围为 0.088~0.235,采用低速风洞即可。

(1) 测力试验主要过程

在试验准备阶段,测试测压孔的通气状态,根据试验任务书的要求,编制试验运转大纲,粘贴应变片及校准天平,检查控制系统和数据采集系统,确保设备处于良好状态。

在模型安装调试阶段,将路基模型、轨道模型、天平支座、天平和列车模型安装在风洞试验段,调整模型的姿态角,使模型无滚转、无俯仰,保证列车中心线与风洞中心线在一个垂直平面上;将每台天平的各个分量进行加载试验,采集天平数据,检查数据是否正确;测试转盘旋转角度,进行风洞各个分系统的联调。

在试验运转阶段,按照试验运转大纲组织试验,首先采集天平初读数,再采集吹风条件下天平的读数,最后采集天平的末读数,进行数据处理后对数据进行现场分析,确保试验结果正确。

在试验总结阶段,整理数据并对试验结果进行分析,编写试验报告。

(2) 测力试验的数据处理流程

1) 无风载条件下逐点采集天平初读数。

2) 有风载时,逐点采集天平数据。用有风载的天平测量值减去无风载时的测量值,即获得一定风速下的列车模型气动载荷。

3) 计算气动力系数。

4) 进行洞壁干扰修正。

5) 模型力矩参考点和天平校准中心不重合的力矩修正。

6) 进行气动力轴系转换。

(3) 试验方法

试验模型路基与列车试验地板进行连接,地板与风洞下转盘框架进行连接,在保证刚度、强度前提下满足±90°侧偏角需求。在风洞试验段下转盘的转盘框架上加工支撑板,前后支撑板上各伸出约4.4m长的支撑梁,支撑梁连接列车试验地板。

对于测力试验,对应每节车辆的中间位置,通过3个天平支座与3台盒式应变天平连接,每节车辆分别安装在对应的天平上,各天平可分别测量出每节车辆的气动力,且每节车辆间不接触,即不传力。

对于测压试验,采用压力测量设备测量。模型表面的测压孔通过压力软管与压力测量系统的电子扫描阀连接,实现列车表面压力的测量。

试验时,列车模型通过天平支座与固定在列车模型内部的盒式天平连接,通过转盘转动实现模型的侧偏角变化。针对模型的不同状态,阶梯式改变模型的侧偏角,在风速一定的情况下,对模型气动力及模型表面压力进行测量,测量结果通过数据采集系统采集,并传输到专用服务器上进行计算处理。

6.1.2 试验设备和模型

1. 风洞

本章试验采用的风洞是一座闭口可换试验段式单回流风洞,风洞轮廓图如图6-1所示,其主要特征参数如下:

1) 闭口试验段尺寸:宽×高×长为8m×6m×20m。

2) 闭口试验段截面积:48m^2。

3) 闭口试验段空风洞最大风速:110m/s。

4) 收缩比:9。

5) 动力系统:桨叶12片,止旋片7片,电机额定转速225r/min,额定功率13.5MW。

6) FL-10风洞各项流场指标均满足国标要求。

图6-1 风洞轮廓图

2. 测控系统

控制系统采用计算机控制,在试验现场通过以太网形式与风洞监控系统的主控计算机以及数据库服务器等联网。

3. 测力天平

风洞中用来测量作用在列车模型上的气动力和力矩的测量仪器是测力天平。列车风洞模型试验多采用盒式电阻应变式天平。天平选择遵循的原则包括：

1) 根据需要测量的列车模型上气动力和力矩数目确定所选择相应分量的天平。

2) 试验前合理预估列车模型受到的气动力及力矩的最大值。

本节试验使用六分力盒式应变天平 TC-01、TC-02 和 TC-03。天平使用自校准天平静校系统，静校环境参数：温度 20℃、湿度 60%。TC-01 天平相关数据见表 6-1。

表 6-1 TC-01 天平相关数据 （单位：N 或 N·m）

测力单元	Y	X	Z	M_y	M_x	M_z
设计载荷	±5000	±350	±5000	±1600	±400	±500
校准载荷	±4707.2	±333.4	±4511.1	±1471.0	±372.7	±451.1
综合加载重复性（%F.S.）	0.01	0.129	0.015	0.014	0.011	0.015
综合加载误差（%F.S.）	0.07	0.46	0.22	0.21	0.04	0.03
合成标准不确定度（%F.S.）	0.15	0.49	0.25	0.25	0.15	0.13
扩展不确定度（$k=2$）（%F.S.）	0.3	0.98	0.51	0.49	0.31	0.27
满量程输出/mV	13220	5810	6880	15840	24040	7290

4. 压力测量系统

本次试验采用 PSI8400 压力采集系统对模型表面压力进行测量。该套测量系统具有测量精度高、数据采集速率快等特点，同时可以提供多任务、并行处理等功能。PSI8400 测压系统主要包括系统处理器（SP）、光纤接口单元（FIU）、扫描阀数字化接口单元（SDI）、扫描阀接口单元（SBU）、压力校准单元（PCU）和压力扫描阀（ESP）等。静态精度为±0.05%F.S.。

5. 试验模型

试验模型是由中车唐山机车车辆有限公司设计加工的一套复合材料钢骨架高速列车模型，外形方案包含三编组方式（包含头车、中间车、尾车三节车）和一节头车加半节中间车（尾部为圆形）方式，模型比例为 1∶8，试验模型有三个头型。模型为三编组方式，总长度约 9.4m，单节长约 3.1m，宽约 0.42m，高约 0.48m。模型内部与盒式天平进行连接，表面设计加工有测压孔。

模型在 FL-10 风洞的阻塞度大约为 0.6%（$\beta=0°$）。试验列车模型在 FL-10 风洞中的安装情况如图 6-2 和图 6-3 所示。

图 6-2 模型侧视图（升弓状态）

图 6-3 受电弓试验照片（升弓状态）

测压点分布在模型左侧：头车布置 69 个测压点；中车布置 32 个测压点；尾车布置 69 个测压点。所有测压点的通气性和气密性情况在试验前均进行了检查，检查结果表明，所有测压点的通气性和气密性情况良好。

6.1.3 数据处理

1. 测力试验数据处理

按天平体轴系校准的常规测力试验数据处理公式进行试验结果处理，给出模型体轴系的力和力矩，如图 6-4 所示。

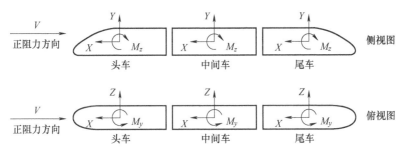

图 6-4 体轴系示意图

不同头型列车模型气动力和力矩系数计算中的参考面积，分别取各种头型列车模型的最大横截面积 S，横向参考长度分别取各种头型列车模型的等直段宽度 B，纵向参考长度分别取各种头型列车模型各节段（头车、中间车、尾车）的长度 L，X 轴正向与车体纵向中心线平行并指向车头方向（阻力取 X 轴负向为正），Y 轴方向垂直于列车底面向上，Z 轴方向按右手定则确定，各气动力和力矩系数的计算式如下：

$$C_{Fx} = F_x / qS \tag{6-1}$$

$$C_{Fy} = F_y / qS \tag{6-2}$$

$$C_{Fz} = F_z / qS \tag{6-3}$$

$$C_{Mx} = M_x / qSD_h \tag{6-4}$$

$$C_{My} = M_y / qSD_h \tag{6-5}$$

$$C_{Mz} = M_z / qSD_h \tag{6-6}$$

式中　q——试验段来流动压；

　　　C_{Fx}——气动阻力系数；

　　　C_{Fy}——气动升力系数；

　　　C_{Fz}——气动横向力系数；

　　　F_x——气动阻力；

　　　F_y——气动升力；

　　　F_z——气动横向力；

　　　C_{Mx}——气动侧滚力矩系数；

　　　C_{My}——气动摇头力矩系数；

　　　C_{Mz}——气动点头力矩系数；

　　　M_x——气动侧滚力矩；

M_y——气动摇头力矩；

M_z——气动点头力矩。

气动力系数测试结果进行了模型自重修正、天平弹性角修正、风洞落差系数修正、洞壁干扰修正、轴向静压梯度修正、两心距修正（重心转换）等综合修正。模型设计时，将模型的参考重心与天平的校准中心重合在一起，不进行力矩的修正。

试验精度方面，按照 GJB 1061-91《高速风洞和低速风洞测力实验精度指标》提供的方法，对重复性试验数据的均方根误差处理按如下公式计算：

$$\sigma = \sqrt{\frac{\sum_{i=1}^{n}(\bar{x}-x_i)^2}{n-1}} \tag{6-7}$$

式中　n——某试验角度下的重复次数；

　　　x_i——某试验角度下第 i 次测量的气动力系数；

　　　$\bar{x}$——某试验角度下重复测量某气动力系数的算术平均值。

2. 测压试验数据处理

模型表面压力的测量以无量纲的压力系数给出。压力系数的定义为

$$C_p = \frac{p_i - p_\infty}{q} \tag{6-8}$$

式中　C_p——模型表面某位置的压力系数；

　　　p_i——模型表面某位置测得的静压；

　　　p_∞——试验段来流静压。

压力系数进行洞壁干扰修正和风洞落差系数修正。

6.1.4　试验结果

1. 重复性试验

表 6-2 给出了在侧偏角为 0°时，头车、中车和尾车测力试验精度结果。通过数据来看，比较以往类似高速列车模型风洞试验重复性测力试验精度，本次测力试验重复性良好，尤其是阻力的重复性精度；同时，通过试验曲线可以看出，在侧偏角 -30°~30° 范围内，对于头车、中车和尾车的气动力和力矩重复性较好，规律合理，说明试验系统稳定，重复性精度指标满足试验需求。

表 6-2　头车、中车和尾车精度试验结果

	σ_{C_x}	σ_{C_y}	σ_{C_z}	σ_{M_x}	σ_{M_y}	σ_{M_z}
头车	0.0006	0.0013	0.0010	0.0002	0.0031	0.0002
中车	0.0005	0.0020	0.0017	0.0001	0.0009	0.0001
尾车	0.0001	0.0013	0.0015	0.0001	0.0011	0.0007

2. 变风速试验

图 6-5 给出了在侧偏角为 0°时，头车、中车和尾车变风速试验曲线，试验风速为 30m/s、40m/s、44.4m/s、50m/s、55.6m/s、60m/s、69.4m/s、80.002m/s 和 83.3m/s。

第 6 章 风洞试验验证技术

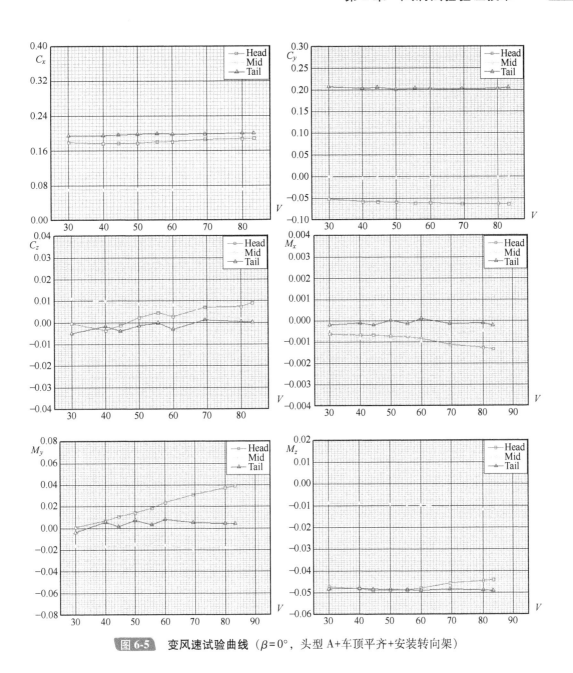

图 6-5 变风速试验曲线（$\beta=0°$，头型 A+车顶平齐+安装转向架）

由试验曲线可以看出：随着风速的增加，中车阻力系数变化较小；头车和尾车阻力系数略有增加，风速大于 70m/s 后，逐渐平缓。对于升力系数，随着风速的增加，中车和尾车变化较小；头车逐渐减小，风速大于 60m/s 后，逐渐平缓。对于侧向力系数，随着风速的增加，各节车均存在波动，头车和尾车逐渐增大，中车逐渐减小；头车和尾车在风速大于 70m/s 后变化平缓；同时，由于 80m/s 风速后，头车抖动情况加剧，导致头车脱体涡变化剧烈，对头车侧向力系数影响较大，使得头车侧向力系数在风速 80m/s 以后出现上升趋势。对于倾覆力矩系数、摇头力矩系数和点头力矩系数，随着风速的增加，除头车摇头力矩系数逐渐增大外，其余头车、中车和尾车力矩系数变化平缓。总体上，头车、中间车和尾车的气动力和力矩系数随风速变化较为平缓；风速大于 70m/s 后，阻力系数随风速变化较小，试验雷诺数大于临界雷诺数，达到自模拟区。因此，试验来流速度取 70m/s 满足自模拟雷诺数要求。

3. 变侧偏角试验

图 6-6 给出了头车、中车和尾车（无受电弓状态）变侧偏角试验曲线。

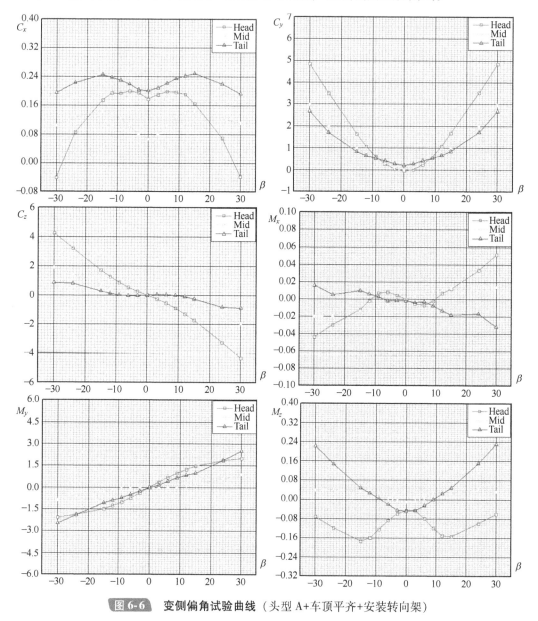

图 6-6　变侧偏角试验曲线（头型 A+车顶平齐+安装转向架）

由试验曲线可以看出：在侧偏角为 0°时，尾车的阻力系数最大（$C_x = 0.2006$），中车的阻力系数最小（$C_x = 0.0669$），头车的阻力系数介于二者之间（$C_x = 0.1774$），全车阻力系数为 0.4449。由于头车、尾车的阻力中压差阻力所占比重较大，且尾车处于列车尾部涡流中，阻力大于头车；中车的阻力主要来源于摩擦阻力，因此数值最小。在试验侧偏角范围内，头车、中车和尾车的阻力系数先随着侧偏角绝对值的增大而增加,在一定侧偏角后,阻力系数随着侧偏角绝对值的增大而减小;侧偏角大于20°后,头车阻力系数最小,尾车阻力系数最大,中车介于二者之间。在侧偏角为0°时,头车的升力系数最小,尾车的升力系数最大,中车的升力系数介于二者之间;各节车的升力系数随着侧偏角绝对值的增大而单调增加,在侧偏角绝对值小于10°的范围内,头车、中车和尾车的升力系数差异较小;在侧偏角绝对值大于10°以后,头车的升力系数比中车和尾车均增加较多。随着侧偏角的增加,各节车侧向力系数绝对值均增大,其中头车侧向力系数曲线斜率最大,中车次之,尾车最小。对于倾覆力矩系数、侧偏力矩系数和俯仰力矩系数,各节车随着侧偏角的增加,系数绝对值呈现增大的趋势;其中,头车俯仰力矩系数绝对值存在先增大后减小的规律。

4. 侧风气动力试验

图 6-7 为侧风安全性试验照片。图 6-8 为列车在侧风下的气动力变化规律曲线。

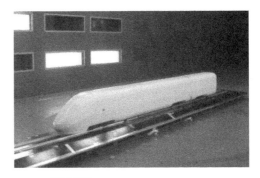

图 6-7　侧风安全性试验照片

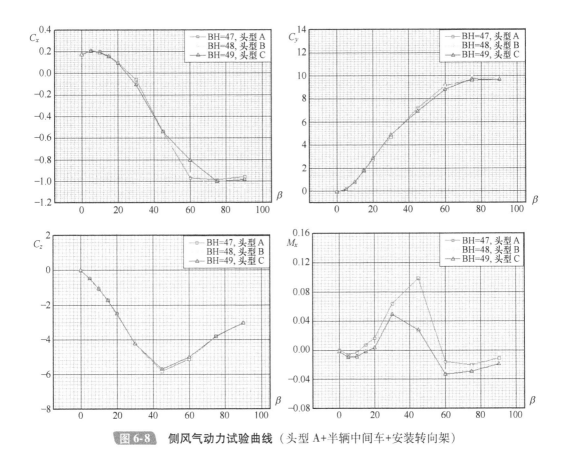

图 6-8　侧风气动力试验曲线(头型 A+半辆中间车+安装转向架)

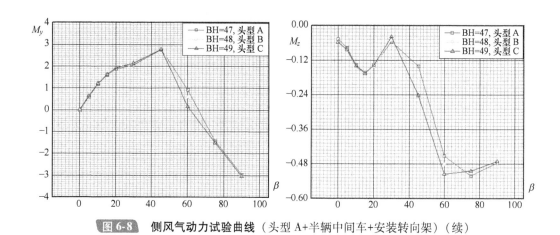

图 6-8　侧风气动力试验曲线（头型 A+半辆中间车+安装转向架）（续）

由试验曲线可以看出，在侧偏角 30°内，头车气动特性与三编组时类似；当侧偏角大于 30°以后，随着侧偏角的增加，头车升力系数逐渐增大，侧偏角大于 70°以后上升趋势逐渐平缓；阻力系数逐渐减小，侧偏角大于 70°以后不再减小；侧向力系数、倾覆力矩系数和侧偏力矩系数在侧偏角 45°时出现拐点；由于三种头型的差异，使得头部绕流不一样，导致头型 A 倾覆力矩系数最大，头型 C 倾覆力矩系数最小，头型 B 倾覆力矩系数介于二者之间。对于不同头型，随着侧偏角的增加，气动特性变化规律相似。

6.1.5　小结

1）试验来流风速取 70m/s，满足自模拟雷诺数要求。
2）气动力系数变化符合规律，随着侧偏角的变化，大体上呈现绝对值增大趋势。
3）表面压力测量结果符合气动规律。

6.2　气动噪声风洞试验

本节将以中车唐山机车车辆有限公司设计的某高速列车概念模型气动噪声风洞试验为例，阐述列车气动噪声风洞试验技术。该试验风洞为中国空气动力研究与发展中心低速空气动力研究所声学风洞。

6.2.1　试验设备与模型

（1）风洞

5.5m×4m 声学风洞是一座单回流式低速低湍流度声学风洞，具有开口和闭口两个可更换试验段，试验段长 14m、宽 5.5m、高 4m，横截面为矩形。风洞开口试验段的最大风速为 100m/s。开口试验段背景噪声为 75.6dBA（距喷管出口中心侧向距离 7.95m 处，截止频率 200Hz，风速 80m/s）。开口试验段外包围着一个内部净空尺寸为 26m（宽）×18m（高）×27m（长）的全消声室，全消声室的截止频率为 100Hz。

（2）地板装置

地面效应模拟采用下置式地板，地板整体长 13.2m，宽 7.4m。地板支撑在声学风洞多

第6章 风洞试验验证技术

功能支撑平台上,地板上表面与风洞喷口下沿平齐。

(3) 测量系统

1) 传声器阵列。试验采用面板尺寸为 3m×3m 的传声器阵列来对模型的噪声源分布进行定位。阵列面板支撑在阵列架上,图6-9给出了阵列架的三维图。该传声器阵列呈螺旋形分布,其分布形式如图6-10所示。

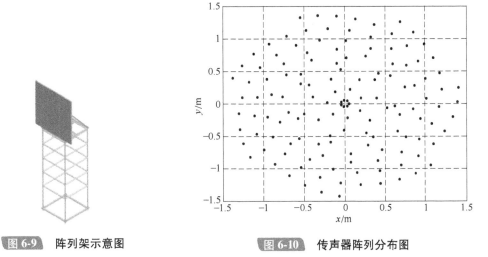

图 6-9　阵列架示意图　　　　图 6-10　传声器阵列分布图

2) 远场传声器。为了测量试验模型的远场噪声辐射特性,在模型侧面布置了30个自由场传声器。远场传声器垂直布置,与风洞轴线平行,沿垂向共布置3排,每排沿轴向布置10个,轴向间距0.8m,排与排垂向间距0.2m。最下面一排传声器离地板上表面高度约为0.2m,最靠上游的远场传声器距离喷口出口截面距离为2.36m。远场传声器具体布置如图6-11所示,远场传声器支撑架如图6-12所示。

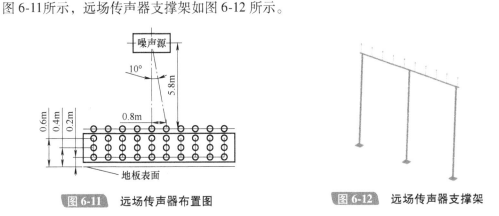

图 6-11　远场传声器布置图　　　　图 6-12　远场传声器支撑架

3) 数据采集系统。数据采集系统采用272通道动态数据采集系统。该系统的最高采样频率为204kHz,模数转换位数为24bit,精确度≤±0.1dB,动态测量范围>120dB,抗叠混保护>110dB。

(4) 模型与支撑

试验采用缩比为1∶8的动车组模型。模型组成包括车体(头车、中车、尾车)、转向架、受电弓、轨道等。在进行无转向架或无受电弓状态试验时,转向架及受电弓区域采用堵块填充，外表面与车体表面平齐，以减少该区域的干扰噪声。

试验模型的支撑以 5.5m×4m 声学风洞多功能支撑平台为基座，在平台上安装列车试验需要的地板装置。列车模型固定在路基上，路基固定在地板上。试验时，列车车头前缘距离喷口截面 2m。

6.2.2 试验内容与方法

（1）试验内容

针对某三编组动车组的不同构型进行风洞气动噪声试验，获取列车不同构型气动噪声性能对比试验结果。列车模型试验构型状态有如下 6 种：

1) 光车体。
2) 车体+轨道。
3) 车体+轨道+转向架。
4) 车体+轨道+受电弓（升弓）。
5) 车体+轨道+转向架+受电弓（升弓）。
6) 车体+轨道+转向架+受电弓（降弓）。

每种状态下试验风速分别为 160km/h、200km/h 和 250km/h。其中状态 5 增加 180km/h 和 230km/h 两种风速。

（2）试验条件

试验风速为 160~250km/h，试验按稳定风速进行。来流马赫数 M 采用下述式（6-9）计算：

$$M = \frac{v}{c} = \frac{v}{331.45}\sqrt{\frac{273.16}{T}} \tag{6-9}$$

式中　v——风速；
　　　c——声速；
　　　T——环境温度。

每次试验时记录试验大厅的压力、温度和湿度条件，以便进行空气吸声修正。

（3）试验方法

试验在风洞开口试验段中进行。试验各系统的安装状态如图 6-13 所示。试验模型采用下地板装置支撑，传声器阵列置于模型左侧，远场传声器置于模型右侧，阵列平面、轨道中心线垂面以及远场传声器平面平行布置。远场传声器平面与轨道中心线垂面相距 5.8m。由于模型长度较长，为提高传声器阵列定位精度，传声器阵列沿轴向分两个位置进行测量，测量列车头部声源时，传声器阵列平面与轨道中心线垂面相距 4.5m，测量列车后部声源时，传声器阵列平面与轨道中心线垂面相距 6.5m。

声学试验数据由声学风洞配套的

图 6-13　列车气动噪声风洞试验

第 6 章　风洞试验验证技术

动态数据采集系统进行采集，所有传声器通道进行同步采集，采样频率为 102.4kHz，采样时间为 30s。

6.2.3　试验数据处理

1. 远场传声器数据处理方法

在试验过程中，数据采集系统记录的是传声器响应的电信号，需要根据试验前传声器的校准结果将电信号转换为声压信号 $p(n)$。为了方便评估信号的变化特征，需要将时域信号转换为频域信号，采用快速傅里叶变换（FFT）将时域信号转换为频域信号，具体数据处理过程如下：

首先，将信号进行高通滤波，试验采用的滤波器为 FIR 型滤波器，低频截止频率设为 100Hz。

将传声器滤波后的时域信号截断成不重叠的点数为 N（取 $N = 8192$ 个点）的时域数据块，然后对每个时域数据块做快速傅里叶变换（FFT）计算，对应于第 m 个时域数据块的变换结果为

$$p_m(f) = \frac{1}{N}\sum_{n=1}^{N} p_m(n)\, e^{-2\pi i f n \Delta t} \tag{6-10}$$

式中　$p_m(n)$——第 m 个时域数据块对应的时域声压信号；
　　　n——数据块不同时刻的数据；
　　　Δt——采样时间间隔；
　　　$p_m(f)$——第 m 个时域数据块 FFT 变换得到的声压值。

f 表示对应的分析频率，其表达式为

$$f = \frac{k}{N\Delta t}, k = 1, 2, L, \frac{N}{2} - 1 \tag{6-11}$$

要准确获得某个频段下的声压幅值，则选取该频段的频域信号，其他频段设为 0，进行逆 FFT 变换，然后对变换后的时域信号求得有效声压，计算得到的声压级就是该频段下的声压级。

2. 风洞数据修正

（1）远场传声器风帽影响修正

测量模型噪声远场辐射时，为避免大厅气流对传声器测量的影响，需要给传声器佩戴风帽进行试验，但风帽会使得传入传声器的中高频噪声存在一定程度的衰减，因此需评估其影响量，并将其在最终结果中扣除。即在列车位置安放标准宽频声源，标准声源型号为 B&K 4204，其在水平方向不同位置测得的声压波动小于 0.2dB。在远场位置选取传声器 a 和传声器 b，其中传声器 a 有风帽，传声器 b 无风帽，进行数据采集，分别得到信号 P1a、P1b；然后传声器 a 去掉风帽，传声器 b 带上风帽，其他条件不变，进行数据采集，得到信号 P2a、P2b。最终风帽影响量为（P1a+P2b-P1b-P2a)/2。

上述影响量需在窄带声压级的基础上，求得声压平方值即传声器测得的声能值，然后相减。

（2）空气吸声修正

声波在空气中传播会有空气吸声效应导致声衰减，声衰减量与大气的温度、湿度、压力、声波频率和传播距离有关，空气吸声修正公式如下：

$$L_c = L_m + mL \tag{6-12}$$

式中 L_m 和 L_c——空气吸声修正前后的声压级；

m——空气中与大气的温度、湿度、压力、声波频率有关的声强衰减系数，单位为 dB/m；

L——声音传播的距离，单位为 m。

例如，试验大厅平均温度为 25℃，湿度为 50%，大气压力为 96kPa，空气衰减量系数拟合公式为

$$m = (0.01497f^3 + 0.4093f^2 + 4.592f - 0.544)/1000 \tag{6-13}$$

其中，频率 f 的单位为 kHz。

(3) 风洞剪切层修正

在开口射流风洞进行气动声学试验时，试验模型位于试验段射流内部，传声器一般位于试验段射流外部，声波通过风洞剪切层时，剪切层对声波产生折射效应，折射效应与声波在剪切层的入射角和射流内马赫数有关。剪切层的折射效应会改变声波传播方向和声波声压大小。因此，在射流外部采用传声器进行气动声学试验时，必须对剪切层效应进行修正。

根据 Amiet 理论，假设风洞剪切层为无限薄的剪切层，并且假设射流内外空气是均匀的。设 R_m 为声源到传声器之间的距离，R_t 为声源到剪切层的距离，Θ_m 为声源到传声器位置向量的角度，Θ 为流场中的声波传播角度，Θ_o 为剪切层折射点到传声器位置向量的角度。

根据位置几何关系，可得到：

$$R_m \cos\Theta_m = R_t \cot\Theta + (R_m \sin\Theta_m - R_t)\cot\Theta_o \tag{6-14}$$

根据流场对声波传播的对流影响关系有

$$\Theta = \tan^{-1}\frac{\sin\Theta'}{\cos\Theta' - M} \tag{6-15}$$

式中 Θ'——无风环境中声波的辐射角；

M——开口射流马赫数。

根据斯列尔（Snell）折射定律，剪切层内外声场在剪切层面上的相速度相等可得到：

$$U_{tr} = U_\infty - \frac{c_t}{\cos\Theta'} = \frac{-c_o}{\cos\Theta_o} \tag{6-16}$$

式中 U_{tr}——沿剪切层传播的相速度，它包含流动速度和射流中声速 c_t 的影响；

c_t——射流内部声速；

c_o——射流外部声速。无量纲化得到：

$$M = \frac{1}{\cos\Theta'} - \frac{c_o/c_t}{\cos\Theta_o} \tag{6-17}$$

由此可采用迭代法求得声波的传播路径，也即

$$R_{path} = \frac{R_t}{\sin\Theta} + \frac{(R_m\sin\Theta_m - R_t)}{\sin\Theta_o} \tag{6-18}$$

振幅修正公式如下：

$$A_m = \frac{p_c}{p_m} = (1 - M\cos\Theta')^{-2}\sqrt{R_m\left(\frac{\sin\Theta_m}{\sin\Theta_o}\right)R_a\left(\frac{R_t}{\sin\Theta'}\right)^{-1}} \tag{6-19}$$

其中，$R_a = R_m \left(\dfrac{\sin\Theta_m}{\sin\Theta_o} \right) + \left(\dfrac{R_t}{\sin\Theta_o} \right) \left[\left(\dfrac{tg\Theta_o}{tg\Theta'} \right)^3 - 1 \right]$。

式（6-19）中的振幅修正包括了球面波传播扩张效应、剪切层折射扩张效应，以及多普勒对流放大效应。

换算到单位距离（1m）处传声器声压级为

$$L_{pss}(f_{ss},\Theta) = 20\lg\left(\dfrac{p_m}{p_r}\right) + 20\lg A_m + 20\lg\left(\dfrac{R_t}{\sin\Theta}\right) \qquad (6\text{-}20)$$

如目标噪声的实际辐射方向为 Θ' 而非 Θ，忽略传播路径改变带来的空气吸声影响，可近似认为 $L_{pss}(f_{ss},\Theta') = L_{pss}(f_{ss},\Theta)$。

（4）反算到远场传声器位置的测量值

反算到远场传声器位置的声压级只需考虑声压随传播距离增加，类似球面波的衰减，可采用下述公式得到：

$$L_p(f_{ss},\Theta') = L_{pss}(f_{ss},\Theta') - 20\lg R_m \qquad (6\text{-}21)$$

式中 $L_p(f_{ss},\Theta')$——远场测点修正后的声压级；

$L_{pss}(f_{ss},\Theta')$——模型测量经过修正后单位传播距离的声压级；

$20\lg R_m$——球面波衰减。

3. 远场测量数据处理流程

远场测量数据处理过程是将风洞试验时传声器测得的目标声音信号的频域值，经过一系列修正，最后得到模型列车运动时，相应传声器位置的真实噪声信号值。其数据处理流程如下：

1）测量远场每个传声器的具体位置。

2）采用传声器阵列，找到模型最主要噪声源的位置。

3）以最主要噪声源位置为目标点，获得各个传声器测量时的 R_t、R_m、Θ_m 值。

4）计算每个传声器测量声信号的实际传播路径：Θ、Θ_o。

5）根据 R_m 和 Θ_o 分别对相应的传声器测量值进行空气吸声修正（指向性修正），传声器指向声源偏角小于30°时可不进行指向性修正。

6）计算射流内单位距离处噪声声压级。

7）计算射流外远场传声器位置处的修正后的模型噪声声压级。

本节参考的是国外飞机模型气动噪声试验常用方法，其是否适用于列车试验还需和实车测量数据进行相关性分析以后进行评估。

6.2.4 试验结果及分析

1. 频谱及噪声分布图分析

（1）不同构型状态噪声分析

图6-14给出了该头型列车在不同风速下、不同构型的频谱结果。由结果可知，列车模型光车体状态各频段噪声都要比全车状态（车体+轨道+转向架+受电弓）低约10dB，即相对于全车噪声，光车体引起的噪声几乎可以忽略。列车全车状态噪声主要由转向架和受电弓两个部件产生。转向架引起的噪声为全频段宽带噪声，声能主要集中在中低频。受电弓引起的噪声主要集中在中高频。当受电弓为升弓状态时，部分频段存在噪声峰值，其峰值频率基

频 f_0 发生在 $St = \dfrac{f_0 l}{u} \approx 26l$ 处（式中 u 为风速，l 为参考长度）。当受电弓为降弓状态时，频谱图的峰值消失，高频噪声也略有降低。不同风速下，噪声规律基本一致。

图 6-15~图 6-18 给出了不同速度下光车体不同频段噪声分布图。由这些图可知，光车体状态噪声源主要分布在车头、头/中/后车之间的接缝处以及列车支撑件的前后缘位置。其中车头、列车支撑件的前后缘噪声主要集中在较低频段（500Hz、1000Hz），且声功率不高；2000Hz 以上频段，其噪声强度较弱。头/中/后车之间接缝处的噪声在 500~2000Hz 区域都较为明显。4000Hz 以上频段，光车体状态未观测到明显的噪声源。

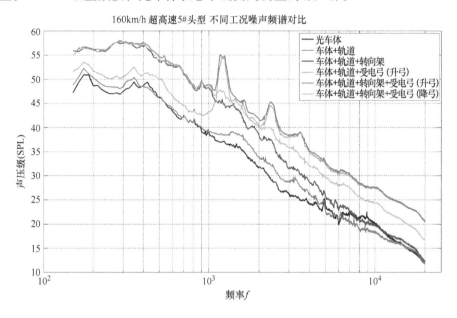

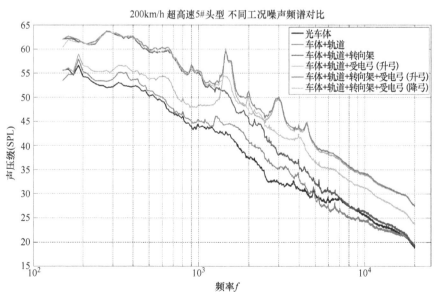

图 6-14　三种风速下不同构型噪声频谱图对比

第 6 章 风洞试验验证技术

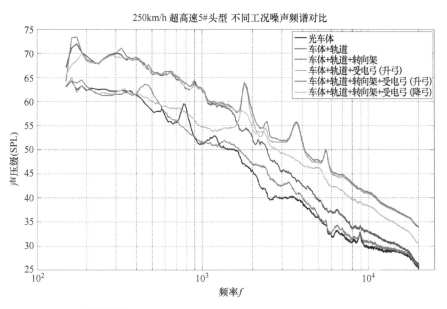

图 6-14 三种风速下不同构型噪声频谱图对比（续）

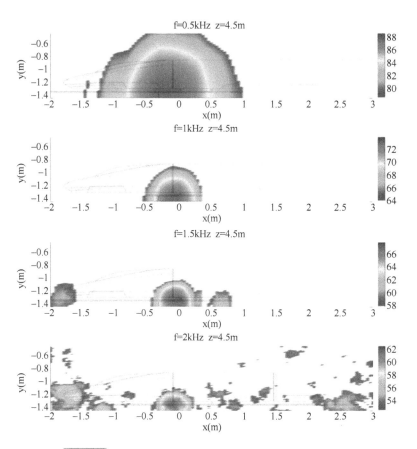

图 6-15 光车体状态前部噪声分布图（风速 160km/h）

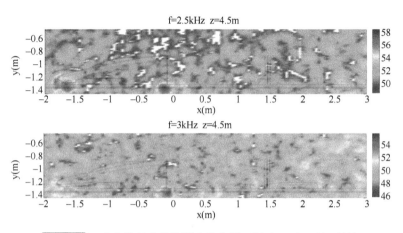

图 6-15 光车体状态前部噪声分布图（风速 160km/h）（续）

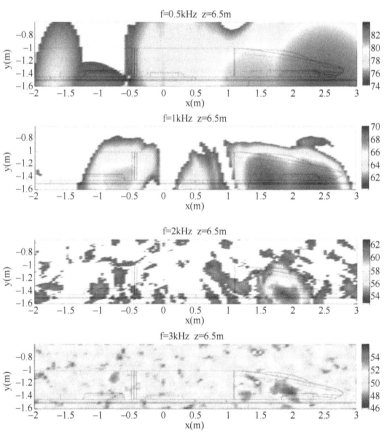

图 6-16 光车体状态后部噪声分布图（风速 160km/h）

第 6 章 风洞试验验证技术

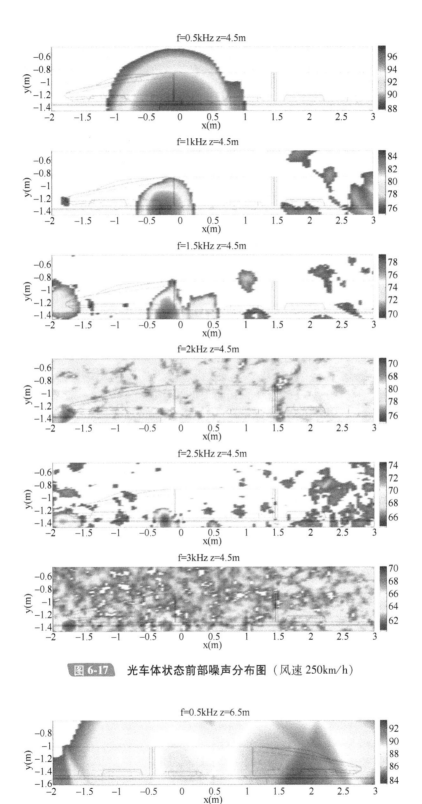

图 6-17　光车体状态前部噪声分布图（风速 250km/h）

图 6-18　光车体状态后部噪声分布图（风速 250km/h）

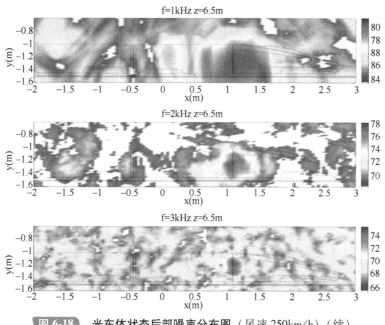

图 6-18 光车体状态后部噪声分布图（风速 250km/h）（续）

图 6-19 和图 6-20 给出了不同风速下车体+轨道区域的不同频段噪声分布图。由这些图可知，该状态与光车体状态一致，未观测到明显的噪声源。

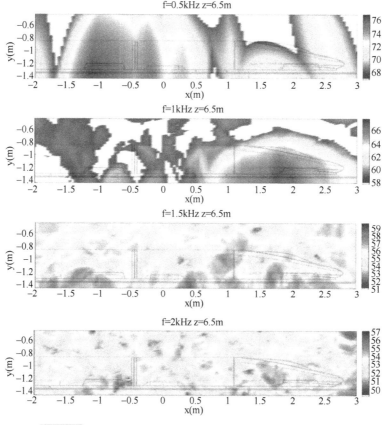

图 6-19 车体+轨道状态后部噪声分布图（风速 160km/h）

第 6 章 风洞试验验证技术

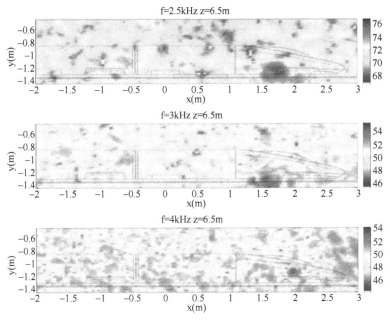

图 6-19 车体+轨道状态后部噪声分布图（风速 160km/h）（续）

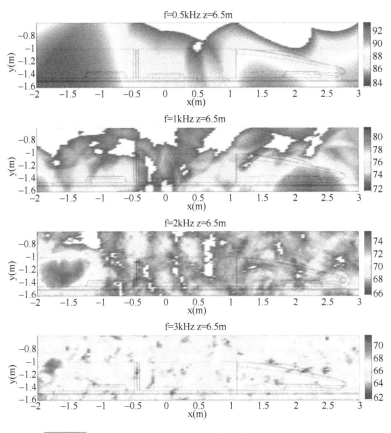

图 6-20 车体+轨道状态后部噪声分布图（风速 250km/h）

图 6-21～图 6-24 给出了不同风速下车体+轨道+转向架区域的不同频段噪声分布图。由这些图可知，该状态最大的噪声源出现在头车转向架处，随着频率的升高，其噪声强度逐渐降低。相比转向架噪声源，其他位置的噪声源强度几乎可以忽略。由列车后部噪声分布图可知，列车后部转向架处也存在一定程度的噪声源，但是其声压级比头车转向架噪声要小。

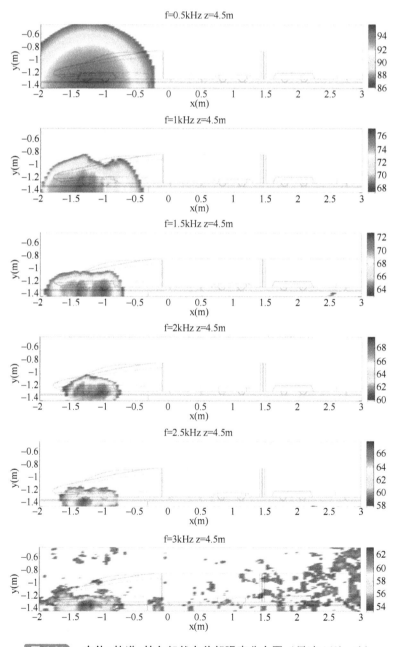

图 6-21　车体+轨道+转向架状态前部噪声分布图（风速 160km/h）

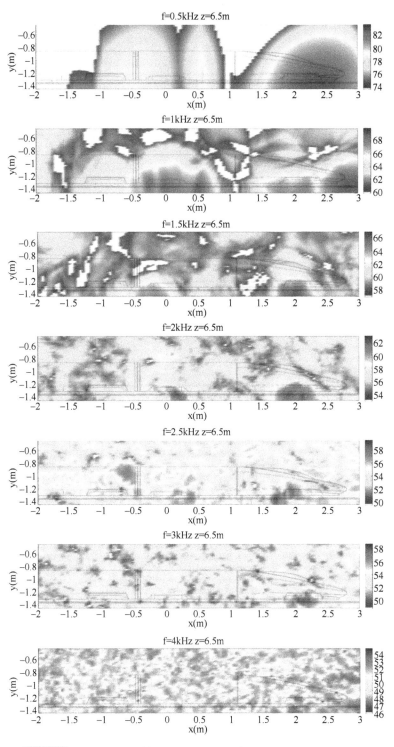

图 6-22　车体+轨道+转向架状态后部噪声分布图（风速 160km/h）

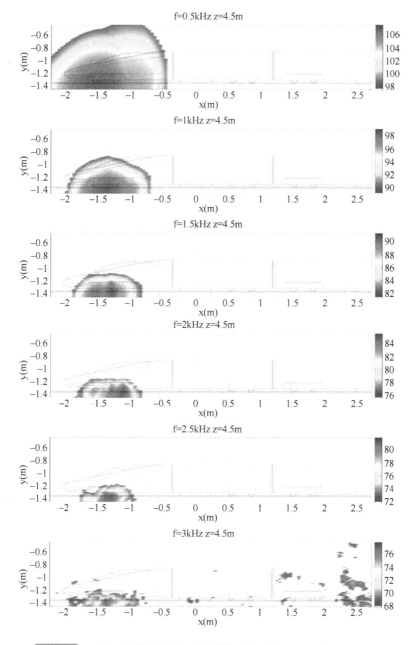

图 6-23　车体+轨道+转向架状态前部噪声分布图（风速 250km/h）

图 6-25 和图 6-26 给出了不同风速下车体+轨道+受电弓（升弓）状态不同频段噪声分布图。由这些图可知，各风速和频段下，受电弓处的噪声均较为明显，是后车身部分最主要的噪声源。

第 6 章 风洞试验验证技术

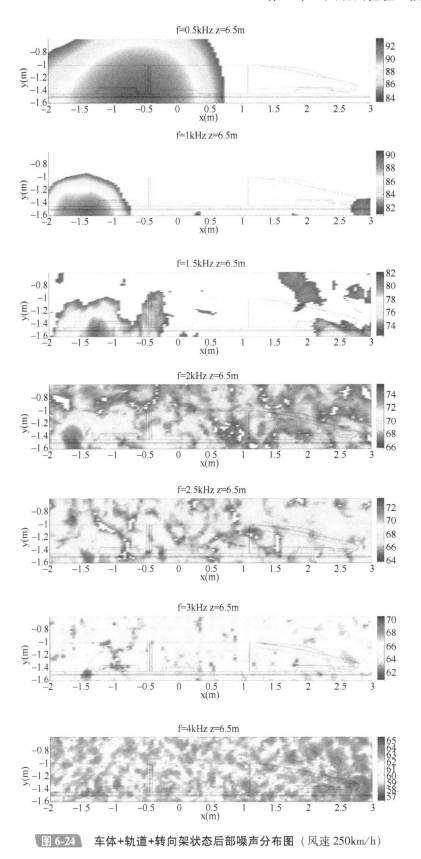

图 6-24 车体+轨道+转向架状态后部噪声分布图（风速 250km/h）

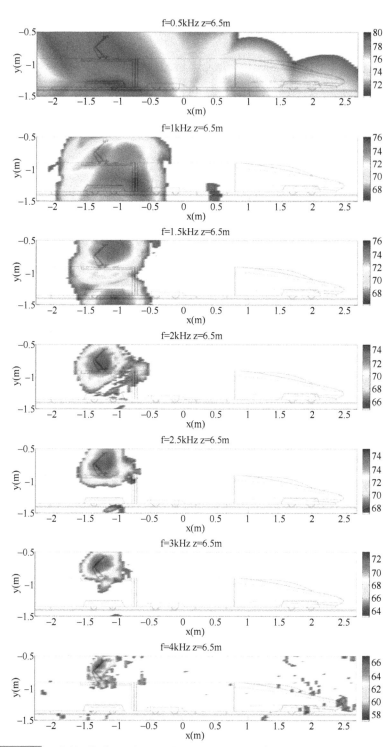

图 6-25　车体+轨道+受电弓（升弓）状态后部噪声分布图（风速 160km/h）

第6章 风洞试验验证技术

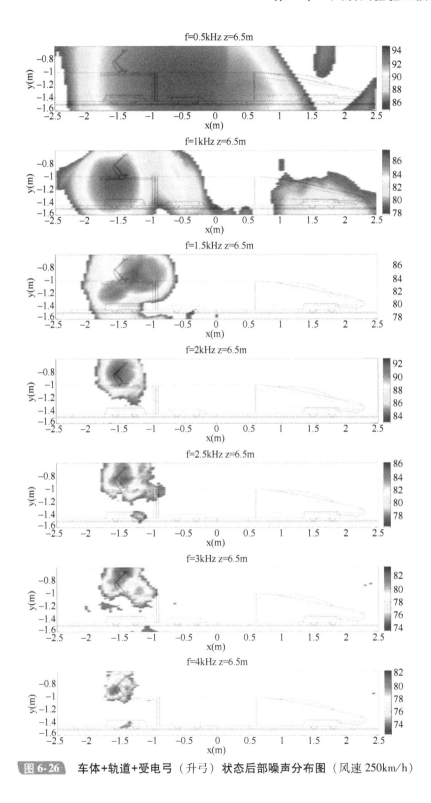

图 6-26　车体+轨道+受电弓（升弓）状态后部噪声分布图（风速 250km/h）

图 6-27～图 6-30 给出了不同风速下车体+轨道+转向架+受电弓（升弓）区域的不同频段噪声分布图。由这些图可知，列车模型的气动噪声源主要集中在头车转向架区域和受电弓区

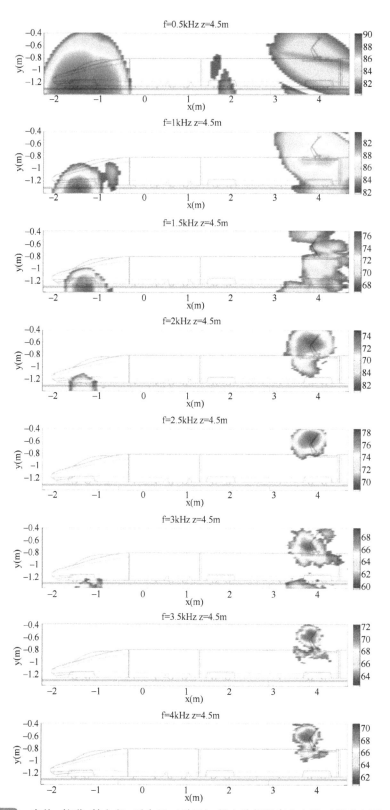

图 6-27　车体+轨道+转向架+受电弓（升弓）状态前部噪声分布图（风速 160km/h）

域。其他位置产生的噪声几乎可以忽略。头车转向架噪声主要集中在低频，受电弓噪声主要集中在中高频。在 500~1000Hz 附近，列车噪声以头车转向架噪声为主，在 1500Hz 附近，头车转向架噪声和受电弓噪声相当，在 2000Hz 以后，受电弓噪声要明显大于头车转向架噪声，在 3000~4000Hz 时，与受电弓噪声相比，头车转向架处噪声可忽略。

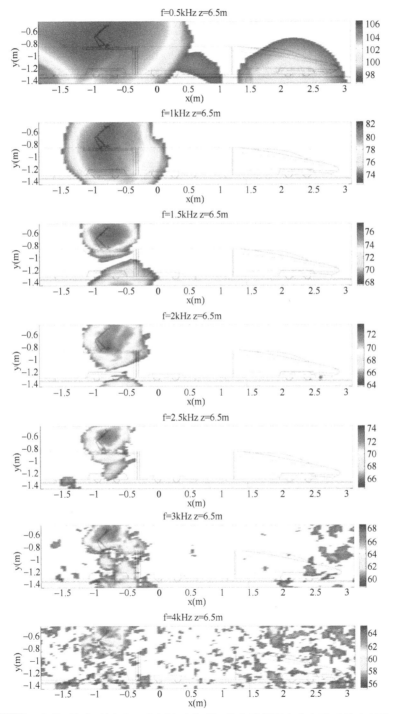

图 6-28　车体+轨道+转向架+受电弓（升弓）状态后部噪声分布图（风速 160km/h）

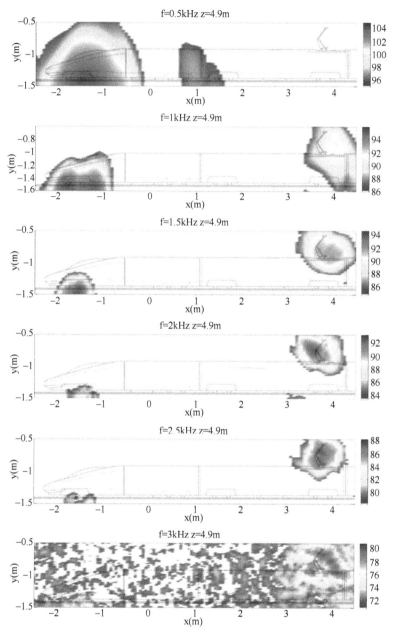

图 6-29 车体+轨道+转向架+受电弓（升弓）状态前部噪声分布图（风速 250km/h）

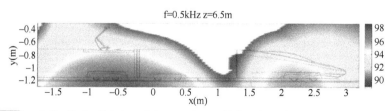

图 6-30 车体+轨道+转向架+受电弓（升弓）状态后部噪声分布图（风速 250km/h）

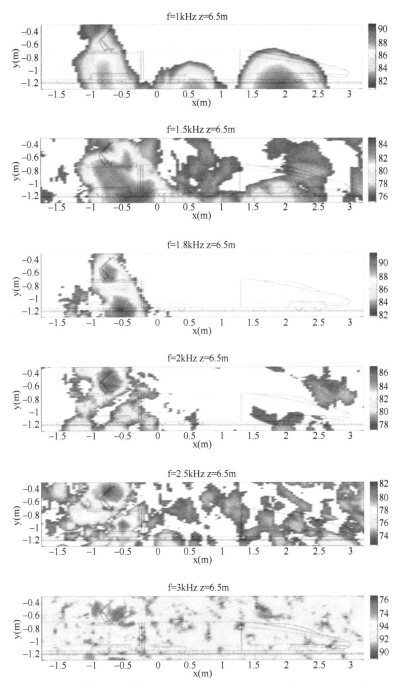

图 6-30　车体+轨道+转向架+受电弓（升弓）状态后部噪声分布图（风速 250km/h）（续）

图 6-31 和图 6-32 给出了不同风速下车体+轨道+转向架+受电弓（降弓）区域不同频段的噪声分布图。由这些图可知，与受电弓升弓状态相比，降弓状态噪声要明显减小。但受电弓噪声仍然是中高频主要噪声源。

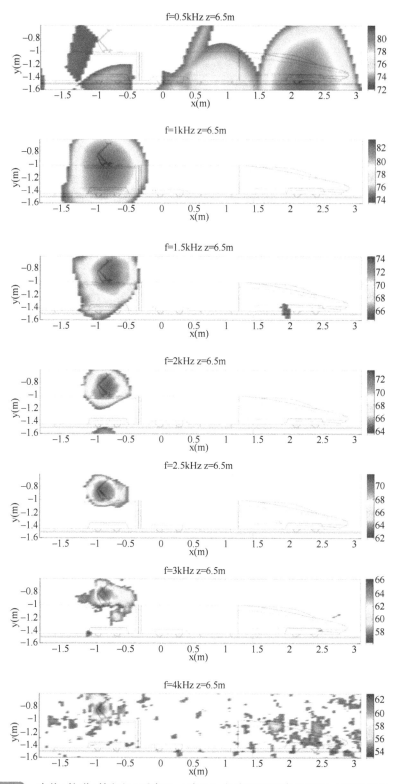

图 6-31 车体+轨道+转向架+受电弓（降弓）状态后部噪声分布图（风速 160km/h）

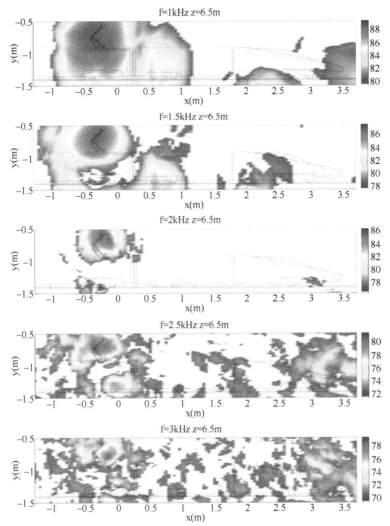

图 6-32 车体+轨道+转向架+受电弓（降弓）状态后部噪声分布图（风速 250km/h）

（2）不同风速下噪声频谱对比

图 6-33 给出了该头型列车在整车（升弓）状态和不同风速下的噪声频谱图对比。由结果可知，由受电弓引起的噪声频谱峰值频率也随速度的变化线性增加，其基频频率 f_0 与风速 u 的比值 f_0/u 约为 26。由受电弓引起的噪声频谱峰值及列车模型总声压级，随速度增加而相应增加，其值与速度的对数呈线性关系。其中，总声级 SPL 与速度对数 lgV 的曲线斜率约为 46。即列车模型气动噪声总声能在 160～250km/h 速度范围内随速度的 4.6 次方增加。

2. 列车噪声总声级结果

图 6-34 和图 6-35 给出了不同状态和不同风速下远场传声器阵列测得的噪声分布结果。远场传声器阵列平面距离列车模型中轴面 5.8m。两图中横坐标表示传声器测点距离风洞喷口截面向下游的距离，纵坐标表示传声器测点距离地板表面的高度，云图等值线表示远场传声器位置测得的列车模型总声级。由结果可知，在所有列车构型状态，远场处测得的列车模

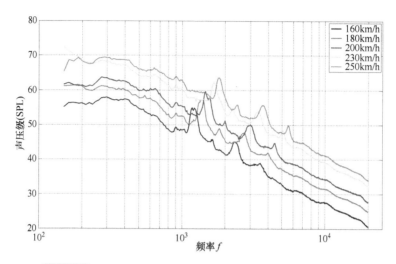

图 6-33 整车（升弓）状态和不同风速下噪声频谱图对比

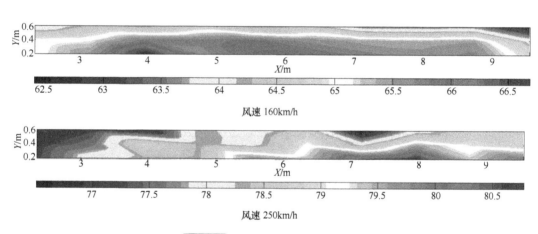

图 6-34 光车体远场噪声分布图

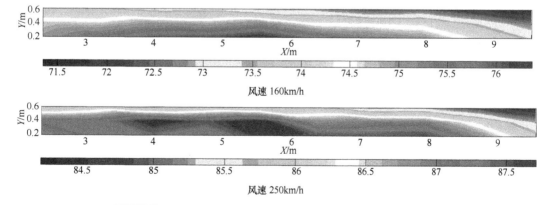

图 6-35 车体+轨道+转向架+受电弓（升弓）远场噪声分布图

型噪声随着测点高度的增加逐渐减小。在光车体状态下，远场噪声总声级以阵列中心附近最大，远场架前后两端测得的噪声总声级略小。加上转向架后，远场阵列上游测点测得的噪声级要明显大于下游，而车体+轨道+受电弓（升弓）状态，远场噪声以远场阵列中部测点的值最大，向上游、下游方向逐渐减小。以上结果和前文所述的噪声频谱结果，以及传声器阵列噪声分布图结果一致，即列车全车构型以头车转向架噪声为最大，受电弓是仅次于头车转向架的噪声源。随风速的增加，列车总声级明显增加，但是远场噪声测点噪声分布规律与低风速时基本一致。

表 6-3 给出了不同模型状态及不同风速下远场平均噪声总声级结果，该结果为远场 30 个传声器测得的总声能的算术平均值。

表 6-4 为实车测量远场平均 A 计权总声压级预估值。

表 6-3 列车模型远场平均总声压级结果

模型状态	风速/(km/h)	模型远场平均总声压级/dBA
光车体	160	64.96
	200	69.84
	250	78.48
车体+轨道	160	65.80
	200	70.92
	250	78.31
车体+轨道+转向架	160	72.70
	200	79.09
	250	85.95
车体+轨道+受电弓（升弓）	160	70.48
	200	76.25
	250	82.26
车体+轨道+转向架+受电弓（升弓）	160	74.10
	180	77.86
	200	80.17
	230	85.38
	250	86.52
车体+轨道+转向架+受电弓（降弓）	160	73.22
	200	79.28
	250	85.84

表 6-4 实车测量时远场平均 A 计权总声压级预估值

模型状态	风速/(km/h)	实车远场平均 A 计权总声压级/dBA
光车体	160	57.95
	200	64.28
	250	70.62

(续)

模型状态	风速/(km/h)	实车远场平均 A 计权总声压级/dBA
车体+轨道	160	58.05
车体+轨道	200	64.23
车体+轨道	250	70.50
车体+轨道+转向架	160	61.08
车体+轨道+转向架	200	67.99
车体+轨道+转向架	250	74.99
车体+轨道+受电弓（升弓）	160	67.20
车体+轨道+受电弓（升弓）	200	74.43
车体+轨道+受电弓（升弓）	250	81.14
车体+轨道+转向架+受电弓（升弓）	160	67.76
车体+轨道+转向架+受电弓（升弓）	180	71.89
车体+轨道+转向架+受电弓（升弓）	200	75.01
车体+轨道+转向架+受电弓（升弓）	230	79.73
车体+轨道+转向架+受电弓（升弓）	250	81.80
车体+轨道+转向架+受电弓（降弓）	160	64.56
车体+轨道+转向架+受电弓（降弓）	200	71.64
车体+轨道+转向架+受电弓（降弓）	250	78.67

6.2.5 小结

通过对试验结果进行分析，某型号高速动车组气动噪声规律如下：

1) 该头型列车全车状态噪声主要由转向架和受电弓部件产生；转向架引起的噪声为全频段宽带噪声，主要集中在中低频；受电弓引起的噪声主要集中在中高频。

2) 该头型列车在整车构型（受电弓升弓）状态下，在 160~250km/h 速度范围内，列车模型气动噪声总声能随速度的 4.6 次方增加。

6.3 动模型试验

动模型试验装置[1]是研究列车空气动力学的专用试验平台。该类试验装置一般以空气为介质，发射列车模型达到列车的实际运行速度，开展相关的空气动力学试验。国内已建设动模型试验台的单位包括中南大学、西南交通大学、中国科学院等。本节主要介绍在中国科学院先进轨道交通力学研究中心动模型试验平台开展的中车唐山机车车辆有限公司某高速列车概念模型动模型试验。

6.3.1 试验平台原理

试验平台采用双线布置结构，分为上下两层，下层为拖车运行轨道，上层为模型车运行轨道。全长 264m，沿长度方向，整个试验平台分为加速段、匀速试验段和制动段三部分。

加速段使列车模型在到达试验段入口时达到预定速度。主要由空气炮、加速管、活塞和

第 6 章　风洞试验验证技术

拖车组成。空气炮运行原理如下：打开电磁阀门，预存储于空气炮中的压缩空气进入到加速管中推动活塞向前加速。活塞通过牵引绳索拖动拖车加速。列车模型通过挂钩与拖车相连，在试验段入口处与拖车自动拖离，进入匀速试验段。列车模型的速度是由试验系统诸多因素组成的，主要包括列车模型质量 m、空气炮发射压力 P、轨道摩擦力 f 及空气阻力 C_d 等，所以列车速度是与上述物理量的一个复杂非线性函数，即

$$v = F(m, P, f, C_d) \tag{6-22}$$

匀速试验段是主要测试段，相关空气动力学试验都在此部分进行。地面数据采集系统位于试验段中间位置。单线和双线隧道模型可根据试验需要安装在轨道上。图 6-36 为可以测试的一些相关列车空气动力学问题。

a）列车明线运行、交会　　　　b）列车通过隧道、隧道交会

图 6-36　利用动模型试验装置开展的列车空气动力学相关问题

制动段具有两个功能：一是产生制动力，使列车减速，二是将列车的动能转移，变为其他形式的能量。动模型制动系统采用永磁涡流制动和传统摩擦制动相结合的方式。当列车模型高速进入制动段时，列车底部的永磁铁装置经过制动段的制动条，永磁铁产生的磁通使得制动条内产生电动势和涡流，通过涡流磁场和永磁体磁场的相互作用，产生切向制动力矩。当速度较低时，主要为列车模型支撑滑块与轨道间的摩擦力产生制动力，二者结合能保证长期连续使用，在高速范围内，可减小制动距离，自身不会产生过多热量，保证系统的稳定性和持久性。

高速列车动模型运动的稳定性直接影响着试验的可重复性。测量和控制系统是列车动模型试验的核心部分。动模型发射能够实现手动和自动控制方式，实现单线发射、双线延时发射控制，实现不同速度试验段会车，保证每次试验的精确性。高速列车双向动模型试验平台采用压缩空气间接驱动列车模型加速和磁涡流作用产生非接触磁力减速列车模型的关键技术。因列车模型内部空间大，可以搭载多种车载测试仪器，以适应不同工况下列车气动效应的测量要求。

6.3.2　动模型平台测试系统

动模型试验平台测试系统主要由两部分组成，分别为地面数据采集系统和车载数据采集系统。地面数据采集系统主要采集隧道壁面、微气压波、列车风等环境参数数据以及模型的试验速度，车载数据采集系统主要采集列车表面压力分布、列车交会压力波等试验数据。两个测试系统由各自的触发信号独立进行数据采集，协调工作，完成试验过程中的动态测量。

（1）地面数据采集系统

地面数据采集系统主要由相关的传感器（如压力传感器、热线风速仪）、数据采集器、触发装置及配套的数据分析软件组成。整套采集系统的基本结构如图 6-37 所示。

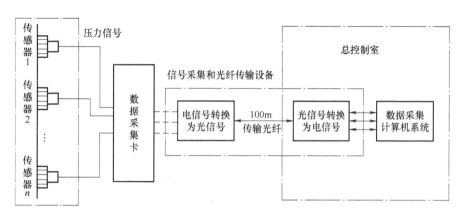

图 6-37　地面数据采集系统基本结构

经各种传感器采集到的信号,输出为电压信号,经信号线传输至数据采集卡,采集卡进行 A/D 转换,由于采集卡和控制室内计算机距离较长,为保证传输的稳定和高效,同时降低信号传输的信噪比,在采集卡和计算机之间采用光纤相连,数据经光纤传输后,进入计算机采集软件进行实时显示。采集系统的核心部件是数据采集卡和传感器。一次动模型试验所用时间,从模型发射到模型制动停止非常短暂,为 2~3s,一般不采用连续采集数据模式。为保证信号的完整捕捉,采用外部脉冲触发方式进行自动记录数据。在发射开关按下的瞬间,会产生一个 5V 高电平信号,由控制室发射台输出。由于控制室距离平台试验段较远,脉冲信号在较长的同轴电缆中传输极易受到周围电磁波干扰。由图 6-38 可以看出主要是频率为 50Hz 的噪声,在触发端口前端加 RC 滤波模块可以有效地消除空间电磁场信号干扰。根据截止频率 $f = 1/2\pi RC$,取 $C = 4.7\mu F$,$R = 2000\Omega$,截止频率 16Hz,消除频率 50Hz 的电磁波信号,这样可以避免电磁场噪声信号引起的误触发采集。

1) 地面数据采集卡。该测试系统采用的数据采集卡如图 6-39 所示。该采集卡共有 32 个采集通道,最高采样频率 100kHz,每个通道有独立的 16 位 A/D 高速数据采样。

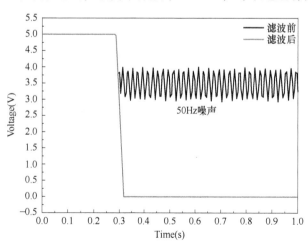

图 6-38　滤波前后触发信号对比

图 6-39　地面数据采集卡

2）隧道壁面压力传感器。压力是试验中最关键的测量物理量之一。测量的压力根据参考压力的不同，可分为标准压力和绝对压力，如图6-40所示。对应的压力传感器可分为差压传感器和绝压传感器。目前压力传感器有很多种类，根据传感器内部感应元件的工作原理，即传感器在受到力的作用后，引起的与电量有关的自身参数的变化，一般分为应变式、压阻式、电容式和压电式传感器等。

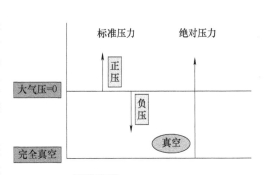

图6-40　压力的分类

压阻式压力传感器是利用半导体材料硅的压阻效应制成的传感器，硅膜片在受到压力时，电阻率发生变化，内部构成一个惠斯通电桥，当受到作用力后，电阻发生变化，电桥失去平衡，输出电压信号。压阻式压力传感器具有灵敏度高、输出信号大、频率响应高、精度高和体积小等优点。压电式压力传感器是基于压电效应的传感器，压电材料受到力的作用后表面产生电荷，电荷经放大电路和变换阻抗后就成为正比于所受外力的电量输出。压电式压力传感器优点是频带宽、灵敏度高、信噪比高、结构简单和重量轻等。但由于压电原件存在电荷泄漏，一般不适用于测量静态或变化缓慢的力。

动模型试验的测试环境为室内环境，相比于实车试验的自然环境稳定很多，测试的压力多为瞬态压力信号，一般选用压力传感器主要考虑以下几点。

① 响应频率要高，传感器的响应频率至少要比被测信号的响应频率高一倍以上。

② 必须具有高的动态和静态性能，即传感器特性不随时间和温度变化。

③ 在量程范围内，具有较高的灵敏度，输出信号尽量大，保证高信噪比。

地面采集系统的压力传感器静态固定，测量风屏障、隧道壁面、隧道出口微气压波等压力，综合以上条件，经反复比选，定制了两种量程的压差式压阻传感器。一般差压传感器在使用时都需要在一侧外接一个通气管，连接当地标准的大气压力。定制的压力传感器直接将一个大气压力密封于传感器内部，方便安装使用，如图6-41所示，量程分别为2kPa和7kPa，以保证测量不同大小信号时有较高的信噪比和精确度。

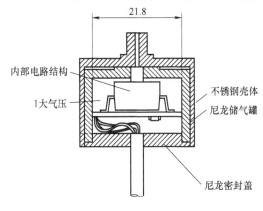

a) 压差式传感器结构

b) 安装于隧道壁面

图6-41　地面采集系统的压力传感器

3) 光电测速系统。模型的试验速度由光电测速系统测量获得。由激光器、光电传感器和示波器组成的多点测速系统,主要功能是测量列车模型在匀速试验段各个位置的瞬时速度。其测速原理如图 6-42 所示。

激光光源和光电传感器分别位于轨道的两侧,激光光源发出平行激光束,光电传感器接收激光光源发出的光信号并将其转化为电信号,示波器对光电传感器的电信号进行处理和显示,当列车通过之前,示波器显示的是高电平,当列车车头依次经过相距为 L 的两个相邻的光电传感器时,由于列车遮挡了光线的传播,光电传感器依次输出低电平,即会出现波谷,相距的时间间隔为 t_2-t_1,这样便可以计算列车试验段的运行速度 $V=L/(t_2-t_1)$。

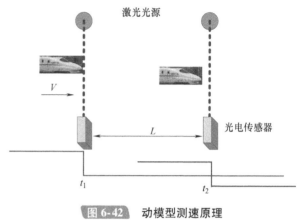

图 6-42　动模型测速原理

（2）车载数据采集系统

动模型试验需要将列车模型在有限的距离内加速到预定的试验速度,列车模型在加速过程中的加速度较大,因此要求车内测试系统能够抗振动冲击,同时由于模型车内空间有限,要求系统轻量化、微型化。车载数据采集系统在列车试验过程中,采集数据并暂存于数据采集器内存中,待列车停止后,通过 USB 数据线传送到计算机,进行后续的数据后处理和分析。整个系统框图如图 6-43 所示。

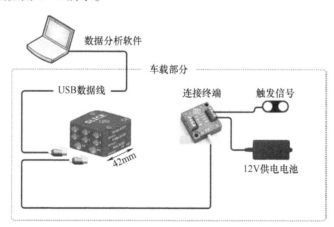

图 6-43　车载采集系统框图

传感器直接连接到数据采集器,传感器供电由数据采集器直接提供。车载数据采集器通过 USB 线与计算机连接,进行相关的设置,包括接入的传感器类型及分辨率、触发通道及触发方式,设置完毕后,通过计算机进行各个通道自检,确认各个传感器信号正常。车载数据采集模式同样设置为触发采集,在每个车辆内各安装一个加速度传感器。

1) 车载数据采集卡。车载数据采集系统的采集卡是图 6-44 所示的 Slice micro 微型数据

第 6 章 风洞试验验证技术

采集系统,它是一种超小体积模块化数据采集系统,具有很好的灵活性和可靠性。这种模块化的结构设计使单个基片最大支持 24 通道,单个测试系统最大可由上千通道组成。系统重量轻,体积小,通道最高采样率高达 120kHz,测量的数据可暂存于 7GB 的内部存储中,主要特性是能实现 1~1024 连续增益,使得测量的信号有较高的信噪比。

a) Slice micro 数据采集器

b) Bridge Slice 链式连接

图 6-44　车载数据采集卡

2)车载压力传感器。车载压力传感器主要用于列车外表面的压力测量,选择合适的压力传感器是测量精确性的前提。实车试验进行相关的表面压力测量时,由于不能破坏列车表面,只能选用贴片式压力传感器,通过不干胶粘在对应需要测压的部位,而动模型试验列车模型表面可以通过打孔安装。相比于地面采集系统选用的压力传感器标准,车载压力传感器主要考虑加速度对信号的影响。列车在加速段和制动段的加速度高达几十个 g,过高的加速度使压力传感器产生较大的噪声信号,因此车载压力传感器必须具有很低的加速度响应特性,可以屏蔽加速度对测量的影响。Endevco 8530C-15 压阻式压力传感器(图 6-45)是一种微型、结构坚固的绝压式压力传感器。其具有高灵敏度和高共振频率,是测量动态压力的理想传感器。传感器内部结构是采用微机械加工技术,在一块单晶硅膜片上一次成型刻蚀出一个惠斯通电桥,这种结构设计使得压力传感器具有高灵敏度和宽频响应,其共振频率 180kHz,而且能够抵抗高加速度干扰,加速度灵敏度 $0.0015 \text{lbf/in}^2/g$($1 \text{lbf/in}^2 \approx 6.9 \text{kPa}$),与 Slice micro 组成的压力测试系统可以实现对列车表面压力等参数的精确测量。

图 6-45　Slice micro 采集模块及 8530C-15 压力传感器

动模型试验的车载压力测试系统(图 6-46)主要由数据采集卡、压力传感器、加速度传感器和供电电源组成。压力传感器固定在车辆内壁,作为压力测点测量列车模型运动过程中车体表面的压力脉动,数据采集卡用于记录采集压力传感器的压力信号,单轴加速度传感器为数据采集卡提供触发采集信号,实现在列车模型启动瞬间,数据采集卡开始进行采集。除压力传感器外,整套测试系统整合固定于长 150mm,宽 250mm 的铝板之上,车载压力测试模块重量为 1.16kg,能够满足动模型试验对车载测试仪器质量轻、体积小、结构强度高的要求。

图 6-46 车载压力测试系统

6.3.3 试验模型及测点分布

(1) 动模型试验模型

动车组试验模型如图 6-47 所示,包括头车、中间车和尾车,总长约 10m。试验模型进行了部分简化与修改,包括:简化设计转向架的几何结构;略去车顶受电弓、受电弓整流罩、弓网状态监视器、空调整流罩、变流器等车顶附属部件。除此之外,试验模型保证了实车的几何细节特征,如保留了头部流线型的细节特征;车辆连接处的风挡和转向架舱裙板的几何特征均在试验模型上有所体现。

列车试验模型由玻璃钢制成,符合强度高且重量轻的试验要求。列车模型的壁厚通过了数值模拟校核,模型侧壁可以在 8kPa 的压力波幅下不产生明显形变,保证列车在 400km/h 明线运行、380km/h 隧道运行工况下,列车模型车体不产生振动,确保相关试验测量的准确性。

高速列车模型车体表面压力测点采用针孔式预埋件将压力传感器固定于列车模型的车体壁面内侧,在车体外侧只有不易察觉的小测压孔,如图 6-48 所示,这样可以避免由于压力传感器的安装而造成车体表面的明显破坏,从而影响车体表面压力的准确测试。

图 6-47 动车组试验模型

图 6-48 车体表面压力测孔

（2）车体测点分布

规定沿列车模型前进的方向为 x 轴正方向。三编组列车模型共布置 33 个压力测点，用于列车模型表面的压力脉动测量。

头车共有 13 个测点，以"h+数字"命名，其中 h1~h7 测点位于列车纵剖面对称线上，h8~h10 分别与 h11~h13 等高度左右对称分布。

中车有 9 个压力测点，以"m+数字"命名，每 3 个测点为一组，分布在同一个横截面轮廓线上，按照"左、顶、右"的空间位置布置。

尾车共有 11 个测点，以"t+数字"命名，其中 t1~t5 测点位于列车纵剖面对称线上，t6~t8 分别与 t9~t11 等高度左右对称分布。

以头车驾驶室玻璃下方的 h1 测点为坐标原点，各个测点的坐标见表 6-5 和图 6-49。

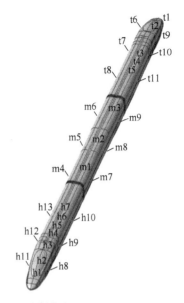

图 6-49　测点位置及命名

表 6-5　测点坐标　　　　　　　　　　　　　（单位：mm）

测　点	x	y	z
h1	0.00	0.00	0.00
h2	−316.06	0.00	142.58
h3	−766.80	0.00	214.72
h4	−1224.41	0.00	227.86
h5	−1524.41	0.00	227.86
h6	−1824.41	0.00	227.86
h7	−2174.41	0.00	227.86
h8	−314.70	188.24	−28.87
h9	−1222.41	6752.00	−27.17
h10	−2172.41	209.70	−27.17
h11	−314.70	−188.24	−28.87
h12	−1222.41	−209.70	−27.17
h13	−2172.41	−209.70	−27.17
m1	−3655.66	0.00	227.86
m2	−4768.16	0.00	227.86
m3	−5880.66	0.00	227.86
m4	−3655.66	−209.70	−27.17
m5	−4768.16	−209.70	−27.17
m6	−5880.66	−209.70	−27.17
m7	−3655.66	209.70	−27.17
m8	−4768.16	209.70	−27.17

（续）

测点	x	y	z
m9	−5880.66	209.70	−27.17
t1	−9536.31	0.00	0.00
t2	−9220.26	0.00	142.58
t3	−8011.91	0.00	227.86
t4	−7711.91	0.00	227.86
t5	−7361.91	0.00	227.86
t6	−9221.61	−188.24	−28.87
t7	−8313.91	−209.70	−27.17
t8	−7363.91	−209.70	−27.17
t9	−9221.61	188.24	−28.87
t10	−8313.91	209.70	−27.17
t11	−7363.91	209.70	−27.17

（3）隧道模型

动模型试验采用的隧道截面为单向 $70m^2$ 隧道（图6-50）和双向 $100m^2$ 隧道（图6-51），由玻璃纤维制成 1∶8 缩比模型。

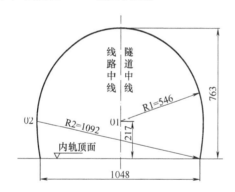

图 6-50　单线隧道截面形状及隧道模型

图 6-51　双线隧道截面形状及隧道模型

第 6 章 风洞试验验证技术

(4) 隧道模型参数及测点分布

动模型试验时，隧道模型的最小长度以及测量位置应该按比例缩小。列车运行速度为 200km/h 时，要求的最小隧道长度最长，其值为 64.87m。列车运行速度为 400km/h 时，要求的最小隧道长度为 53.26m，根据试验室的具体情况，选取隧道长度为 60m。单线隧道和双线隧道截面尺寸如图 6-52 所示。

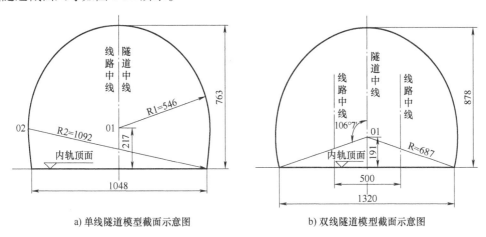

图 6-52 隧道模型截面示意图

为了测量分析初始压缩波在隧道内的传播特征，在隧道壁面上沿着隧道长度方向布置 11 个压力传感器，统一安装在高于轨道顶面 0.4m，隧道壁面的同一侧，如图 6-53 所示，一个压力传感器为一个压力测点。压力测点之间的间隔为 5m。以压力测点距隧道入口的距离进行标号，例如 P5 表示距离隧道入口 5m 处的压力测点。

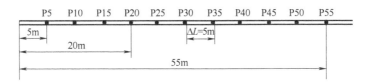

图 6-53 隧道壁面压力测点分布

6.3.4 动车组通过隧道压力测量

列车由明线运行到突然进入隧道，列车周围空间突然变小，前方气体压力突然升高，在隧道入口形成一个压缩波，以声速向隧道出口传播。当列车的车尾进入隧道时，隧道口处原来由车体占据的空间由于车尾的通过突然空出来，隧道口处原来被车体挤压的气体得以释放，压力突然降低，形成一个膨胀波。这一膨胀波将越过列车以声速向隧道出口传播。向前传播的压缩波在隧道出口处将反射成为膨胀波以声速向隧道入口传播，如果隧道较长，此时列车还在隧道内运行；向前传播的膨胀波也将在隧道出口处转为压缩波返回来迎着列车传播。因此，列车进入隧道会使隧道内压力产生相当复杂的波动。这种复杂的压力波动会使尾车出现较为明显的横向摆动现象，影响动车组列车的乘坐舒适性，甚至危及行车安全。

以某动车组为研究对象，测试高速列车通过单线隧道和双线隧道时受到的压力波动。

(1) 试验工况

表 6-6 和表 6-7 为动车组动模型试验运行工况，分别为单线隧道通过和双线隧道通过，每个工况的试验速度按照 250km/h、300km/h、350km/h、380km/h 和 400km/h 五个目标速度设计，实测试验速度与目标速度偏差在 4% 以内。

表 6-6　动车组通过单线隧道运行工况

运行速度/(km/h)	255	309	343	380	396
编组	头车+中间车+尾车				

表 6-7　动车组通过双线隧道运行工况

运行速度/(km/h)	256	305	344	382	394
编组	头车+中间车+尾车				

(2) 测点压力波变化特征

列车由明线运行进入隧道，头部周围的气流受到隧道壁面的阻隔，无法自由流动，又被行进中的列车挤压，气体压力突然升高，被压入隧道后，成为一个压缩波，以当地声速向隧道出口传播。列车尾部进入隧道时，隧道入口处的空间由于列车远离而被空出，原本被车体挤压的气体被释放，开始补充空出的空间，使得此处的压力突然降低，从而使隧道外部的空气开始向内补充，形成膨胀波，同样以当地声速掠过车体向隧道出口传播。向隧道出口传播的压缩波在隧道出口处以微气压波的形式向外释放一部分，另一部分反射为膨胀波向隧道入口传播；同样，车尾产生的膨胀波也经历相同过程后变为压缩波向隧道入口传播，反射回来的膨胀波与压缩波仍会在隧道入口处发生相同的转化。隧道内的气压波会在入口与出口间反复反射传播，直至能量耗散。

当车尾进入隧道时，尾部负压在隧道洞口处形成膨胀波，传播过程中使列车与隧道表面压力快速下降。中间车测点在通过隧道的过程中的典型压力波动曲线如图 6-54 所示。

在列车驶入隧道的过程中，由于隧道壁面的限制，列车测点压力较为缓慢地增加，当列车全长进入隧道的瞬间，车上测点处的压力波动达到最大值。车尾驶入隧道入口端瞬间产生的膨胀波以声速向前传播至中车测点时，中车测点的压力急剧下降至负压，如图 6-54①时刻。随着列车在隧道内继续运行，列车驶入隧道产生的压缩波传播至隧道出口，反射产生的膨胀波返回传播至车外测点处，使车外测点处压力急剧下降，如图 6-54②时刻。车尾进入隧道产生的膨胀波在隧道出口反射为压缩波，向隧道入口方向传播，传播至中车测点时，该处压力急剧上升，如图 6-54③时刻。由此可以看出，列车通过隧道过程中，压缩波和膨胀波的传播主要引起列车表面压力波动。列车在隧道内运行，列车表面压力处于负压状态。

图 6-55 是动车组以 200km/h 通过隧道时,以距隧道入口 15m 处隧道壁面压力测点 P15 为研究对象的隧道内压力变化历程分析图。其中,黑色倾斜实线为隧道内压缩波传播轨迹,黑色倾斜虚线为膨胀波传播轨迹,两条绿色倾斜实线分别为列车车头和车尾的运行轨迹,红色横线表示距隧道入口 15m 的压力测点位置。黑色倾斜实线和虚线与红色横线的交点说明压缩波或膨胀波正在作用于 15m 处的隧道壁面压力测点。

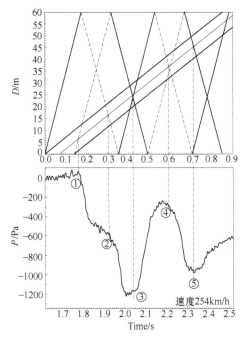 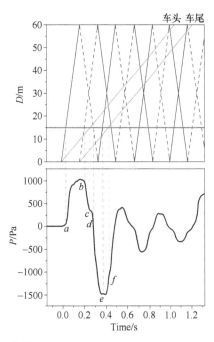

图 6-54 列车通过隧道时车体压力测点的时程曲线   图 6-55 隧道内压力变化历程分析图

以列车进入隧道时为零时刻,列车头部进入隧道后产生的压缩波在 a 点开始作用,使得测点压力开始急剧上升,直至尾车产生的压缩波到达测点,即图中 b 点,测点压力开始下降。测点压力曲线中的 ab 段即为初始压缩波。列车车头在 c 点到达隧道壁面测点位置,车头经过测点时引起测点压力波动,与膨胀波共同作用,使测点压力曲线出现 cd 段的"台阶状",而后测点在由初始压缩波在隧道出口反射回来形成的膨胀波的作用下,压力继续下降,在第二压缩波到达后测点压力达到最低,即 de 段。在 de 段,测点除受到膨胀波作用外,还受到列车车身的作用,车身与隧道壁面形成的环状空间使得车身周围的气流流速加快,进而降低了隧道壁面测点的压力,因此 de 段的测点压力下降也是由隧道压力波与车身共同作用产生的。在第二压缩波到达后(图中 e 点),测点压力幅值在压力波的作用下开始回升,车尾在 f 点经过测点,引起压力波动,而后测点压力继续上升。

在列车离开测点后,测点的压力波动主要是由隧道内不断反射并相互转化的压力波与膨胀波的作用引起的,测点压力曲线呈现出明显的周期性。

(3)列车通过隧道时车体表面测点压力变化

列车模型以 396km/h 通过单线隧道时测点 h1 和测点 h2 的压力随时间变化曲线如图 6-56 所示,列车模型以 394km/h 通过双线隧道时测点 h1 和测点 h2 的压力随时间变化曲线如图 6-57 所示。可以看出,列车头部从明线进入隧道时,空气流动受到隧道壁面的限制被阻滞，剧烈压缩列车前部空气，空气压力骤然升高产生压缩波；随着列车进一步进入隧道，列车与隧道形成的环状空间长度继续增长，前方压力进一步升高，列车进入隧道的部分压力也随之升高。

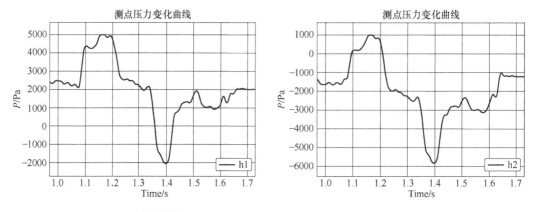

图 6-56　测点 h1 和测点 h2 的单线隧道运行数据

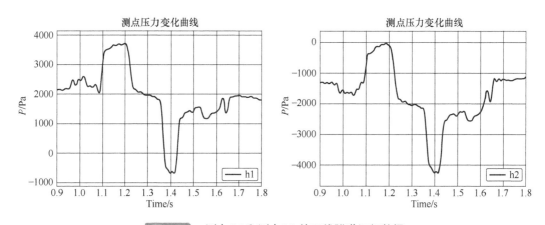

图 6-57　测点 h1 和测点 h2 的双线隧道运行数据

当车尾进入隧道时，尾部负压在隧道洞口处形成膨胀波，传播过程中使列车与隧道表面压力快速下降。同时压缩波在对面洞口处反射形成膨胀波，膨胀波反射会再次形成压缩波，多次反射作用在车身上产生了列车表面及隧道内明显的空气压力变化曲线。

对于车头及前方车身测点，第一个上升段来自于车头进入的压缩波作用，第一个下降段来自于车尾进入形成的膨胀波和初始压缩波反射形成的膨胀波作用，车尾膨胀波与初始压缩波反射而成的膨胀波存在一定的时间间隔，因此第一个下降段包含一个台阶状位置。此后初始压缩波在隧道出口反射又成为膨胀波，与车尾新生成的膨胀波叠加，影响测点，形成第一个波谷。之后膨胀波在隧道出口反射，形成压缩波，同列车运行方向相同，向隧道出口以声速传播，经过车身测点时，使车身表面压力升高。第二个波峰的形成是反射形成的压缩波与列车新生成的压缩波的叠加作用。之后的测点压力变化源于压力波在隧道内的多次反射。

车尾测点压力变化规律与中车相似而与头车稍有区别,因为进入隧道较晚,所以未受到初始压缩波的强烈作用,因而第一个上升段不明显,直接进入了车尾膨胀波作用的下降段。

由于存在多个压力波的传播、反射及相互作用,因此压力变化过程较为复杂,但由于隧道和车身长度远大于隧道与车身的截面特征尺度,因此压力波的传播接近于一个一维过程,同一位置车身不同侧的测点压力演化特征和量值都非常接近。

列车运行时,在尾车鼻锥附近有一对反向对称旋转的涡不断地生成、脱离和破裂,使得此处的流动有明显的非定常特征。鼻锥附近测点均受这对涡的影响,压力曲线呈现明显的"锯齿状",即使在隧道压力波的作用下这种非定常特征也没有减弱。

6.3.5 列车通过隧道时气动载荷变化规律

1. 车速对隧道内压力变化的影响

在车速从250km/h至400km/h的高速列车通过单线隧道时的试验结果中,选取头车驾驶室玻璃下方的压力测点h1和隧道壁面测点P10和P30的测试结果进行分析,归纳车速对隧道内压力变化的影响规律。

图6-58表示的是头车驾驶室玻璃下方测点h1在列车以不同速度通过隧道时的压力随时间变化曲线,$t=0$时刻列车进入隧道,头车驾驶室玻璃下方的压力测点h1距鼻锥的水平距离为296mm。从图中曲线可以看出,测点h1随列车进入隧道之前,压力值较为稳定,列车以255km/h、309km/h、343km/h、380km/h和396km/h运行时,h1测点压力值分别为911Pa、1330Pa、1670Pa、2064Pa和2358Pa,测点h1的压力值与列车运行速度的平方呈正比关系。测点h1随列车进入隧道后($t=0.07s$),列车头部周围的气流受到隧道壁面的阻隔,无法自由流动,又被行进中的列车挤压,气体压力突然升高,形成压缩波向隧道出口传播。在压缩波形成期间,车体测点压力会急剧升高,而后平缓增长至最大正压($t=0.21s$),此时车尾进入隧道产生的膨胀波掠过h1测点。列车以不同的速度进入隧道,产生的初始压缩波表现在车体测点h1的压力曲线中有明显不同,最大压力值与列车运行速度的平方呈正相关关系。车尾进入产生的第一道膨胀波作用于车体表面后,在初始压缩波于隧道出口反射回的第二道膨胀波到达车体测点之前,h1测点压力在不同速度下均出现"台阶状"的缓慢下降($t=0.23\sim0.34s$)。在初始压缩波反射回的膨胀波作用后,测点h1的压力继续急剧下降,达到最大负压值。而后h1测点的压力波动均是由于在隧道内相互反射转化、传播的压缩波和膨胀波反复作用引起的。

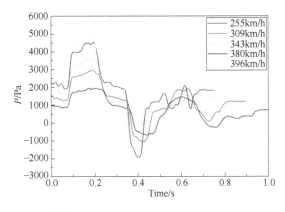

图6-58 不同速度下列车通过单线隧道时车体表面头车鼻锥处测点的压力变化曲线

列车在隧道内运行时不同的速度会影响列车头部和尾部进入隧道时产生的压缩波和膨胀波的大小,隧道压力波在隧道内以当地声速传播,车速的差异也会影响隧道压力波与列车的相遇时间和其作用在车体的时间。

从图中可以看出，列车进入隧道时的速度越高，h1测点的最大正压和最大负压的绝对值越大，255km/h时最大正压值为1941Pa、最大负压值为-667Pa，309km/h时最大正压值为2931Pa、最大负压值为-1035Pa，343km/h时最大正压值为3620Pa、最大负压值为-1452Pa，380km/h时最大正压值为4535Pa、最大负压值为-1880Pa，396km/h时最大正压值为4962Pa、最大负压值为-2017Pa。最大值和最小值与列车在隧道中运行速度的关系如图6-59所示。

从图中曲线可以看出，车体h1测点的最大正压和最大负压均与列车速度的平方呈线性关系，拟合关系式如下：

最大正压：$\quad P_{max}=0.43v^2-208.10\quad$（确定系数 $R^2=0.9997$） (6-23)

最大负压：$\quad P_{min}=-0.19v^2+356.22\quad$（确定系数 $R^2=0.9946$） (6-24)

式中 P_{max} 和 P_{min}——车体测点h1在不同速度下的最大正压和最大负压，单位为Pa；

v——列车在隧道内的运行速度，单位为m/s。

列车进入隧道时的速度越高，初始压缩波产生过程中作用在车体的时间越短。列车以255km/h进入隧道时初始压缩波的作用时间为0.233s，随着列车进入隧道时速度的提高，初始压缩波形成时对车体的作用时间缩短，列车以396km/h进入隧道时，作用时间为0.187s，比255km/h时的作用时间缩短19.7%，但最大压力值增加了157%。

动车组通过隧道时在隧道内某一断面上产生的气体压力波动是入口效应压力波与列车通过该处引起的气体扰动的叠加。当地气体压力的大小与列车进入隧道时的速度有明显关系。

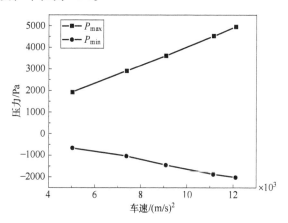

图6-59 头车驾驶室玻璃下方测点压力最大值和最小值与列车速度平方关系曲线

图6-60和图6-61分别为距离隧道入口10m和30m处压力测点P10和P30，动车组以255~396km/h通过单线隧道时测量得到的隧道壁面压力随时间的变化曲线，$t=0$时刻列车进入隧道。可以看出，列车进入隧道时引起隧道内的压力波动很大，压力的最大值与最小值最大相差达9800Pa。列车进入隧道后测点上压力迅速升高。

三车编组动车组模型长约10m，列车车头到达P10测点时车尾刚进入隧道，车尾进入隧道时产生的膨胀波还未到达测点。图6-60中测点最大正压值是由初始压缩波和列车行进时头车附近的正压区共同作用产生的。随即测点压力经历了一个由正压峰值迅速跌落到负压峰值的变化过程。此时列车车身经过测点，列车与隧道壁的环状空间中由于气流流动加快使得该区域产生负压区，导致测点压力下降，同时尾车进入隧道产生的膨胀波和初始压缩波在隧道出口反射回的膨胀波先后经过测点，导致P10测点压力持续急剧下降，测点压力达到最大负压时，列车尾部恰好到达测点处。车尾离开测点，压力上升，之后压力变化趋于平稳，这是由于此段时间没有隧道压缩波到达测点。平稳段后，测点的压力波动则是由于隧道压力波在隧道内反复传播，作用于测点的结果。

从图 6-61 可以看出，远离隧道入口的 P30 测点显示的压力波动为列车通过隧道时产生的最大气体负压绝对值要大于最大气体正压绝对值；动车组以 396km/h 通过单线隧道时最大正压约为 4000Pa，最大负压约为 -6000Pa。隧道内的最大气体正压峰值出现在列车进入隧道过程中，即尾车进入隧道前，位置在隧道入口向内延伸车长的一段距离内；隧道内的最大气体负压峰值出现在列车经过由入口效应压力波产生的最大负压位置。

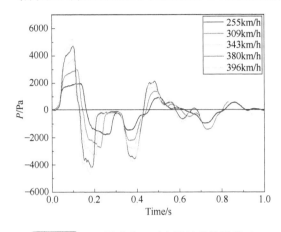

图 6-60　不同速度下列车通过单线隧道时隧道壁面 P10 测点的压力变化曲线

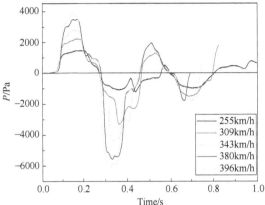

图 6-61　不同速度下列车通过单线隧道时隧道壁面 P30 测点的压力变化曲线

从图中可以看出，各处的压力变化曲线在不同车速时的变化趋势几乎相同，压力变化的最大值随车速的增大而增大。

为了找出车速与隧道内压力最大值以及车速与隧道内压力变化幅值的关系，将试验得到的压力最大值记录在表 6-8 中，压力幅值记录在表 6-9 中。由表 6-8 和表 6-9 中数据生成拟合曲线，分别得到图 6-62 和图 6-63 所示的曲线。

表 6-8　动车组通过单线隧道时车头鼻锥处测点、隧道壁面测点的压力最大值

列车速度/(km/h)	255	309	343	380	396
车头测点 h1 的最大值/Pa	1941.61	2931.28	3624.82	4535.83	4965.97
隧道入口 10m 测点 P10 的最大值/Pa	1995.30	3009.46	3757.55	4722.61	5242.25
隧道中点处测点 P30 的最大值/Pa	1471.88	2225.10	2779.19	3482.22	3875.18

表 6-9　动车组通过单线隧道时车头鼻锥处测点、隧道壁面测点的压力幅值

列车速度/(km/h)	255	309	343	380	396
车头测点 h1 的幅值/Pa	2644.25	3979.70	5086.26	6476.72	7007.98
隧道入口 10m 测点 P10 的幅值/Pa	3778.95	5730.14	7037.80	8907.18	9847.37
隧道中点处测点 P30 的幅值/Pa	3628.28	5648.97	7176.91	8746.87	9567.74

图 6-62 为各点压力的最大值与车速的二次方的关系曲线图。由此图可以看出，三条拟合曲线都是直线，说明各点压力的最大值与车速的平方成正比。

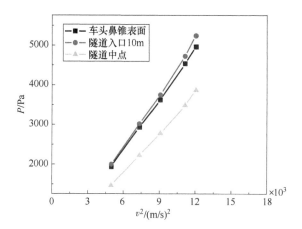

图 6-62 压力最大值和车速的二次方关系

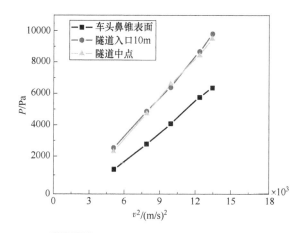

图 6-63 压力幅值和车速的二次方关系

最大压力值与列车速度的拟合关系为

$$P_{max} = 0.43v^2 - 208.10 \quad (\text{确定系数 } R^2 = 0.9997) \tag{6-25}$$

图 6-63 为各点压力的幅值与车速的二次方的关系曲线图。从图中可以看出，三条拟合曲线（延长后）都是通过原点的直线，说明各点的压力幅值与车速的平方成正比。

压力幅值与列车速度的拟合关系为

$$\Delta P = 0.84v^2 - 517.4 \quad (\text{确定系数 } R^2 = 0.9996) \tag{6-26}$$

2. 阻塞比对隧道内压力变化的影响

隧道横截面积主要以阻塞比的形式表现出对隧道内压力变化的影响。隧道阻塞比为通过隧道的列车横截面积与隧道横截面积之比。

单线隧道 1∶1 的截面积为 70m², 双线隧道 1∶1 的截面积为 100m²。动车组的 1∶1 最大横截面积为 11.9m²。动车组通过单线隧道和双线隧道时的阻塞比分别为 0.170 和 0.119。

图 6-64、图 6-65 分别为阻塞比不同的情况下，动车组以 250~400km/h 通过隧道时中车中部 m2 测点和隧道壁面中部测点 P30 的压力变化曲线。

第 6 章 风洞试验验证技术

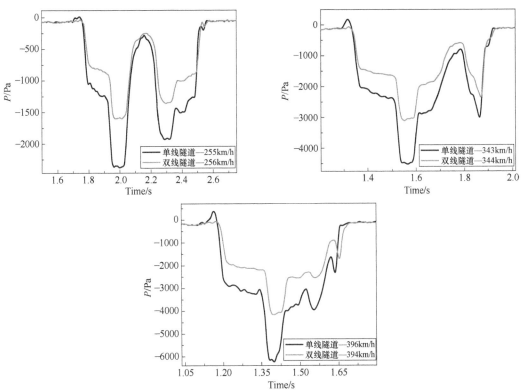

图 6-64 动车组以不同速度通过隧道时中车中部 m2 测点压力历时曲线

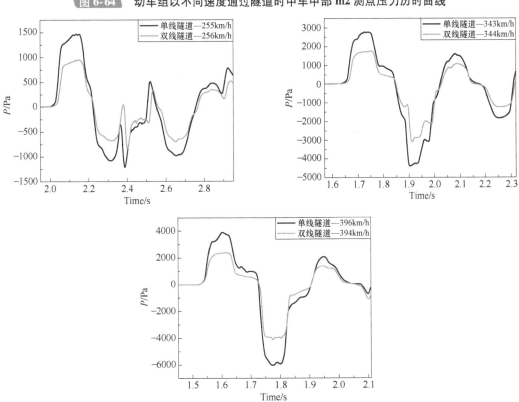

图 6-65 动车组以不同速度通过隧道时隧道壁面测点 P30 压力历时曲线

由图可知：阻塞比不同时，压力测点的压力变化趋势基本相同。在相同速度下，由双线隧道变为单线隧道时，阻塞比增大，各个测点上的压力变化幅值也在增大。由此可知，列车进入隧道时引起隧道内的压力变化随阻塞比增大而增大。

动车组以不同速度通过截面积不同的单线和双线隧道，由于中车 m2 测点的压力波动集中于负压区，最大正压量值较小，因此只统计列车中车表面 m2 压力测点的压力幅值，以总结阻塞比与车体表面压力幅值的关系，见表 6-10。

统计隧道壁面中点 P30 测点的压力幅值和压力最大值，见表 6-11 和表 6-12，以总结隧道壁面压力最大值和压力幅值与阻塞比的关系。

表 6-10　动车组中车 m2 测点的压力幅值

车速/(km/h)	阻塞比	
	0.119	0.170
255	1560.62Pa	2379.37Pa
307	2325.96Pa	3681.28Pa
344	3050.82Pa	4698.97Pa
380	3737.69Pa	5974.22Pa
395	4086.08Pa	6600.27Pa

表 6-11　隧道中部 P30 测点的压力幅值

车速/(km/h)	阻塞比	
	0.119	0.170
255	1803.51Pa	2681.05Pa
307	3940.70Pa	5533.68Pa
344	4852.63Pa	7195.79Pa
380	5928.07Pa	9067.30Pa
395	6506.32Pa	9932.84Pa

表 6-12　隧道中部 P30 测点的压力最大值

车速/(km/h)	阻塞比	
	0.119	0.170
255	968.62Pa	1471.88Pa
307	1718.09Pa	2225.10Pa
344	1773.53Pa	2779.19Pa
380	2189.32Pa	3482.22Pa
395	2381.95Pa	3875.19Pa

将表中数据连成曲线，得到图 6-66~图 6-68。图 6-66 为中间车车体顶部中点 m2 测点，在不同的列车运行速度下阻塞比与压力幅值的拟合关系；图 6-67 和 6-68 为隧道壁面中部 P30 测点，在不同的列车速度下阻塞比与压力幅值和最大压力值的拟合关系。可以看出，车体表面测点的压力幅值与阻塞比成正比，隧道内测点压力变化的幅值和最大值均与阻塞比成正比；且车速越高，曲线的斜率越大，也就是说，列车通过隧道的速度越高，隧道内压力由于阻塞比的增大而变化得更快。在阻塞比由双线隧道的 0.119 增加到单线隧道的 0.170，增

加 43%时，车体表面压力幅值由 4086Pa 增加到 6600Pa，增幅为 62%；隧道内压力幅值由 6506Pa 增加到 9932Pa，增幅 52%，可见阻塞比增加时车体表面的压力幅值相比隧道壁面的压力幅值变化明显。

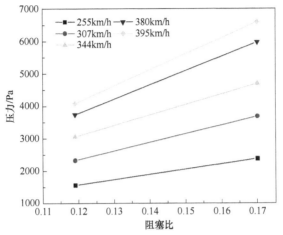

图 6-66　车体 m2 测点不同速度下阻塞比与压力幅值的拟合关系

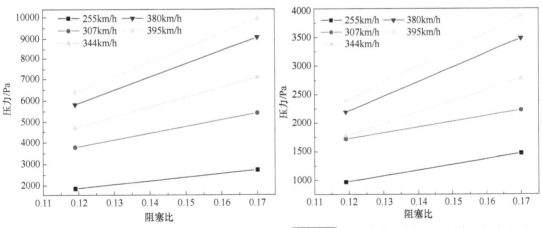

图 6-67　隧道壁面中部 P30 测点不同速度下阻塞比与压力幅值的拟合关系

图 6-68　隧道壁面中部 P30 测点不同速度下阻塞比与压力最大值的拟合关系

3. 隧道内列车气动载荷分布

图 6-69 和图 6-70 所示的散点折线图表示的是列车纵剖面对称线上的测点压力幅值沿着列车长度方向的分布情况。压力测点的分布从左至右分别为头车测点 h1、h2~h7，中车测点 m1、m2、m3，尾车测点 t5、t4~t1。

从图 6-69 可以看出：动车组通过单线隧道时，列车速度对车体表面压力幅值沿车身方向的分布特征影响有限，不同的运行速度下，最大压力幅值均出现于车肩处的 h3 测点。列车以 255km/h 通过隧道时纵剖面对称线上的最大压力幅值为 2644Pa，309km/h 时最大压力幅值为 4020Pa，343km/h 时最大压力幅值为 5135Pa，380km/h 时最大压力幅值为 6485Pa，396km/h 时最大压力幅值为 7174Pa。

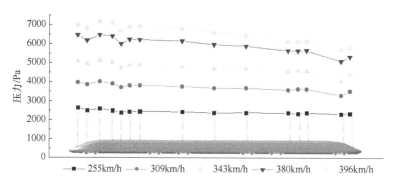

图 6-69 动车组通过单线隧道纵剖面对称线上测点压力幅值分布

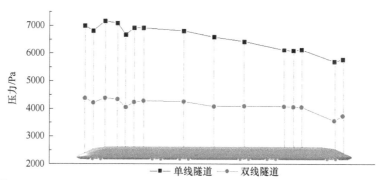

图 6-70 动车组以 396km/h 分别通过单线和双线隧道时纵剖面对称线上的压力幅值分布

列车通过隧道时的速度会决定测点压力幅值的大小，列车速度为 255km/h 时纵剖面对称线上测点压力幅值的平均值为 2433Pa，309km/h 时为 3728Pa，343km/h 时为 4736Pa，380km/h 时为 5965Pa，396km/h 时为 6560Pa。

相同速度下，测点间压力幅值的最大值比平均值大 9%，动车组通过隧道时车体表面沿着纵剖面对称线上的压力幅值在各个测点之间相差不大。测点间压力幅值的平均值可以代表动车组通过单线隧道时车体表面纵剖面对称线上的气动载荷情况。

列车速度与平均压力幅值的拟合关系如下所示：

$$\Delta P_{average}=0.5835v^2-532.12 \tag{6-27}$$

式中 $\Delta P_{average}$——车体表面纵剖面对称线上测点间的平均压力幅值，单位为 Pa；

v——列车在隧道内的运行速度，单位为 m/s。

确定系数 $R^2=0.9996$。

可见，动车组通过单线隧道时的气动载荷与列车运行速度的平方成正比。

列车的速度越高，压力幅值沿列车方向上的波动越明显，但这种压力幅值的波动主要集中于头车的测点。此外，列车通过单线隧道的速度由 255km/h 提高至 396km/h 时车体表面测点的压力幅值会沿着列车长度方向由头至尾逐步下降，且速度越高，压力幅值的下降趋势越明显。

图 6-70 为动车组以 396km/h 通过单线隧道和双线隧道时车体表面纵剖面对称线上的压力幅值分布。实车动车组最大横截面积为 11.9m²，在通过 70m² 单线隧道和 100m² 双线隧道的阻塞比分别为 0.170 和 0.119。由图中测点压力幅值散点折线图可知，阻塞比的不同对车体表面压力幅值分布特征影响较小，但阻塞比会决定测点压力幅值的大小。动车组通过单线

第 6 章 风洞试验验证技术

隧道，即阻塞比为 0.170 时，车体纵剖面对称线上的测点最大压力幅值为 7174Pa，各测点压力幅值的平均值为 6560Pa；动车组通过双线隧道，即阻塞比为 0.119 时，车体纵剖面对称线上的测点最大压力幅值为 4387Pa，各测点压力幅值的平均值为 4127Pa。阻塞比增加 43% 时，压力幅值的平均值增加了 59%。

阻塞比的差异会对中间车和尾车的测点压力幅值下降幅度产生部分影响，压力幅值与测点在列车长度方向位置的拟合关系：

$$阻塞比为 0.170 时，\Delta P = -0.1562X + 733 \tag{6-28}$$

$$阻塞比为 0.119 时，\Delta P = -0.0376X + 4384 \tag{6-29}$$

式中　X——距离 h1 测点的水平距离，单位为 mm。

可见，阻塞比越大，测点压力幅值沿车身长度方向下降越快。

分别选取头车 2 个横截面、中间车 1 个横截面和尾车 2 个横截面的压力测点，观察分析车体表面同一横截面上的压力载荷分布情况。每个横截面上有 3 个压力测点，分别为顶部、左侧和右侧的压力测点，顶部测点位于横截面顶部中点处，车体上左右两个压力测点的高度相同。头车 2 个横截面的测点分别命名为 a 组（h11、h2 和 h8）和 b 组（h13、h7 和 h10），中间车横截面上测点为 c 组（m5、m2 和 m8），尾车的为 d 组（t8、t5 和 t11）和 e 组（t6、t2 和 t9）。其中 a 组和 e 组的测点所在横截面位于变截面的流线型区域，其他组的横截面均为车辆的最大横截面，如图 6-71 所示。

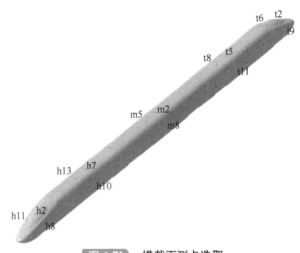

图 6-71　横截面测点选取

图 6-72 是动车组以 396km/h 分别通过单线和双线隧道时 a~e 组的测点压力时程曲线。由于阻塞比的差异，横向对比每组横截面测点的压力幅值，列车通过单线隧道时测点压力幅值平均比通过双线隧道大 38%。

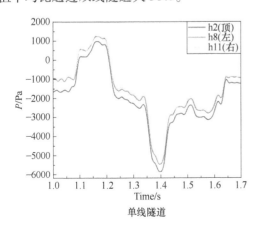

单线隧道

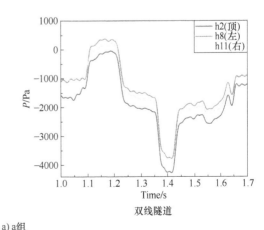

双线隧道

a) a 组

图 6-72　动车组以 396km/h 通过隧道时车体压力测点历时曲线

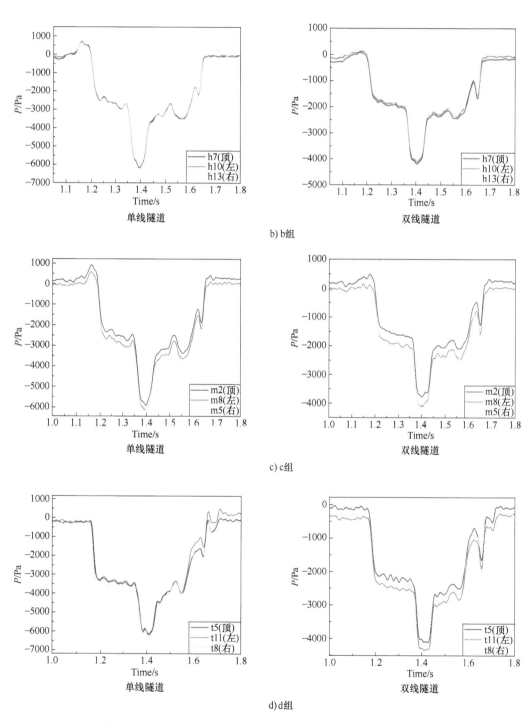

b) b组

c) c组

d) d组

图 6-72 动车组以 396km/h 通过隧道时车体压力测点历时曲线（续）

第 6 章 风洞试验验证技术

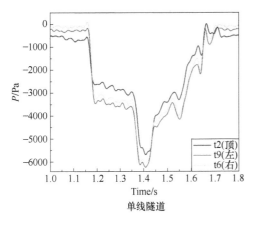
单线隧道

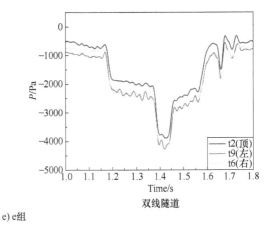
双线隧道

e) e组

图 6-72 动车组以 396km/h 通过隧道时车体压力测点历时曲线（续）

位于头车驾驶室处横截面的 a 组压力测点在列车通过单线隧道时左右两个测点（h8、h11）的压力曲线完全重合（$P_{max}=1262Pa$），压力高于驾驶室玻璃处的 h2 测点（$P_{max}=971Pa$）；由于列车通过双线隧道时沿隧道中的左侧轨道运行，距离隧道壁面较近的左侧 h8 测点压力（$P_{max}=380Pa$）高于右侧距离隧道壁面较远的 h11 测点（$P_{max}=182Pa$），该处横截面上的左右两个测点的压力均高于顶部 h2 测点（$P_{max}=-43Pa$）。

位于头车最大横截面处的 b 组压力测点在列车通过单线隧道时，3 个压力测点的压力历时曲线完全重合，压力幅值约为 7000Pa；列车通过双线隧道时这 3 个压力测点的历时曲线也基本重合，之间的压力差小于 50Pa，测点的压力幅值约为 4250Pa。

位于中间车中点处横截面上的 c 组测点在列车通过单线隧道和双线隧道时表现出相同的特点：压力测点压力变化处于负压区；车体两侧的测点压力历时曲线基本重合，压力小于顶部的测点，顶部测点压力幅值（单线隧道：6823Pa，双线隧道：4260Pa）也略大于车体两侧的压力测点（单线隧道：6702Pa，双线隧道：4210Pa）。

位于尾车车身最大横截面的 d 组测点在列车通过隧道时压力变化位于负压区。列车通过单线隧道时该截面上的 3 个测点的压力曲线基本重合，最大负压值为 $P_{min}=-6107Pa$；列车通过双线隧道时，位于顶部的 t5 测点压力（$P_{min}=-4095Pa$）高于距离隧道壁面较远的 t8 测点（$P_{min}=-4231Pa$），高于距离隧道壁面较近的 t11 测点（$P_{min}=-4349Pa$）。

位于尾车驾驶室处的 e 组测点在列车通过单线和双线隧道时测点压力也在负压区变化，顶部的 t2 测点压力（单线隧道：$P_{min}=-5617Pa$，双线隧道：$P_{min}=4210Pa$）高于两侧的测点（单线隧道：$P_{min}=-3847Pa$，双线隧道：$P_{min}=-4158Pa$），而且两侧测点的压力曲线基本重合，即使是列车通过双线隧道时测点离隧道壁面的距离不同。

对比列车通过单线隧道和双线隧道时横截面上压力测点的变化，可以看出：

1）测点压力幅值受阻塞比影响，阻塞比增加 43%，横截面上测点压力幅值平均增加 38%。

2）列车与隧道壁面之间的空间大小对测点压力的影响有限，在双线隧道中，头部鼻锥处和尾车车身处车体左右两侧的压力测点受不同的空间大小影响明显：头部鼻锥处距离隧道壁面近的测点压力高于另一侧测点的压力，而尾车车身处距离隧道壁面近的测点压力低于另一侧测点的压力。

由 Howe 运用声学格林函数计算得到了列车进入隧道过程中隧道内压缩波的压力-时间曲线，在理论推导的基础上做了适当简化，得到隧道内压缩波的最大值公式为

$$\Delta P = \frac{\rho V^2 \beta}{1-M^2}(1+\beta) \tag{6-30}$$

式中　ρ——空气密度，$\rho = 1.225 \text{kg/m}^3$；

　　　β——阻塞比；

　　　V——列车通过隧道的速度，单位为 km/h；

　　　M——马赫数。

从前面的统计数据可知，隧道壁面最大压力值基本出现在隧道中部 P30 测点，将隧道壁面测点 P30 在各速度下的压力最大值试验数据代入式（6-30），拟合可得在阻塞比 $\beta = 0.170$ 时和在阻塞比 $\beta = 0.119$ 时，修正系数 α 见表 6-13。

表 6-13　不同速度下的修正系数 α

动车组进入单线隧道时的速度/(km/h)	$\beta = 0.170$	动车组进入双隧道时的速度/(km/h)	$\beta = 0.119$
255	1.155	256	1.124
343	1.156	344	1.095
396	1.180	394	1.092

可得动车组通过隧道时列车速度、阻塞比与压力波幅的规律为

$$\Delta P = \alpha \frac{\rho V^2 \beta}{1-M^2}(1+\beta) \quad (\alpha = 1.077 \sim 1.373) \tag{6-31}$$

6.3.6　小结

本节通过分析动车组通过单线隧道和双线隧道时车体表面和隧道壁面压力波动特点，归纳列车运行速度和阻塞比对列车通过隧道时气动载荷的影响规律，得出以下结论：

1）列车进出隧道时会形成明显的隧道压力波动。隧道内测点上的压力在列车经过时变化最为突出。车速对隧道内压力变化量值影响显著。隧道内压力变化的最大值与车速的平方成正比，压力波幅与车速的平方呈一阶线性函数关系。最大压力值与列车速度的拟合关系为 $P_{\max} = 0.43v^2 - 208.10$，压力幅值与列车速度的拟合关系为 $\Delta P = 0.84v^2 - 517.4$。

2）阻塞比不同时，隧道内测点的压力变化趋势基本相同。阻塞比越大，隧道内压力变化越大。隧道内压力变化的最大值和压力波动幅值均与阻塞比成一阶线性函数关系；且列车进入隧道时的速度越高，隧道内压力由于阻塞比的增大而变化得更快。阻塞比增加 43% 时，车体表面各个测点压力幅值的平均值增加了 59%。

3）动车组通过单线隧道时的气动载荷与列车运行速度的平方成一阶线性关系。列车的速度越高，压力幅值沿列车方向上的波动越明显，但这种压力幅值的波动主要集中于头车的测点。速度越高，压力幅值沿着列车长度方向由头至尾的下降趋势越明显。列车速度与平均压力幅值的拟合关系为 $\Delta P_{\text{average}} = 0.5835v^2 - 532.12$。

4）动车组通过隧道时列车速度、阻塞比与压力波幅的规律为 $\Delta P = \alpha \dfrac{\rho V^2 \beta}{1-M^2}(1+\beta)$（$\alpha = 1.077 \sim 1.373$）。

参 考 文 献

[1] 田红旗. 列车空气动力学［M］. 北京：中国铁道出版社，2007.
[2] 张卫华. 高速列车耦合大系统动力学理论与实践［M］. 北京：科学出版社，2013.

第 7 章

实车试验验证技术

通过数值仿真和风洞试验等手段获得列车气动设计关键参数以后,实车试验是校核高速列车气动性能的关键环节。本章主要介绍实车试验与评估方法和典型线路的气动载荷谱。

7.1 实车试验与评估方法

7.1.1 测试系统

实车试验的车载测试系统一般由信号部分、数据采集部分、数据传输和计算机等部分组成,如图 7-1 所示。信号部分主要由压力传感器组成;数据采集仪器选用东华 DH-5929;数据传输由网线和光纤组成;数据采集程序由 LabVIEW 软件编制。

传感器的选择应以测量精度高、对流场影响小为原则。测量列车车内外压力需要在列车表面布置传感器来获取压力信号变化,列车又是在高速运动的状态下,还会受到天气等各种因素的影响,因此高速动车组实车试验环境非常复杂,受外界干扰因素较多,试验过程中选用压阻式压力传感器。

压阻式压力传感器最主要的部分是圆形硅膜片。硅膜片位于圆形硅环的下部,两边有两个压力腔,高压腔与被测压力相通,低压腔和参考压力相通,其结构如图 7-2 所示。

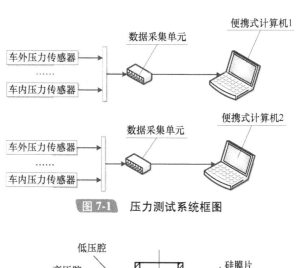

图 7-1 压力测试系统框图

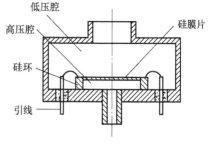

图 7-2 压阻式压力传感器

第 7 章　实车试验验证技术

在实车试验过程中，安装车体表面传感器时，不能对车体造成任何损坏。需要测量的压力是瞬态变化的，在很短时间内发生大幅度变化。因此，压力传感器选型需要满足以下要求：

1) 安装于车体表面且不能对车体、信号造成任何影响，传感器本身体积很小，便于安装。

2) 动态响应频率比被测信号的脉动频率高。

3) 抗干扰性能好。

4) 传感器性能相对稳定，不受温度和时间影响。

5) 传感器灵敏度高，输出信号大，满足信号长距离传输。

ENDEVCO 公司生产的 8515C-15 系列纽扣式压力传感器如图 7-3 所示。该种传感器体积小，厚度薄，仅有 0.76mm，直径约为 6.35mm，便于在列车壁面上布置，适合于高速动车组车内外压力的测量。贴片式压力传感器实物如图 7-4 所示。

图 7-3　8515C-15 压力传感器实物图

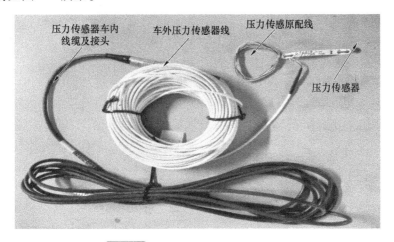

图 7-4　贴片式压力传感器实物图

7.1.2　测点布置

试验列车为重联动车组（CRH3A-3081+3086），为分析司机室侧窗气动载荷，将测点布置在编号为 3081 的尾车上。尾车车内外共设置 10 个压力测点，其中 6 个车外压力测点，4 个车内压力测点。

1. 车外测点布置

根据列车运行和交会时的压力波分布特点，在尾车开闭机构、司机室侧窗外表面和客室侧窗外表面左右对称布置测点，每侧外表面各布置 2 个（即尾外 P1~P6）。图 7-5 给出了车外 6 个测点的位置。

2. 车内测点布置

车内取司机室侧窗和客室侧窗左右对称布置 4 个测点（尾外 P7~P10）。图 7-6 给出了

235

车内 4 个测点的位置。

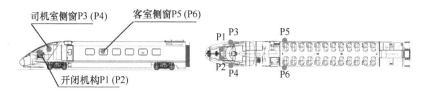

图 7-5　CRH3A 尾车车外测点布置

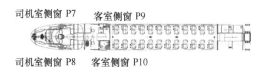

图 7-6　CRH3A 尾车车内测点布置示意图

7.1.3　试验实施与完成情况

1. 试验列车

以重联动车组的第一列车 CRH3A-3081 为主要测试对象，车内外压力传感器和主要测试设备、仪器均安装于该列车上。

试验中交会试验的陪试列车为 CRH380B 重联动车组，编号为 CRH380B-3755+3751（后两日试验为 CRH380B-3758+3763），如图 7-7 所示。为测量隧道端口当地大气压，在陪试动车组上也安排了专人用便携式测试仪器测量隧道端口和中间位置的当地大气压。

a) CRH3A 重联动车组第一列车尾车

b) CRH380B 动车组（陪试车）

图 7-7　CRH3A 和 CRH380B 动车组

2. 试验仪器设备

表 7-1 给出了试验所需要的设备，包括数据采集器、压力分析软件、便携式计算机、压力传感器和蓄电池。

表 7-1　试验仪器设备清单

序号	名　　称	型号/规格	生产厂家	数量
1	多通道动态信号测试分析系统	DH 5929	江苏东华测试技术股份有限公司	2
2	多通道车内外压力测量分析软件	LabVIEW	美国国家仪器（NI）公司	1

(续)

序号	名称	型号/规格	生产厂家	数量
3	便携式计算机	Lenovo	联想	2
4	贴片式压力传感器	Endevco 8515C-15	美国 MEGGITT	10
5	蓄电池	A412/50 F10	德国阳光工业集团有限公司	2

7.2 典型线路气动载荷谱

当动车组以正常运营速度通过长大坡度隧道群时,研究重联车第一列车尾车车外开闭机构附近、客室和尾车司机室侧窗车外压力以及侧窗对应的车内压力变化特性,得出侧窗处车内外压差变化和分布特性。

针对时速 250km 西成线运营的 CRH3A 动车组,进行动车组通过长大坡度隧道群全过程时的列车侧窗处车内外压力的实车测试试验,获得车内外压力波的复杂形态和变化规律以及列车侧窗气动载荷的变化特性。

试验线路区段为三桥—阿房宫(含)—汉中(含)。

7.2.1 试验概况

西成客专自西安北站由北向南穿越关中平原、秦岭山脉、汉中平原、巴山山脉进入四川盆地,是国家"八纵八横"高铁网络规划中"京昆通道"的重要组成部分。西成客专地质条件极为复杂,尤其陕西境内段的地质地貌较为复杂,是我国最具山区特点的高标准现代化高速铁路。全线于 2017 年 12 月 6 日开通运营,图 7-8 为西安到汉中线路俯视图。

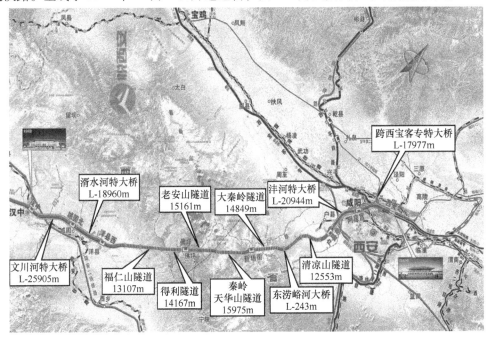

图 7-8 西成客专自西安到汉中线路俯视图

西成客专陕西境内的隧道工程总长188.965km，数量总计34座，占线路总长度的55.1%，尤其是秦岭山区，隧道占比更是高达85.5%。表7-2为西成客专陕西段的隧道分布情况。表中数据表明，本次试验区段为西安北至汉中，从清凉山隧道入口至赵家岭隧道出口，超过10km的特长隧道有6座；相邻隧道洞口的最大间距为1.57km，最短的几乎连在一起，多数隧道相邻洞口的间距小于200m，小于一列8编组动车组长度，数量总计12座。从清凉山隧道至大秦岭隧道的隧道群，存在坡度高达25‰的连续大坡度，坡度接近45km，落差达1100m，数量总计6座，特长隧道2座。大秦岭隧道群在我国有高铁建设史以来尚属首例，大坡度、长大隧道、密集隧道群、高落差等特点相耦合，属于典型的高落差、长大坡度、密集长大隧道群。

连续的大坡度虽然大大缩短了穿越秦岭地区的线路长度，但在连续大坡度和长大密集的隧道群耦合作用下，列车高速通过隧道时带来的车外压力波非常复杂和剧烈，对既有列车车体密封程度以及由此引起的司机室侧窗等车体结构的气动载荷的合理性提出了新的挑战，有必要对连续大坡度、长大密集隧道群共同作用下列车侧窗玻璃的气动载荷进行实测。

表 7-2 西成客专陕西段的隧道分布

序号	隧道名称	起讫里程 进口	起讫里程 出口	长度/m	相邻洞口间距/m	纵坡(‰)/(坡长/m)
1	清凉山隧道	DgK56+156	DgK68+709	12553	—	25/12553
2	纸坊一号隧道	DgK68+787	DgK77+186.2	8399.2	78	25/8399.2
3	纸坊二号隧道	DgK77+249.8	DgK80+631.7	3381.9	63.6	25/3381.9
4	大庄坪隧道	DgK80+862	DgK83+818.2	2956.2	230.3	25/2956.2
5	桃园沟隧道	DgK83+844.8	DgK85+386	1541.2	26.6	25/1541.2
6	大秦岭隧道	DgK85+533	DgK100+378.99	14845.99	147	25/13917，-1/928.99
7	菜子坪一号隧道	DgK101+412.59	DgK103+285.41	1872.82	1033.6	-1/537.41，-22/1335.41
8	菜子坪二号隧道	DgK103+285.41	DgK103+991	705.59	0	-22/705.59
9	花石隧道	DgK104+224.31	DgK108+737	3940.186	233.31	-22/203.186，-25/3600，-23/137
10	秦岭天华山隧道	DgK108+888.4	DgK124+877	15988.6	151.4	-23/15311.6，-13/677
11	罗卜峪一号隧道	DgK124+943	DgK126+261	1318	66	-13/1307，7/11
12	罗卜峪二号隧道	DgK126+319	DK128+433	2114.802	58	7/2114.802
13	老安山隧道	DK128+617.00	DK143+778.00	15161	184	7/383，-22.5/10470，-5.9/3730，-1/378
14	得利隧道	DK144+663	DK158+830.05	14167.068	885	-1/537，3/4800，-18/8835.018
15	福仁山隧道	DK159+625.95	DK172+727.50	13101.55	795.9	3/3274.05，-8/9827.5
16	罗曲隧道	DK172+977	DK182+261	9284	249.5	6.5/5238.79，-3/4045.21
17	范家咀隧道	DK182+556.00	DgK184+312.32	1756.32	295	3/1756.32
18	任家山隧道	DgK185+877.74	DgK187+247	1369.26	1565.42	-11.5/1369.26
19	赵家岭隧道	DgK187+820.89	DgK188+898.45	1077.56	573.89	-25/1077.56
20	赵家岭明洞	DgK189+850	DgK190+000	150	951.55	-25/150
21	中梁隧道	DgK253+434	DgK255+685.34	2251.34	63434	0/66，18.4/2185.34

(续)

序号	隧道名称	起讫里程 进口	起讫里程 出口	长度/m	相邻洞口间距/m	纵坡(‰)/(坡长/m)
22	阜川隧道	DgK271+936.21	DgK280+951.53	9015.32	16250.87	19/4763.79, -3/4251.53
23	房家湾隧道	DgK281+147	DgK289+708.	8561	195.47	-3/23, 25/8538
24	漆树坝隧道	DgK289+787.	DgK297+012.7	7225.7	79	25/113, 19/5960, 8/1152.7
25	何家梁隧道	DgK297+190	DK309+593	12405.519	177.3	-20/12405.519
26	戚家垭隧道	DK310+644	DK313+789	3145	1051	6/3145
27	大安沟隧道	DK313+905.57	DgK314+660	754.43	116.57	6/754.43
28	赵家田隧道	DgK320+190	DgK320+435	245	5530	-3/245
29	枫香沟隧道	DgK320+575	DgK321+339.3	764.3	140	-3/764.3
30	石咀子隧道	DK324+588	DK324+735	147	3248.7	4/147
31	宁强隧道	DK324+832.60	DK330+703	5870.4	97.6	4/2266.46, 11/3000.94, 14/603
32	吴家榜隧道	DK330+952	DK332+660	1708	249	14/1648, -12/60
33	棋盘关隧道	DK332+728.00	DgK341+956.89	9228.89	68	-12/1272, -22/4500, -7/3456.89
34	毛毛山隧道	DgK342+023.1	DgK343+981.975	1958.875	66.21	-7/76.9, -5.395/1881.975

7.2.2 秦岭隧道群内大气数据测试

本节将介绍测量各个隧道内的大气数据试验情况，包括对测试隧道信息、测试方法及测试仪器的说明。这些大气数据包括大气压强、温湿度以及密度等，并对隧道内的各项大气数据测试值与理论计算值进行比较分析，得出相关结论，为后续大气数据的应用奠定基础。

1. 测试隧道

试验测试隧道为清凉山隧道、大庄坪隧道和大秦岭隧道三个隧道的入口、中央和出口，测试隧道的长度、起讫里程及纵坡坡度和坡长数据见表7-3。

表7-3 测试隧道的长度、起讫里程及纵坡坡度和坡长数据

序号	隧道名称	起讫里程 进口	起讫里程 出口	长度/m	纵坡(‰)/(坡长/m)
1	清凉山隧道	DgK56+156	DgK68+709	12553	25/12553
2	大庄坪隧道	DgK80+862	DgK83+818.2	2956.2	25/2956.2
3	大秦岭隧道	DgK85+533	DgK100+378.99	14845.99	25/13917, -1/928.99

2. 测试仪器

测量长大隧道内大气数据的测试仪器包括多功能电子高度海拔计FR500（图7-9）、热线风速仪MODEL6112（图7-10）。

3. 气压实测数据

表7-4显示了清凉山隧道入口、清凉山隧道中央、清凉山隧道出口、大庄坪隧道入口、大庄坪隧道中央、大庄坪隧道出口及大秦岭隧道入口、大秦岭隧道中央、大秦岭隧道出口大气数据的实测值。

图 7-9　多功能电子高度海拔计

图 7-10　热线风速仪

表 7-4　高程、大气压、温度和湿度实测数据记录表

序号	地点	高程/m	大气压/kPa			温度/℃	湿度（%）
			便携式	松路	相对误差（%）		
1	清凉山隧道入口	479	95.20	95.1	0.11	2.4	37
	清凉山隧道中央	638	93.39	93.3	0.10	10.9	38
	清凉山隧道出口	796	91.66	91.6	0.07	6	36
2	大庄坪隧道入口	996	89.59	89.6	0.01	3.7	33
	大庄坪隧道中央	1032	89.2	89.1	0.11	9.8	33
	大庄坪隧道出口	1072	88.83	88.7	0.15	4.3	32
3	大秦岭隧道入口	1185	87.99	87.9	0.1	0.4	37
	大秦岭隧道中央	1379	85.93	85.8	0.15	9.9	35
	大秦岭隧道出口	1545	84.21	84.1	0.13	3.2	32

4. 温湿度实测数据

为了计算标准大气，取温度为位势高度的线性函数，表达式为

$$T = T_b + L(H - H_b) \tag{7-1}$$

式中　T_b、H_b——相应层下界的温度及位势高度，单位为 m；

L——垂直温度梯度 $\dfrac{\mathrm{d}T}{\mathrm{d}H}$。

本小节所采用的相应参数 $H_b = 0.00\text{km}$，温度 $T_b = 15℃$ 和 $L = -6.50\text{K}/1000\text{m}$。

根据经验公式 (7-1) 分别计算出清凉山隧道入口、清凉山隧道中央、清凉山隧道出口、大庄坪隧道入口、大庄坪隧道中央 、大庄坪隧道出口和大秦岭隧道入口、大秦岭隧道中央、大秦岭隧道出口的理论温度值，并将计算结果记录在表 7-5 中。

表 7-5　温度与海拔高程理论计算值

序号	时间	地点	高程/m	实测温度值/℃	理论温度值/℃
1	2018.01.16	清凉山隧道入口	479	9.4	11.9
		清凉山隧道中央	638	10.9	10.9
		清凉山隧道出口	796	6	9.8

（续）

序号	时间	地点	高程/m	实测温度值/℃	理论温度值/℃
2	2018.01.18	大庄坪隧道入口	996	3.7	8.5
		大庄坪隧道中央	1032	9.8	8.3
		大庄坪隧道出口	1072	4.3	8.0
3	2018.01.15	大秦岭隧道入口	1185	0.4	7.3
		大秦岭隧道中央	1379	9.9	6.0
		大秦岭隧道出口	1545	3.2	5.0

图 7-11 表示温度的实测值与理论值随海拔高程的变化，图 7-12 表示温度随海拔高程变化的理论值与实测值两者之间的相对误差。由图可知：

1）测试值和理论值相差比较大，主要差别是隧道入口和出口处的温度。

2）实测数据表明：隧道内的温度随隧道纵向有一定的变化规律，大致呈抛物线形分布，在冬季中间温度高，进出口段温度低。

3）隧道内的温度有很多影响因素，所以实测值与基于理想大气模型经验公式的理论计算值存在一定的偏差。

4）建议利用三维软件对隧道内的温度场进行仿真分析，指导实际隧道工程的建设。

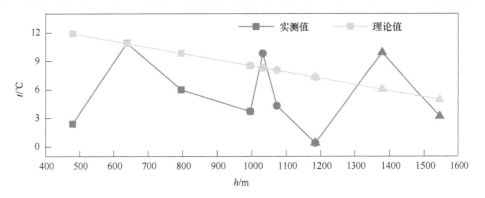

图 7-11 温度实测值与理论值对比

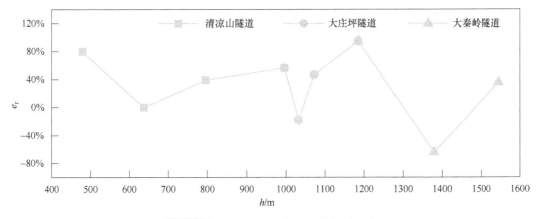

图 7-12 温度实测值与理论值相对误差

5. 湿度实测数据

本次实车试验测量的是空气的相对湿度状态参数。本章采用的相对湿度的理论计算公式为

$$\varphi = \frac{p_q}{p_{q,b}} \times 100\% \qquad (7-2)$$

式中 φ——相对湿度；

p_q——空气中水蒸气分压力，单位为 Pa；

$p_{q,b}$——同温度下饱和水蒸气分压力，可通过经验公式

$$p_{q,b} = 602.4 \times 10^{\frac{7.45t}{235+t}} \qquad (7-3)$$

计算，t 为温度，单位为℃。

根据理论计算公式分别计算出清凉山隧道入口、中央、出口，大庄坪隧道入口、中央、出口和大秦岭隧道入口、中央、出口的理论相对湿度值，并将计算结果记录在表 7-6 中。图 7-13 表示实测湿度值与理论计算湿度值对比。图 7-14 表示实测湿度值与理论计算湿度值两者之间的相对误差。由图可知：

1）相对湿度的实测值和理论计算值两者之间的相对误差范围为 78%～88%，且实测值与理论计算值两者之间的相对误差随隧道纵向有一定的变化规律，大致呈抛物线形分布，隧道中间位置相对误差较大，隧道两端的相对误差呈不对称分布。

2）湿度受温度、大气压的影响比较显著。

表 7-6 相对湿度理论值

序号	时间	地点	高程/m	实测相对湿度（%）	理论相对湿度（%）
1	2018.01.16	清凉山隧道入口	479	37	7.3797
		清凉山隧道中央	638	38	4.41684
		清凉山隧道出口	796	36	5.82844
2	2018.01.18	大庄坪隧道入口	996	33	6.61746
		大庄坪隧道中央	1032	33	4.59553
		大庄坪隧道出口	1072	32	6.35214
3	2018.01.15	大秦岭隧道入口	1185	37	8.02473
		大秦岭隧道中央	1379	35	4.47246
		大秦岭隧道出口	1545	32	6.60384

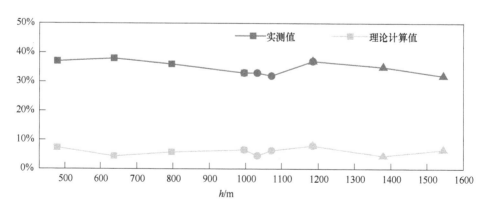

图 7-13 测试湿度与理论计算湿度

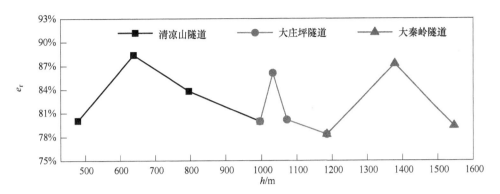

图 7-14　实测湿度与理论计算湿度相对误差

6. 空气密度估算值

针对空气密度与海拔之间的关系，本章采用适用于对流层（0<h<11km）的大气密度和海拔之间的经验公式。

$$\rho_h = \rho_0 \left(1 - \frac{h}{44330}\right)^{\frac{g}{\alpha R} - 1} \tag{7-4}$$

式中　ρ_h——在高度 h 上的压力，单位为 Pa；

ρ_0——空气密度，$\rho_0 = 1.225$ kg/m³；

h——以海平面起计算的高度，单位为 m；

g——重力加速度，$g = 9.80665$ m/s² ≈ 9.81 m/s²；

α——年平均温度直减率，$\alpha = 0.0065$ ℃/m；

R——气体常数，在各高度上不变，$R = 287.05278$ J/(kg·K) ≈ 287 J/(kg·K)。

根据经验公式分别计算出清凉山隧道入口、中央、出口，大庄坪隧道入口、中央、出口和大秦岭隧道入口、中央、出口的理论空气密度，并将计算结果记录在表 7-7 中，图 7-15 表示大气密度随海拔的变化。由图可知：

1）大气密度随海拔呈现出线性变化趋势，且随着海拔的增加，大气密度逐渐减小。

2）大气密度随海拔的变化率为 0.1087 (kg/m³)/m。

表 7-7　密度与高程变化的理论计算值

序号	地点	高程/m	理论计算密度/(kg/m³)
1	清凉山隧道入口	479	1.16961
	清凉山隧道中央	638	1.15166
	清凉山隧道出口	796	1.13403
2	大庄坪隧道入口	996	1.11201
	大庄坪隧道中央	1032	1.10808
	大庄坪隧道出口	1072	1.10373
3	大秦岭隧道入口	1185	1.0915
	大秦岭隧道中央	1379	1.07075
	大秦岭隧道出口	1545	1.05324

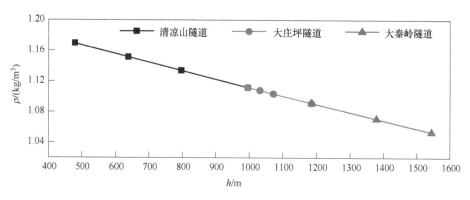

图 7-15 密度随高程变化

7. 小结

本节主要针对大坡度长隧道内的大气数据进行理论计算,并对实测值和理论计算值进行对比分析,研究结果表明:

1) 动车组通过大坡度长大隧道时,实测数据和理论数据均表明随着海拔的升高大气压力逐渐减小,实测值和理论计算值之间的误差最大不超过 2.6%,且从清凉山隧道入口到大秦岭隧道出口,大气压强下降了 12.9kPa,下降率为 11.73Pa/m。

2) 动车组通过大坡度长大隧道时,隧道内的温度随隧道纵向有一定的变化规律,大致呈抛物线形分布,在冬季中间温度高,进出口段温度低。

3) 相对湿度的实测值和理论计算值两者之间的相对误差范围为 78%~88%,且实测值与理论计算值两者之间的相对误差随隧道纵向有一定的变化规律,大致呈抛物线形分布,隧道中间位置相对误差较大,隧道两端的相对误差呈不对称分布。

4) 大气密度随海拔呈现出线性变化趋势,且随着海拔的增加,大气密度逐渐减小;大气密度随海拔的变化率为 0.1087 (kg/m^3)/m。

7.2.3 秦岭隧道群司机室侧窗玻璃气动载荷

通过前文对动车组通过大坡度长大隧道内大气数据的分析,可知随着海拔的增加大气压力逐渐减小。动车组通过大坡度为 25‰ 的秦岭隧道群时,大幅度的海拔落差导致玻璃中空层和车窗内外表面承受着巨大的压差变化。列车在隧道内运行时,车窗内外玻璃的压差和隧道压力波进行叠加,这种叠加的压力载荷对列车司机室侧窗玻璃的冲击最为明显。本节主要分析动车组通过大坡度长大隧道时司机室侧窗玻璃气动载荷的变化特性。

1. 动车组侧窗玻璃相关标准

(1) 国内标准

我国颁布的关于动车组车窗玻璃的相关标准有:

1) 国标 GB 18045—2000《铁道车辆用安全玻璃》。
2) 国标 GB/T 21563—2018《轨道交通 机车车辆设备 冲击和振动试验》。
3) 国标 GB/T 32057—2015《高速动车组玻璃硬度和抗划伤试验方法》。
4) 国标 GB/T 32059—2015《高速动车组车窗、车门抗风压载荷疲劳试验方法》。
5) 国标 GB/T 32060—2015《高速动车组车窗玻璃抗砾石冲击试验方法》。

第7章 实车试验验证技术

6）铁路运输行业标准 TB/T 3107—2011《铁道客车单元式组合车窗》。
7）铁道部文件《高速铁路联调联试及运行试验指导意见》（铁集成〔2010〕166号）。

（2）国外标准

国外颁布的关于动车组玻璃的相关标准有：

1）英国标准 BS 857：1967《陆地运输用安全玻璃规范》。
2）法国国家标准 NF F 31-129：1993《铁道机车用钢化玻璃》。
3）法国国家标准 NF F 31-250：1992《铁道机车用夹层玻璃》。
4）法国国家标准 NF F 31-314：1992《铁道机车用中空玻璃》。
5）国际铁路联盟标准 UIC 566：1990《车体及零部件载荷》。
6）英国铁路安全标准委员会 GM/RT 2100 第五版《轨道车辆结构要求》。
7）欧洲标准 EN 61373《轨道交通 机车车辆设备 冲击振动》。

（3）国内外动车组玻璃标准力学性能指标

国内外标准对侧窗玻璃力学性能要求及对比见表7-8。钢化玻璃、夹层玻璃、中空玻璃均可以作为列车的侧窗玻璃使用，但其结构、性能差异较大，因此绝大部分标准按照玻璃种类分别进行规范。在抗冲击性能方面，各国标准中钢球的质量和下落高度不尽相同。在抗穿透性方面，中国和英国标准采用钢球进行试验，而法国标准则采用质量为50kg的软体模拟中等体重人员的撞击情况。在抗砾石冲击性方面，只有法国标准进行了规范，但未对夹层玻璃和中空玻璃的抗冲击性能进行规范。中国、英国标准虽未对抗砾石冲击性能进行规范，但有抗冲击性能的要求。

表7-8 国内外标准对侧窗玻璃力学性能的要求

标　准	玻璃种类	抗冲击性	抗穿透性	抗砾石冲击性
GB 18045—2000	钢化玻璃	508g 钢球，下落高度1.1m，试验后试样不可破坏	—	—
	夹层玻璃	508g 钢球，下落高度4m，试验后钢球不可穿透，且冲击面反侧玻璃碎片的质量为20g以下	2260g 钢球，下落高度4m，试验后5s内钢球不可穿透	—
	中空玻璃	组成安全中空玻璃的单片应分别满足钢化或夹层玻璃的质量要求	组成安全中空玻璃的单片应满足夹层玻璃的质量要求	—
BS 857：1967	夹层玻璃	227g 钢球，下落高度9.15米，试验后钢球应在玻璃试样上停留5s	2270g 钢球，下落高度3.65m，试验后钢球不可穿透样品或者样品不可断裂成大片，且冲击面反侧胶片裸露面积<6.5cm²或两侧胶片裸露面积总和≤20cm²	—
NF F 31-129：1993	钢化玻璃	500g 钢球，按规定高度（2.00～5.50m）下落后玻璃不破坏	50kg 软体，下落高度1.50m，试验后软体不可穿透玻璃，玻璃保持在框架内	20g 铝弹，冲击速度双方商定，试验后玻璃不破坏

(续)

标 准	玻璃种类	抗冲击性	抗穿透性	抗砾石冲击性
NF F 31-250：1992	夹层玻璃	—	外侧玻璃预破坏，50kg软体，下落高度1.50m，试验后软体不可穿透玻璃，玻璃保持在框架内	20g铝弹，冲击速度双方商定，试验后玻璃不破坏
NF F 31-314：1992	中空玻璃	—	外侧玻璃为夹层玻璃时不测试，外侧玻璃为单片玻璃时测试，50kg软体，下落高度1.50m，试验后软体不可穿透玻璃，玻璃保持在框架内	20g铝弹，冲击速度双方商定，试验后玻璃不破坏

国内标准对动车组侧窗玻璃抗疲劳载荷的要求见表7-9。GB/T 32059—2015《高速动车组车窗、车门抗风压载荷疲劳试验方法》只对试件抗风压载荷的试验过程做出了明确的规定及操作流程，对于试件的裂损极限载荷并未做出相关的要求。相比之下，GB/T 32059—2015对玻璃的疲劳载荷提出了更高的要求。

表7-9 国内标准对侧窗玻璃抗疲劳载荷要求

标 准	压力等级	压强/Pa	频率/Hz	循环周期	人工淋雨
GB/T 32059—2015	1	p_1	3	1000000	是
	2	p_2	6	200000	否
	3（破坏后）	p_3	3	200	是
UIC CODE 566：1990	1	±1500	6	100000	是
	2	±2500	3	1000000	否
	3（破坏后）	±1500	6	100000	是

注：试件用于250km/h速度等级的动车组时，$p_1 = p_2 = p_3 = \pm 4000\text{Pa}$；用于350km/h速度等级的动车组时，$p_1 = \pm 4500\text{Pa}$，$p_2 = \pm 6000\text{Pa}$。

根据TB/T 3503.3—2018《隧道空气动力学要求和试验方法》关于车内外压差的规定：300km/h以下速度等级的动车组，最大车内外压差应该在±4000Pa范围内；300~350km/h速度等级的动车组，最大车内外压差应该在±6000Pa范围内。

TB/T 3107—2011《铁道客车单元式组合车窗》规定了车窗的抗风压性能。变形压力差$\Delta p \geqslant 3000\text{Pa}$；安全压力差$\Delta p \geqslant 3500\text{Pa}$。标准中对玻璃承受的压差的上限并未进行规定，而在高原低气压区双层中空车窗玻璃内外所承受的压差远远大于标准中所规定的值。张克姝等[1]在2008年对高原普速列车车窗玻璃低压问题进行了研究，发现车窗玻璃在青藏线玉珠峰海拔4680m时，由于高原低压造成双层中空玻璃内外压差较大，导致车窗玻璃内部变形7mm，通过研制的一种自呼吸式的中空玻璃解决了这个问题；2017年，潘云艳等[2]针对列车车窗玻璃承受静载能力进行仿真分析与实测试验，研究结果表明，5mm厚的单层车窗玻璃所能承受的最大均布准静载荷为29.5kPa。

2. 司机室侧窗玻璃受压分析

CRH3A型动车组司机室侧窗玻璃采用安全中空玻璃，中空层充入惰性气体，中空层两侧均为夹层玻璃,共计4层玻璃。车窗玻璃总厚度为40mm,从外到内玻璃厚度依次为5mm、5mm、4mm、4mm,夹层厚度为1.5mm。安装结构图如图7-16所示。

图7-17表示动车组司机室侧窗玻璃受压示意图。p_a表示玻璃中空层气压,本节中玻璃中空层气压均按标准大气压处理,即$p_a = 101.325$kPa;p_{in}表示侧窗内玻璃所受压力;p_{out}表示侧窗外玻璃所受压力。

侧窗内玻璃所受压差为$\Delta p_{in} = p_a - p_{in}$(kPa)。

侧窗外玻璃所受压差为$\Delta p_{out} = p_a - p_{out}$(kPa)。

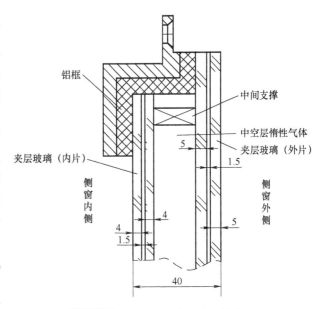

图 7-16　司机室侧窗玻璃结构介绍

3. 单列列车通过秦岭隧道群司机室侧窗玻璃压力载荷特性

秦岭隧道群起点里程 DgK56+156,终点里程 DgK100+378.99,包含清凉山隧道、纸坊一号隧道、纸坊二号隧道、大庄坪隧道、桃源沟隧道、大秦岭隧道,数量总计6座,特长隧道2座,存在坡度高达25‰的连续大坡度,坡度接近45km,落差达1100m。

(1) 司机室侧窗外侧玻璃压力波动特性

表7-10表示动车组上下行通过秦岭隧道群时,动车组驶入隧道和驶出隧道时的速度、时间及动车组隧道内运行的速度和通过隧道的时间历程。

图7-18、图7-19表示动车组上下行通过秦岭隧道群时,近隧道壁面侧和近隧道中心侧司机室侧窗外侧玻璃压力变化;表7-11表示动车组上下行通过秦岭隧道群时司机室侧窗各测点基准压力值,动车组上行通过秦岭隧道群的基准压力为动车组在新场街停车时所采集的各测点的压力值,动车组下行通过秦岭隧道群的基准压力为动车组在动车段停车时所采集的各测点的压力值。以动车组驶入隧道的瞬间作为"零时刻"来计算动车组通过隧道的时间。由图表可知:

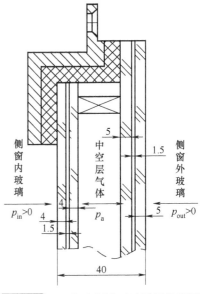

图 7-17　司机室侧窗玻璃受压示意图

1) 动车组上行通过秦岭隧道群时,近隧道壁面侧压力最大增幅为11.279kPa,最大压力峰峰值为11.382kPa,近隧道中心侧压力最大增幅为11.313kPa,最大压力峰峰值为11.47kPa。

2) 动车组下行通过秦岭隧道群时,近隧道壁面侧压力最大增幅为0.249kPa,最大压力峰峰值为11.589kPa,近隧道中心侧压力最大增幅为0.122kPa,最大压力峰峰值为11.322kPa。

3) 车外最大压力峰峰值变化范围为 11.322~11.589kPa，且上下行方向的最大压力峰峰值基本一致。

表 7-10 动车组上下行通过秦岭隧道群时间速度特征记录

运行方向	试验日期	进隧道时间	出隧道时间	进隧道速度/(km/h)	出隧道速度/(km/h)	隧道内运行速度/(km/h)	历时时间/s
上行（下坡）	2017.1.16	01：11：47	01：23：31	55	243	226	704
下行（上坡）	2017.1.15	22：57：06	23：14：17	215	68	154	1031

表 7-11 动车组上下行通过秦岭隧道群时司机室侧窗各测点的基准压力值

运行方向	近隧道壁面侧外侧玻璃测点	近隧道中心侧外侧玻璃测点	近隧道壁面侧内侧玻璃测点	近隧道中心侧内侧玻璃测点
上行（下坡）	75.21kPa	74.76kPa	75.90kPa	74.46kPa
下行（上坡）	87.48kPa	86.91kPa	88.18kPa	88.66kPa

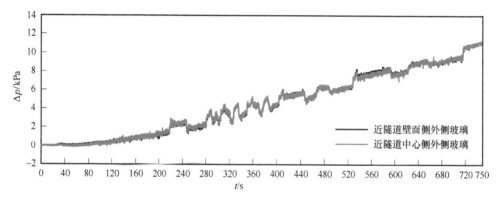

图 7-18 动车组上行通过秦岭隧道群司机室侧窗外侧玻璃压力变化

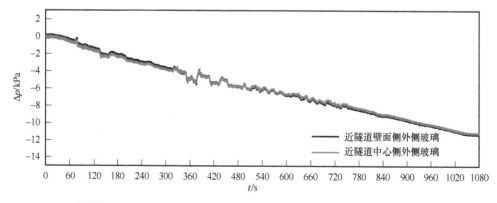

图 7-19 动车组下行通过秦岭隧道群司机室侧窗外侧玻璃压力变化

4) 动车组上行通过秦岭隧道群时，车外压力持续上升，这是因为动车组处于连续下坡状态，大气压力随海拔的降低而升高，致使车外压力处于持续上升趋势；动车组下行通过秦岭隧道群时，车外压力持续降低，这是因为动车组处于连续上坡状态，大气压力随海拔的升高而降低,致使车外压力处于连续下降趋势,压缩波经过测点时会使测点的压力升高,膨胀波经过测点时会使测点的压力降低,压缩波与膨胀波相互交叠形成了隧道压力波,相比之下,动车组上行通过秦岭隧道群时,车外压力变化更加剧烈。

5)大幅度的海拔落差致使动车组车外压力在隧道进出口存在巨大的压力差,动车组上行通过秦岭隧道群时,动车组车外压力在隧道进出口产生的压差为11.3kPa左右;动车组下行通过秦岭隧道群时,动车组车外压力在隧道进出口产生的压差也为11.3kPa左右。

(2)司机室侧窗内侧玻璃压力波动特性

图7-20、图7-21表示动车组上下行通过秦岭隧道群时,近隧道壁面侧和近隧道中心侧司机室侧窗内侧玻璃压力变化,以动车组驶入隧道的瞬间作为"零时刻"来计算动车组通过隧道的时间。由图可知:

1)动车组上行通过秦岭隧道群时,近隧道壁面侧压力变化最大幅值为7.798kPa,近隧道中心侧压力变化最大幅值为8.165kPa。

2)动车组下行通过秦岭隧道群时,近隧道壁面侧压力变化最大幅值为11.827kPa,近隧道中心侧压力变化最大幅值为11.95kPa。

3)车内压力变化最大幅值变化范围为7.798~11.95kPa,下行方向的最大压力峰峰值大于上行方向的最大压力峰峰值。

4)动车组上行通过秦岭隧道群时,由于车外压力持续上升,致使车内压力同步持续升高;动车组下行通过秦岭隧道群时,由于车外压力持续降低,致使车内压力同步降低。

5)大幅度的海拔落差致使动车组车内压力在隧道进出口存在巨大的压力差,动车组上行通过秦岭隧道群时,动车组车内压力在隧道进出口产生的压差为7.6kPa左右;动车组下行通过秦岭隧道群时,动车组车内压力在隧道进出口产生的压差为11.8kPa左右。

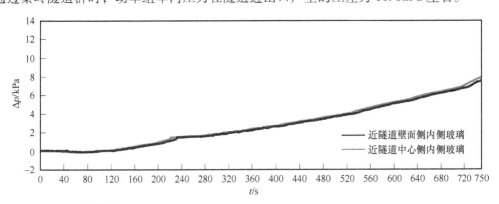

图7-20 动车组上行通过秦岭隧道群司机室侧窗内侧玻璃压力变化

(3)司机室侧窗内外侧玻璃压差变化特性

图7-22~图7-25表示动车组上下行通过秦岭隧道群时,司机室侧窗内外侧玻璃压差变化特性,以动车组驶入隧道的瞬间作为"零时刻"来计算动车组通过隧道的时间。由图可知:

1)动车组上行通过秦岭隧道群时,近隧道壁面侧外侧玻璃压差变化范围为-3.55~17.15kPa,内侧玻璃压差变化范围为-0.57~17.15kPa。

2)动车组上行通过秦岭隧道群时,近隧道中心侧外侧玻璃压差变化范围为-3.76~17.18kPa,内侧玻璃压差变化范围为-0.76~17.16kPa。

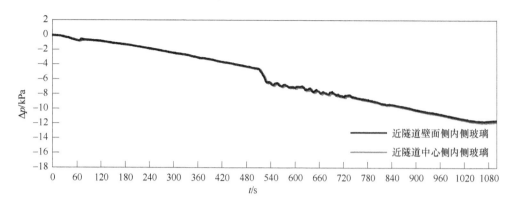

图7-21 动车组下行通过秦岭隧道群司机室侧窗内侧玻璃压力变化

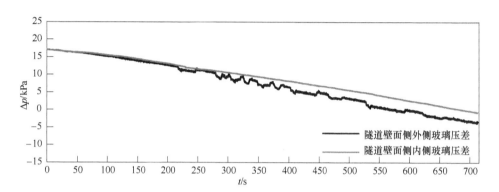

图7-22 动车组上行通过秦岭隧道群近隧道壁面侧司机室侧窗内外侧玻璃压差变化

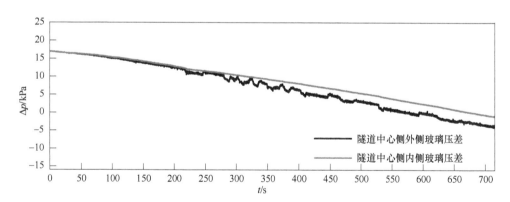

图7-23 动车组上行通过秦岭隧道群近隧道中心侧司机室侧窗内外侧玻璃压差变化

3）动车组下行通过秦岭隧道群时，近隧道壁面侧外侧玻璃压差变化范围为5.93~28.34kPa，内侧玻璃压差变化范围为6.09~28.79kPa。

4）动车组下行通过秦岭隧道群时，近隧道中心侧外侧玻璃压差变化范围为6.04~28.21kPa，内侧玻璃压差变化范围为6.09~28.97kPa。

5）动车组上下行通过秦岭隧道群时，司机室侧窗内外侧玻璃压差变化趋势恰好和车内外压力变化趋势相反，这是因为动车组夹层玻璃的中空层气压均按标准大气压计算（即

第 7 章 实车试验验证技术

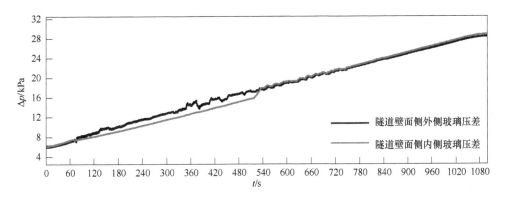

图 7-24 动车组下行通过秦岭隧道群近隧道壁面侧司机室侧窗内外侧玻璃压差变化

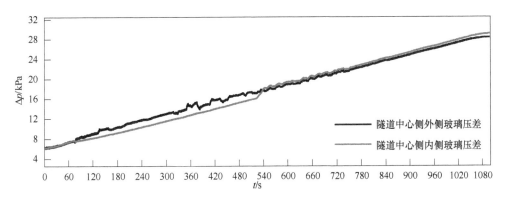

图 7-25 动车组下行通过秦岭隧道群近隧道中心侧司机室侧窗内外侧玻璃压差变化

101.325kPa），所以司机室侧窗内外侧玻璃压差刚好和车内外压力变化趋势相反。

（4）司机室侧窗内外压差变化特性

选取司机室侧窗近隧道壁面侧的内外测点分析侧窗的内外压差变化特性。图 7-26、图 7-27 表示动车组上下行通过秦岭隧道群近隧道壁面侧司机室侧窗内外侧压力及压差变化，以动车组驶入隧道的瞬间作为"零时刻"来计算动车组通过隧道的时间。由图可知：

1) 动车组上行通过秦岭隧道群时，两侧压差的最大正压值为 4.224kPa，最大负压值为 -0.198kPa，最大压差峰峰值为 4.442kPa。

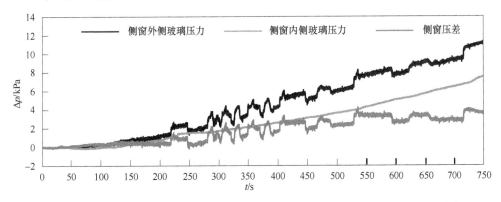

图 7-26 动车组上行通过秦岭隧道群近隧道壁面侧司机室侧窗内外侧压力及压差变化

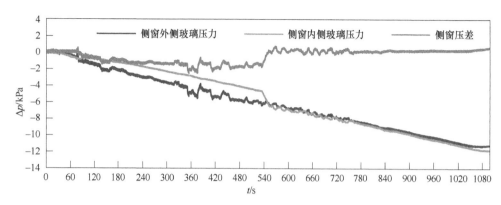

图 7-27 动车组下行通过秦岭隧道群近隧道壁面侧司机室侧窗内外侧压力及压差变化

2）动车组下行通过秦岭隧道群时，两侧压差的最大正压值为 0.786kPa，最大负压值为 −2.522kPa，最大压差峰峰值为 3.308kPa。

7.2.4 小结

（1）大坡度长大隧道内大气数据研究

本章研究了大坡度长大隧道内大气数据随海拔的变化规律，研究结果表明：

1）动车组通过大坡度长大隧道时，实测数据和理论数据均表明随着海拔升高大气压力逐渐减小，实测值和理论计算值之间的误差最大不超过 2.6%，且从清凉山隧道入口到大秦岭隧道出口，大气压强下降了 12.9kPa，下降率为 11.73Pa/m。

2）动车组通过大坡度长大隧道时，隧道内的温度随隧道纵向有一定的变化规律，大致呈抛物线形分布，在冬季中间温度高，进出口段温度低。

3）相对湿度的实测值和理论计算值两者之间的相对误差范围为 78%~88%，且实测值与理论计算值两者之间的相对误差随隧道纵向有一定的变化规律，大致呈抛物线形分布，隧道中间位置相对误差较大，隧道两端的相对误差呈不对称分布。

4）大气密度随海拔变化呈现出线性变化趋势，且随着海拔的增加，大气密度逐渐减小；大气密度随海拔的变化率为 $0.1087kg/m^4$。

（2）大坡度长大隧道内司机室侧窗玻璃气动载荷研究

本章研究了单列车通过大坡度长大隧道及隧道群时司机室侧窗玻璃气动载荷特性和隧道内交会时司机室侧窗玻璃气动载荷特性，司机室侧窗外侧玻璃压力变化规律为：

1）动车组上下行通过秦岭隧道群时，海拔是影响车外压力最大正负压值的主要因素，且最大正负压值出现在动车组驶入或者驶出隧道的瞬间。

2）动车组上下行通过秦岭隧道群时，车外最大压力峰峰值变化范围为 11.322~11.589kPa，且上下行方向的最大压力峰峰值基本一致。

司机室侧窗内侧玻璃压力变化规律为：

1）车内压力变化最大幅值变化范围为 7.798~11.95kPa，下行方向的最大压力峰峰值大于上行方向的最大压力峰峰值。

2）动车组上行通过秦岭隧道群时，由于车外压力持续上升，致使车内压力同步持续升

第7章 实车试验验证技术

高;动车组下行通过秦岭隧道时,由于车外压力持续降低,致使车内压力同步降低。

3) 动车组上下行通过大坡度长大隧道及隧道群时,司机室侧窗内外侧玻璃压差变化趋势恰好和车内外压力变化趋势相反。

4) 动车组上下行通过大坡度长大隧道及隧道群时,司机室侧窗压差随车外压力出现同步变化趋势。

参 考 文 献

[1] 张克姝,程建峰.青藏客车用车窗玻璃低压问题研究 [J].铁道车辆,2008 (02):4-7,41,47.
[2] 潘云艳,许良中,汪波.列车车窗玻璃承受静载能力仿真分析与试验测试 [J].电力机车与城轨车辆,2017,40 (03):67-71.